"十二五"國家重點圖書出版規劃項目

2011—2020年國家古籍整理出版規劃重點項目

國家古籍整理出版專項經費資助項目

海外中文古籍總目

A Descriptive and Illustrated Catalogue of Ancient Chinese Books in the University of California Irvine Libraries

美國加州大學爾灣分校圖書館

中文古籍目録

張　穎 (Ying Zhang)

〔美〕倪　莉 (Li Ni)　編

中華書局

圖書在版編目(CIP)數據

美國加州大學爾灣分校圖書館中文古籍目録/張穎,(美)倪莉編. —北京:中華書局,2019.3
(海外中文古籍總目)
ISBN 978-7-101-13767-5

Ⅰ.美…　Ⅱ.①張…②倪…　Ⅲ.院校圖書館-中文圖書-古籍-圖書館目録-美國　Ⅳ.Z827.12

中國版本圖書館 CIP 數據核字(2019)第 031209 號

書　　　名	美國加州大學爾灣分校圖書館中文古籍目録
編　　　者	張　穎　〔美〕倪　莉
叢 書 名	海外中文古籍總目
特邀審稿	李國慶
責任編輯	張　昊
裝幀設計	劉　麗
出版發行	中華書局
	（北京市豐臺區太平橋西里 38 號　100073）
	http://www.zhbc.com.cn
	E-mail:zhbc@zhbc.com.cn
印　　　刷	三河弘翰印務有限公司
版　　　次	2019 年 3 月北京第 1 版
	2019 年 3 月北京第 1 次印刷
規　　　格	開本/787×1092 毫米　1/16
	印張 33
國際書號	ISBN 978-7-101-13767-5
定　　　價	600.00 元

目　録

總　序

　　中華文明悠久燦爛，數千年來留下了極爲豐富的典籍文獻。這些典籍文獻滋養了中華民族的成長和發展，也廣泛地傳播到世界各地，不僅對周邊民族產生了深刻影響，更對世界文明的融合發展做出了卓越貢獻。可以説，中華民族創造的輝煌文化，不僅是中華文明的重要組成部分，更是全人類共同的文化遺産，需要我們共同保護、傳承、研究和利用。而要進行這一工作，首先需要對存世典籍文獻進行全面地調查清理，編纂綜合反映古典文獻流傳和存藏情況的總目録。

　　由全國古籍整理出版規劃領導小組（簡稱“古籍小組”）主持編纂、歷時十七年最終完成的《中國古籍總目》就是這樣一部古籍總目録。它“全面反映了中國（大陸及港澳臺地區）主要圖書館及部分海外圖書館現存中國漢文古籍的品種、版本及收藏現狀”，著録了約二十萬種中國古籍及主要版本，是迄今爲止對中國古籍流傳與存藏狀況的最全面最重要的總結。但是，限於當時的條件，《中國古籍總目》對於中國大陸地區以外的中文古籍的調查、搜集工作，“尚處於起步階段”，僅僅著録了“港澳臺地區及日本、韓國、北美、西歐等地圖書館收藏的中國古籍稀見品種”（《中國古籍總目·前言》），並没有全面反映世界各國各地區存藏中國古籍的完整狀況。

　　對於流傳到海外的中國古籍的搜集和整理，始終是我國學界魂牽夢繞、屢興未竟的事業。清末以來幾代學人迭次到海外訪書，以書目提要、書影、書録等方式將部分收藏情況介紹到國內。但他們憑個人一己之力，所訪古籍終爲有限。改革開放以來，黨和政府對此極爲重視。早在1981年，黨中央就明確提出“散失國外的古籍資料,也要通過各種辦法爭取弄回來或複製回來"(中共中央《關於整理我國古籍的指示》,1981年9月17日)。其時"文革"結束不久,百業待興,這一高瞻遠矚的指示還僅得到部分落實,難以規模性地全面展開。如今,隨着改革開放事業的快速發展,國際間文化交流愈加密切,尤其是《中國古籍總目》的完成和中華古籍保護計劃的實施,爲落實這一指示提供了堅實的基礎,可以説,各項條件已經總體具備。在全球範圍內調查搜集中國古籍、編纂完整反映中國古籍流傳存藏現狀的總目錄,爲中國文化的傳承、研究提供基礎性數據,已經成爲黨和政府以及學術界、出版界的共識。

據學界的初步調研,海外所藏中國古籍數量十分豐富,總規模超過三百萬冊件,而尤以亞洲、北美洲、歐洲收藏最富,南美洲、大洋洲、非洲也有少量存藏。海外豐富的中國古籍藏量以及珍善本的大量存在,爲《海外中文古籍總目》的編纂提供了良好的基礎。而且,海外收藏中國古籍的機構有的已經編製了館藏中國古籍善本目錄、特藏目錄或聯合目錄,關於海外中國古籍的提要、書志、叙錄等文章專著也不斷涌現,對於編纂工作無疑具有很高的參考價值。然而,目前不少海外圖書館中國古籍的存藏、整理、編目等情況卻不容樂觀。絕大多數圖書館中文館員數量極其有限,無力系統整理館藏中文古籍;有的甚至沒有中文館員;有的中國古籍只能被長期封存,處於自然消耗之中,更遑論保護修復。啓動《海外中文古籍總目》項目,已經刻不容緩。

長期以來,我們一直關注着海外中國古籍的整理編目與出版工作。2009年《中國古籍總目》項目甫告竣工,在古籍小組辦公室的領導下,編纂出版《海外所藏中國古籍總目》的計劃便被提上日程,並得到中共中央宣傳部、新聞出版總署的高度重視,被列入《"十二五"國家重點圖書出版規劃》《2011—2020年國家古籍整理出版規劃》。經過細緻的調研考察和方案研討,在"十三五"期間,項目正式定名爲《海外中文古籍總目》,並被列爲"十三五"古籍整理出版工作的五大重點工作之一。中華書局爲此組織了專業團隊,專門負責這一工作。

《海外中文古籍總目》是《中國古籍總目》的延續與擴展,旨在通過團結中國國內和世界各地相關領域的專家學者,組成編纂團隊,吸收最新研究成果進行編目,以全面反映海外文獻收藏單位現存中文古籍的品種、版本及收藏現狀。在工作方法與編纂體例上,《海外中文古籍總目》與傳統的總目編纂有着明顯的區別和創新。我們根據前期的調研結果,結合各海外藏書機構的情況和意見,借鑒中華古籍保護工程的有益經驗,確定了"先分館編輯出版,待時機成熟後再行統合"的整體思路。同時,《海外中文古籍總目》在分類體系、著録標準、書影采集等方面都與全國古籍普查登記工作高度接軌,確保能夠編纂出一部海内外標準統一、體例一致、著録規範、内容詳盡的古籍總目。

編纂《海外中文古籍總目》,可以基本摸清中國大陸以外地區的中文古籍存藏情況,爲全世界各領域的研究者提供基礎的數據檢索途徑,爲系統準確的古籍整理出版工作提供可靠依據,爲中國與相關各國的文化交流活動提供新的切入點和立足點。同時,我們也應該認識到,中國的古籍資源既是中國的,也是世界的,整理和保護這些珍貴的人類文明遺産,是每一個人的共同責任和使命。

2017年1月,中共中央辦公廳、國務院辦公廳印發了《關於實施中華優秀傳統文化傳承發展工程的意見》,其中明確提出"堅持交流互鑒、開放包容,積極參與世界文化的對話交流,不斷豐富和發展中華文化"的基本原則,並將"實施國家古籍保護工程,加强中華文化典籍整理編纂出版工作"列爲重點任務之一。遥想當年,在兵燹戰亂之中,前輩學人不惜生命捍衛先人留下的典籍。而今,生逢中華民族實現民族復興的偉大時代,我們有責任有義務完成這一幾代學人的宏願。我們將努力溝通協調各方力量,群策群力,與海内外各藏書機構、學界同仁一起,踏踏實實、有條不紊地將《海外中文古籍總目》這一項目繼續開展下去,盡快完成這樣一個動態的、開放的、富於合作精神的項目,使之早日嘉惠學林。

中華書局編輯部

2017年2月

前　言

　　加州大學爾灣分校（又譯作歐文，University of California Irvine）坐落於美國南加利福尼亞州橙縣（Orange County）。有趣的是，這所相對年輕的加大分校（十所分校中排行第七）居然比它所在的城市爾灣（Irvine）要資深好幾年。該校成立於1965年，而爾灣却到上世紀70年代纔完成從農場向城市的轉型。加大爾灣圖書館共有館舍四座，包括人文社科圖書館（Langson Library）、科學圖書館（Science Library）、醫學圖書館（Grunigen Medical Library）以及學習中心（Gateway Study Center），館藏圖書約360萬册。

　　本館中文館藏作爲東亞館藏的主體，位於人文社科圖書館的一樓。該館藏始建於1991年，最初的八千餘本中文圖書是已故的中國著名史學家王仲犖先生的舊藏，由著名史學家何炳棣教授協助購入。在不到30年的時間裏，本館中文館藏量已增加到將近75000册，成爲全美發展最快、也是橙縣最大的中文文獻館藏。該館藏涉及中國人文社科領域的方方面面，但以中國古代與現代哲學、文學、歷史和藝術資料見長。

　　館藏中1911年以前的綫裝中文古籍總計213種216部1177册，其中有明刻本5種6部、清抄本6種、日本古籍25種（含刻本20種、抄本3種、稿本2種）、朝鮮古籍1種。本館中文古籍中最具特色者爲易學類書籍，由筆者前任，即東亞館藏創始人汪燮（Sheh William Wong）博士於上世紀90年代中期，幾經周折從康奈爾大學已故圖書館專家倪策（Tseh Ni）之遺孀（Pei Shin Ni，康奈爾大學中國文學和歷史講師）和嫡子（James Ni，新墨西哥州立大學物理系教授）手中募得。本書中收録的加大爾灣綫裝中文古籍多存於總館Langson Library五樓之特藏部,供校內外讀者館內閱讀。

　　儘管這些古籍目前在本館和OCLC聯合目錄中均能查到收藏記錄,但由於編目數據簡繁程度參差不齊,要想對本館所藏中文古籍做一個系統深入的了解實非易事。筆者於2006年秋上任以來,一直有意將其整理成册,祇是苦於有限的精力和古籍知識未能付之行動。今藉着中華書局《海外中文古籍總目》項目之東風,又幸得俄亥俄州立大學圖書館李國慶教授和新近隨家人移民來到爾灣的前中山大學圖書館古籍部主任倪莉博士的鼎力相助,纔最終得以如願,甚幸且喜! 在此特向李、倪兩位同仁一併致謝! 筆者希望,憑藉這本書目的出版,能夠吸引世界各地對這些古籍感興趣的專家學者來館研究使用。同時,也誠邀願意精誠合作的夥伴,一起完成這些古籍的數字化工作。

張　穎

2017年12月8日草於加州爾灣

凡　例

　　一、本書目收録加州大學爾灣分校所藏全部1911年以前的綫裝古籍，計213種216部1177冊。

　　二、書目按經部、史部、子部、集部、類叢部、新學類及其下屬類目分類編排，類目設置及條目排序參照《全國古籍普查登記手册》之《漢文古籍分類表》和《漢文古籍目録分類款目組織規則》，並結合本館實際情况作適當變通。

　　三、書目按書名項、著者項、版本項、稽核項、附注項順序著録。叢書、合刻本、彙印書列出子目。

　　1. 書名項：包括書名及卷次。書名以卷端所題爲據，取自其他部位之題名，於附注項説明。卷次包括卷數、卷首、卷末、附録等。殘本在書名項著録原書卷數，在附注項標明現存卷數及卷次。

　　2. 著者項：包括朝代（國别）、著者、並列著者及著作方式。一般著録本名，主要據書中所署，書中無署且無考者著録爲“佚名”。清以前的著者，著録朝代名；域外著者，著録國名。

　　3. 版本項：包括刻印或抄寫時代、地域、版刻類型等。年代不詳者，則著録爲某朝或某朝某代間抄本、刻本。

　　4. 稽核項：著録册數、函數。

　　5. 版式項：著録行格、字數、書口、邊欄、魚尾、版框尺寸、版心文字等情况。

　　6. 藏印項：盡可能著録書中有關藏書家、名人學者所鈐藏書印，以反映其流傳情況。藏印文字不能識別者以"□"代之。

7. 複本：著録爲"又一部"。

四、款目左上角爲本書目檢索順序號，右上角爲館藏索書號。叢書零種合入叢書，但保留子目索書號，以供讀者檢索。

五、本書目附録域外著者所撰並在城外刻印之漢學著述，共十三種。凡中國著者所撰域外刻印（含注釋、翻譯）或域外著者所撰中國刻印之古籍，均入正文。另附書名索引和著者名索引，按筆畫順序編排。

六、爲體現古籍原貌，每部書均選出若干書影，一般情況選擇内封、牌記和卷端，原書無上述頁面者，提供其他書頁以供讀者瀏覽。

經部

叢編

001.十三經注疏四百十六卷附校勘記 〔清〕阮元校 〔清〕盧宣旬摘録

校勘記識語四卷 〔清〕汪文臺撰 PL2461.N2 1887

清光緒十三年（1887）脉望仙館石印本 二十四册三函

半葉二十行三十四字，小字雙行四十六字，白口，四周單邊，單黑魚尾，半框高15釐米，寬11.8釐米。版心上鎸叢書名，中鎸子目書名及卷次、葉碼。

内封分別題"宋本周禮注疏附校勘記""宋本儀禮注疏附校勘記""宋本禮記注疏附校勘記""宋本春秋左傳注疏附校勘記""宋本春秋公羊注疏附校勘記""宋本春秋穀梁傳注疏附校勘記""宋本論語注疏附校勘記""宋本爾雅注疏附校勘記""宋本孟子注疏附校勘記""楊泗孫署檢"。附十三經注疏校勘記識語，内封題"十三經注疏校勘記識語，楊泗孫署檢"。

牌記題"光緒丁亥脉望仙館石印"。

附校勘記卷端題"校勘記，阮元撰，盧宣旬摘録"。附十三經注疏校勘記識語卷端題"十三經注疏校勘記識語，黟汪文臺南士"。

卷末有"重刊宋本十三經注疏後記"，署"江西鹽法道分巡瑞袁臨等處地方廬江胡稷謹記"。

校勘記識語卷首有"十三經注疏校勘記識語序"，署"光緒三年太歲丁丑建亥之月兵部侍郎都察院右副都御史江西巡撫兼提督振勇巴圖魯廬江劉秉璋撰"。卷末有跋，署"時在光緒建元旃蒙大淵獻孟秋月朔日私淑弟子程壽保謹序於安徽通志局次距先生之卒三十二年矣"。

鈐"博望樓"朱文方印。

書名據版心題。

存九種，子目：

附釋音周禮注疏四十二卷附校勘記 〔漢〕鄭玄注 〔唐〕賈公彥疏 〔唐〕陸德明音義

缺十七卷：卷十七至三十三

儀禮注疏五十卷附校勘記　〔漢〕鄭玄注　〔唐〕賈公彥疏

附釋音禮記注疏六十三卷附校勘記　〔漢〕鄭玄注　〔唐〕孔穎達疏　〔唐〕陸德明音義

附釋音春秋左傳注疏六十卷附校勘記　〔晉〕杜預注　〔唐〕孔穎達疏　〔唐〕陸德明音義

監本附音春秋公羊注疏二十八卷附校勘記　〔漢〕何休注　〔唐〕陸德明音義

監本附音春秋穀梁注疏二十卷附校勘記　〔晉〕范甯集解　〔唐〕陸德明音義　〔唐〕楊士勛疏

卷八、九間抄補八葉

論語注疏解經二十卷附校勘記　〔三國魏〕何晏集解　〔宋〕邢昺疏

爾雅注疏十卷附校勘記　〔晉〕郭璞注　〔宋〕邢昺校定

孟子注疏解經十四卷附校勘記　〔漢〕趙岐注　〔宋〕孫奭疏

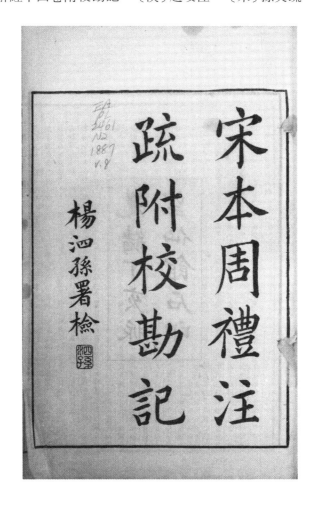

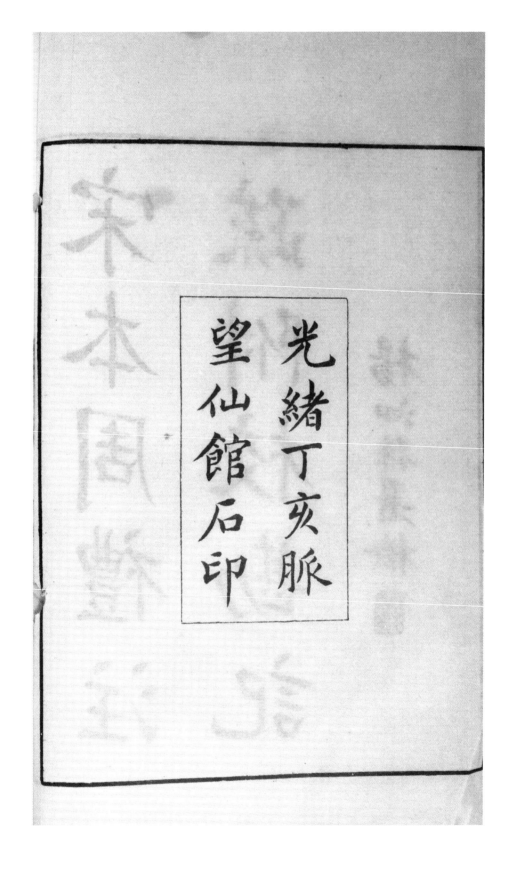

附釋音周禮注疏卷第一

朝散大夫行太學博士弘文館學士臣賈公彥等奉

國子博士兼太子中允贈齊州刺史吳縣開國男臣陸

天官冢宰第一　○作冢宰上非斂卷放此

疏

天官冢宰鄭目錄云象天所立之官彼天子立冢宰使邦治亦所以攝御冢官使不失職不對大宰天官故云天官冢宰鄭云冢大也冢宰地官大司徒之官彼言象地實也取其大也故然則天官冢宰亦直言官不言司者司者主也天官之中雖有言司者此官亦不言司者以其於六卿之內兼攝羣職故不言司也若然春官宗伯不言司者亦以其主祀鬼神鬼神非人所主故亦不言司也其餘四官皆言司者皆是人事天事又並入於官者則言官不言司也孔君王肅等則云鄭氏注周天有三百六十餘度天官亦立三百六十官亦取象於天也例也

惟王建國

周禮

鄭氏注

建立也。周公居攝而作六典之職，謂之周禮，營邑於土中。七年，致政成王，以此禮授之，使居洛邑治天下。

疏

惟王建國者○此序自此以下至以為民極五句皆是周公設法於初。釋曰自此以下至以為民極是周公作序○釋曰此言惟王者謂成王周公攝政六年制禮作樂七年致政成王此惟王建國即據成王之時而言也王者蓋據洛邑而言若據鎬京則非所建王者蓋指洛邑為天下之中四方入貢道里均故營洛邑於土中乃建王國焉○釋曰王如字于寶云王者天子之號三代所稱王既天下以天下為一家王者天工人其代之惟天為大惟堯則之堯治平陽舜治蒲阪禹治安邑湯居亳得地之中以王諸侯則在五岳之內故鄭云土中也案康誥云侯甸男邦采衛五服則制五等之爵以周公居洛邑治天下也

○案康誥云周公初基作新大邑于東國洛是以書傳云五年營成周六年制禮作樂七年致政成王是以書傳云五年營成周與王城同時營之是以書傳云

十三經注疏　周禮一　天官冢宰

易類

傳說之屬

002.周易乾鑿度二卷　　　〔漢〕鄭玄注　　　　　　　PL2464.Z6 C52 1756

清乾隆二十一年（1756）德州盧氏刻本　一冊一函

　　半葉十行二十一字，小字雙行字同，白口，四周單邊，單黑魚尾，半框高17.8釐米，寬14.3釐米。版心上鐫書名，中鐫卷次及葉碼，下鐫"雅雨堂"。

　　內封題"乾隆丙子鐫，周易乾鑿度，雅雨堂藏板"。

　　卷端題"周易乾鑿度，鄭氏注"。

　　卷首有清乾隆二十一年"周易乾鑿度序"，署"乾隆丙子德州盧見曾序"。

　　所屬叢書：《雅雨堂叢書》。

003.又一部　　一冊一函，卷首盧見曾"周易乾鑿度序"後有李鼎祚"周易集解序"。有朱筆批校。　　　　　　　　　PL2464.Z6 C52 1756 c.2

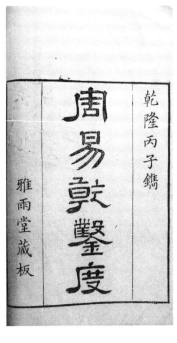

聚一旧本行
粟恨後文
逗連改正

无·无

周易乾鑿度卷上　　鄭氏注

孔子曰易者易也變易也不易也管三成德爲道苞篇
管統也德者得也道者理也篇者要也言易道統易者
此三事故能成天下之道德故云包道之要篇也

以言其德也通情無門藏神無內也
俟易者寂然天地爛明日月星辰
光明四通俟易立節無爲之謂也
五緯五
四時和栗

布設八卦錯序律歷調列五緯順軌
星也

孳結孳育也　四瀆通情優游信潔
水有信
根著浮流
者草木也浮流者人兼鳥獸也　氣更相實
比皆言易道無爲故天下虛无

感動清淨炤哲之動唯清淨也故能炤天下之明移物
炤明也夫惟虛无也故能感天下之明移物

周易乾鑿度　卷上　一　雅雨堂

004.鄭氏周易三卷　　　〔漢〕鄭玄撰　〔宋〕王應麟輯　〔清〕惠棟增補

清乾隆二十一年（1756）德州盧氏刻本　一冊一函

半葉十行二十一字，小字雙行字同，白口，四周單邊，單黑魚尾，半框高18釐米，寬14.8釐米。版心上鐫書名，中鐫卷次及葉碼，下鐫"雅雨堂"。有圖。

卷端題"鄭氏周易，浚儀王應麟撰集，東吳惠棟增補"。

卷首依次有清乾隆二十一年"鄭氏周易序"，署"乾隆丙子德州盧見曾撰"；東漢鄭玄撰"易贊"。

所屬叢書：《雅雨堂叢書》。

鄭氏周易卷上

濬儀王應麟撰集

東吳惠　棟增補

周易上經

乾

九二見龍在田利見大人

二于三才爲地道地上即田故稱田也 集解九二利見

九五之大人 正義

九三君子終日乾乾夕惕若厲无咎 集解惕

三于三才爲人道有乾德而在人道君子之象 集解惕

005.**周易兼義九卷** 　　　〔三國魏〕王弼注　〔唐〕孔穎達正義

PL2464.Z7 W36 1628

明崇禎四年（1631）毛氏汲古閣刻本　六册一函

半葉九行二十一字，小字雙行字同，白口，左右雙邊，無魚尾，半框高18.1釐米，寬12.5釐米。版心上鐫"周易疏"，中鐫卷次及葉碼，下鐫"汲古閣"。

封面題"周易注疏"。

卷端題"周易兼義，魏王弼注，唐孔穎達正義"。

卷首有"周易正義序"，署"唐國子祭酒上護軍曲阜縣開國子臣孔穎達奉敕撰定"。

卷末木記題"皇明崇禎四年歲在重光協洽古虞毛氏繡鐫"。

所屬叢書：《十三經注疏》。

006.**又一部** 四册一函，鈐"反求堂章"朱文方印。 　　　PL2464.Z7 W36 1628 c.2

周易兼義上經乾傳卷第一

魏王弼註

唐孔穎達正義

乾下
乾上

乾元亨利貞【疏】

正義曰乾者此卦之名謂之卦者易緯云卦者掛也言懸掛物象以示於人故謂之卦但二畫之體雖象陰陽之氣未成萬物之象未得成卦必三畫以象三才寫天地雷風水火山澤之象乃謂之卦也故繫辭云八卦成列象在其中矣是也但初有三畫雖有萬物之象於其萬物變通之理猶有未盡故更重之而有六畫備萬物之形象窮天下之能事故六畫成卦也此乾卦本以象天天乃積諸陽氣而成天故此卦六爻皆陽畫成卦也此既象天何不謂之天而謂之乾者定體之名乾者體象

007.壽山堂易説二卷圖解一卷繫辭一卷 〔唐〕呂巖撰 PL2464.Z6 W8 1790

清刻本 六册一函

半葉九行二十五字，白口，四周雙邊，單黑魚尾，半框高19.7釐米，寬13.4釐米。版心上鎸書名，中鎸卷次名，下鎸葉碼。有圖。

外封題"壽山堂易説"，題識"河洛三才四象五行六合七政八卦九宫陰陽損益圖解"。

卷端題"壽山堂易説，無極呂子著"。

卷首依次有唐呂巖"壽山堂易説序"，署"黄鶴山人呂子題於空秀閣"；清柳守元"易説題詞"，署"宏教弟子柳守元熏沐題詞"。

卷末有清許承宣"易説跋"，署"後學許承宣謹跋"。

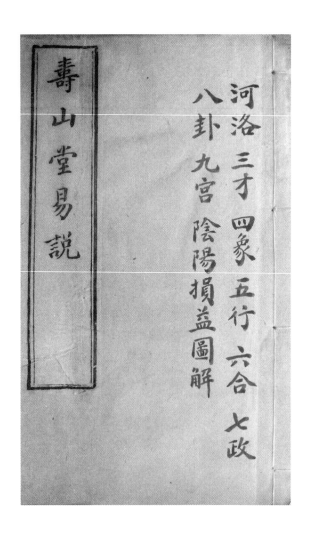

籌山堂易說

無極呂子著

☰

乾元亨利貞　初九潛龍勿用　九二見龍在田利見大人　九

三君子終日乾乾夕惕若厲无咎　九四或躍在淵无咎　九五

飛龍在天利見大人　上九亢龍有悔　用九見羣龍无首吉

彖曰大哉乾元萬物資始乃統天雲行雨施品物流形大明終始

008.周易口訣義六卷　　〔唐〕史徵撰　〔清〕孫星衍校

PL2464.Z6 S52 1797

清嘉慶三年(1798)孫氏刻本　一册一函

半葉九行十八字，無行格，白口，四周單邊，單黑魚尾，半框高19.2釐米，寬12.8釐米。版心上鐫書名，中鐫卷次，下鐫葉碼。

內封題"周易口訣義"。

卷端題"周易口訣義，唐史徵撰，賜進士及第署山東提刑按察使分巡兗曹濟黃河兵備道孫星衍校，岱南閣叢書"。

卷首依次有史徵"序"；孫星衍"周易口訣義序"，署"時嘉慶二年二月陽湖孫星衍撰于兗州觀察使署"。

鈐"上海社會科學院圖書館藏"朱文方印。

所屬叢書：《岱南閣叢書》。

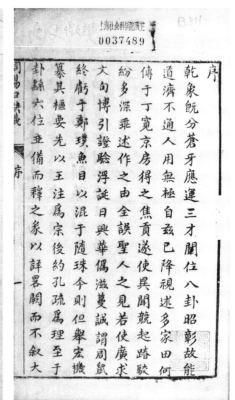

周易口訣義卷一

唐　　史　　徵　　撰

岱南閣叢書

賜進士及第署山東提刑按察使分巡兖沂曹濟黃河兵備道孫星衍校

上經一乾至小畜

周易傳爲上經第一者、先儒云、易有三名、夏曰
連山、殷曰歸藏、周曰周易、康成云、連山者、象山
之出雲、歸藏者、莫不歸藏于其中、周易者、言易
道周普無所不備、竊謂易者是文王所演因代
爲名、故稱周也、易取變通爲義、上經者三十卦

009.歐陽文忠公易童子問三卷　　　〔宋〕歐陽修撰　（日本）石井光致校

PL2464.Z6 O885 1836

日本天保七年（1836）東都書林刻本　一册一函

半葉十行二十字，白口，四周單邊，單黑魚尾，半框高19.6釐米，寬13釐米。版心上鐫“周易童子問”，中鐫卷次，下鐫葉碼。

内封題“宋歐陽修著，日本石井光致校，周易童子問、周易或問合梓，東都書林千鍾房”。

卷末牌記題“天保七年丙申初冬發行，東都書林，日本橋南壹町目，須原屋茂兵衛”。

卷端題“歐陽文忠公易童子問，下毛石井光致校”。

卷首依次有日本天保六年（1835）“序”，署“天保歲次乙未冬十月長野確撰并書”；“刻歐陽文忠公易童子問或問附言”，署“天保五年八月上旬下毛石井光致識于磯岳亭”。

卷末有跋，署“石井光致謹志”。

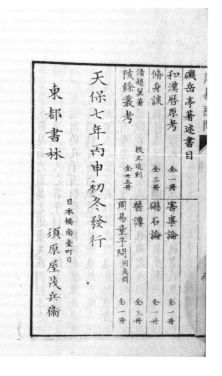

歐陽文忠公易童子問卷之一

下毛 石井光致 校

易童子問第一

乾

童子問曰乾元亨利貞何謂也曰衆辭淆亂質諸聖

彖者聖人之言也童子曰然則乾無四德而文言非

聖人之書乎曰是魯穆姜之言也柱襄公之九年

童子問曰象曰天行健君子以自強不息何謂也曰

其傳久矣而世無疑焉吾獨疑之也葢聖人取象所

以明卦也故曰天行健乾而嫌其執於象也則又以

人事言之故曰君子以自強不息六十四卦皆然也

010.易經程傳四卷　　〔宋〕程頤撰　　　　　　PL2464.Z6 C524 1465

清明善社刻本　四册一函

半葉十二行二十二字，小字雙行字同，黑口，左右雙邊，雙黑魚尾，半框高17.2釐米，寬14釐米。版心中鐫書名及卷次，下鐫葉碼。朱筆圈點，書眉有墨筆題識。

内封題"易經程傳"。

牌記題"明善社刻"。

卷端題"易經程傳"。

卷首依次有"易序""周易程子傳序"。

卦義
伏羲繫辭文王又繫又名象辭
文辭周公作

乾為天　坎為水　艮為山　震為雷
坤為地　離為火　巽為風　兌為澤

震為長男　坎為中男　艮為少男
巽為長女　離為中女　兌為少女

易經程傳卷之一

周易上經

乾下　乾上
乾元亨利貞

上古聖人始畫八卦三才之道備矣因而重之以盡天下之變故六畫而成卦重乾為乾乾天也天者天之形體乾者天之性情乾健也健而无息之謂乾夫天專言之則道也天且弗違是也分而言之則以形體謂之天以主宰謂之帝以功用謂之鬼神以妙用謂之神以性情謂之乾乾者萬物之始故為天為陽為父為君元亨利貞謂之四德元者萬物之始亨者萬物之長利者萬物之遂貞者萬物之成惟乾坤有此四德在他卦則隨

易經程傳卷之一

一

011.周易經傳二十四卷　　〔宋〕程頤　〔宋〕朱熹傳義　　PL2488.D44 1648

日本慶安元年（1648）京都八尾助左衛門刻本　八册二函

半葉九行十七字，小字雙行字同，無行格，黑口，四周雙邊，雙黑魚尾，半框高20.9釐米，寬13.5釐米。版心中鐫"周易"及卷次，下鐫葉碼。朱筆批校。有圖。

卷端題"周易經傳，程朱傳義"。

卷首依次有宋元符二年（1099）程頤"周易程子傳序"；"易序"。

卷末有跋，署"慶安元戊子年仲秋上旬本能寺前八尾助左衛門重刊"。

外封題識"杏林園，須賀養信"。

鈐"須賀□以"白文方印。

周易經傳第一卷　　程朱傳義

周易上經　本義

周，代名也。易，書名也。其卦本伏羲所畫，有交易、變易之義，故謂之易。其辭則文王、周公所繫，故繫之周。以其簡袠重大，故分為上、下兩篇。經則伏羲之畫，文王、周公之辭也，並孔子所作之傳十篇，凡十二篇。中間頗為諸儒所亂，近世晁氏始正其失，而未能盡合古文。呂氏又更定著，為經二卷、傳十卷，乃復孔氏之舊云。

☰
☰

乾下
乾上

乾：元、亨、利、貞。

傳：上古聖人始畫八卦，三才之道備矣。因而重之，以盡天下之變，故六畫而成卦，重乾為乾。乾，天也。天者，天之形體。乾者，天之性情。乾，健也，健而

012.周易新講義十卷　　　〔宋〕龔原撰　　　　　　　PL2464.Z6 G66 1808

日本文化五年（1808）活字本　十册一函

　　半葉十行二十字，小字雙行字同，黑口，四周單邊，單黑魚尾，半框高21.6釐米，寬14.5釐米。版心中鎸書名及卷次、葉碼。

　　外封題"周易新講義，佚存叢書第五帙"。

　　卷端題"周易新講義，宋龔原深甫撰"。

　　卷首依次有"周易新講義序"，題"鄒浩撰"，末署"右序一篇從朱彝尊經義考録補"；"進周易新講義序"，題"龔原深甫"。

　　卷末有日本文化五年林衡跋，署"文化五年夏四月天瀑山人識"。

　　按：（日本）林衡，號天瀑山人，輯《佚存叢書》六帙，合十七種一百十一卷。

　　所屬叢書：《佚存叢書》。

周易新講義卷第一

宋 襄原 深甫 撰

乾

䷀

乾下
乾上　乾元亨利貞

易之道有形而上者陰陽是也有形而下者乾坤

是也自形而上者言之則陰陽者道之物也故曰

立天之道曰陰與陽自形而下者言之則乾坤者

陰陽之物也故曰乾陽物也坤陰物也自乾坤而

下則天地者又乾坤之物也乾為天坤為地是也

故聖人以易之道在陰陽而陰陽之道立於乾坤

013.漢上易傳十一卷　　〔宋〕朱震集傳　〔清〕納蘭成德校訂

PL2464.Z6 C566 1676

清康熙十五年（1676）通志堂刻本　四册一函

半葉十三行二十三字，白口，左右雙邊，單黑魚尾，半框高19.9釐米，寬15釐米。版心上鎸字數，中鎸“漢上易傳”及卷次、葉碼，下鎸“通志堂”及刻工名。

卷端題“周易上經乾傳，翰林學士左朝奉大夫知制誥兼侍讀兼資善堂翊善長林縣開國男食邑三伯户賜紫金魚袋朱震集傳”。

卷首依次有清康熙十五年納蘭成德“朱氏漢上易傳并易圖叢説序”，署“康熙丙辰納蘭成德容若序”；朱震“進周易表”；“周易集傳序”。

鈐“柴邦彦圖書後歸阿波國文庫別藏於江户雀林莊之萬卷樓”朱文方印。

書名據版心題。

所屬叢書：《通志堂經解》。

周易上經乾傳卷第一

乾上
乾下

翰林學士左朝奉大夫知制誥兼侍讀兼資善堂翊善長林縣開國男食邑三伯戶賜紫金魚袋朱震集傳

乾 元亨利貞

乾健也元始也亨通也升降往來周流六虛而不窮者也

利者得其宜也貞者正也初九九三九五正也九二九四

上九變動亦正也故九二曰龍德而正中者也乾其此

德故為諸卦之祖程頤曰一德不具不足謂之乾伏羲初

畫八卦乾坤坎離震巽兌艮因而重之歸藏之初經是也

商人作歸藏首坤次乾夏后氏作連山首艮而乾在己其

經卦皆六十有四至于文王首乾次坤以乾坤坎離為上

篇震巽艮兌為下篇繫以卦下之辭周公繼之乃有爻辭

初九潛龍勿用九二見龍在田利見大人九三君子終日乾

乾夕惕若屬无咎九四或躍在淵无咎九五飛龍在天利見

014.周易卦圖三卷周易叢説一卷易璇璣三卷　　〔宋〕朱震撰　〔宋〕吴沆撰

〔清〕納蘭成德校訂　　　　　　　　　　　　　　PL2464.Z6 C564 1680

清同治(1862—1874)鍾謙鈞刻本　一册一函

半葉十三行二十三字,小字雙行字同,白口,左右雙邊,單黑魚尾,半框高20.7釐米,寬15.4釐米。版心上鐫字數,中鐫書名及卷次、葉碼,下鐫"通志堂"及刻工名。有圖。

是書爲三種合刻:

周易卦圖三卷。卷端題"周易卦圖,漢上易卦圖"。卷末署"後學成德校訂,巴陵鍾謙鈞重刊"。

周易叢説一卷。卷端題"周易叢説,翰林學士左朝奉大夫知制誥兼侍讀兼資善堂翊善長林縣開國男食邑三伯户賜紫金魚袋朱震撰"。卷末署"後學成德校訂,巴陵鍾謙鈞重刊"。

易璇璣三卷。卷端題"易璇璣,環溪先生吴沆"。卷首有"崇仁吴氏易璇璣序",署"紹興十六年夏五月撫州布衣臣吴沆謹序"。卷末署"後學成德校訂,巴陵鍾謙鈞重刊"。

所屬叢書:《通志堂經解》。

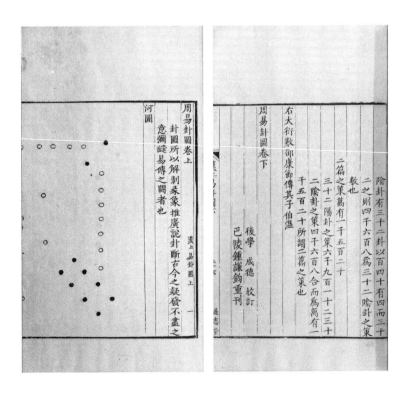

周易叢說

翰林學士左朝奉大夫知制誥兼侍讀兼資善堂翊善秋縣開國男食邑三佰戶賜紫金魚袋朱震撰

甲壬得戌亥者均謂之乾不一其乙癸得申未
者均謂之坤不一其乙未癸未也故論乾則甲子與壬子
同甲寅與壬寅同甲辰與壬辰同壬午與甲申與
甲申同壬戌與甲戌同論坤則乙未與癸未同乙巳與癸
巳同乙卯與癸卯同乙丑與癸丑同乙亥與癸亥同乙酉
與癸酉同

乾陽物也得于乾者皆陽物也坤陰物也得
于坤者皆陰物也坤道成女是也坤陰物也得

陰陽家八卦變五鬼絕命天醫生氣絕體遊魂福德其卦乾
坤坎離震巽艮兌相對而變亦先天之序也

疾者陰陽偏勝而不得其正也故卦以陰居陽陽居陰者謂

漢上易叢說

一

通志堂

015.郭氏傳家易説十一卷總論一卷 〔宋〕郭雍撰 PL2464.Z6 K86 1775

清刻本 六册一函

半葉九行二十一字, 小字雙行字同, 白口, 左右雙邊, 單黑魚尾, 半框高12.7釐米, 寬9.9釐米。版心上鐫書名, 中鐫卷次及葉碼。朱筆圈點。

內封題"郭氏傳家易説"。

目錄端題"郭氏傳家易説, 武英殿聚珍版原本", 末署"乾隆四十年正月恭校上, 總纂官侍讀臣紀昀、侍讀臣陸錫熊、纂修官編修臣翁方綱"。

卷端題"郭氏傳家易説, 宋郭雍著"。

卷首有"傳家易説自序", 署"紹興辛未歲仲夏望日河南郭雍謹序"。

鈐"研易樓"朱文方印、"研易樓藏書印"朱文方印、"沈仲濤讀書記"白文方印。

存六卷: 卷一、八至十一、總論。

所屬叢書:《武英殿聚珍版叢書》。

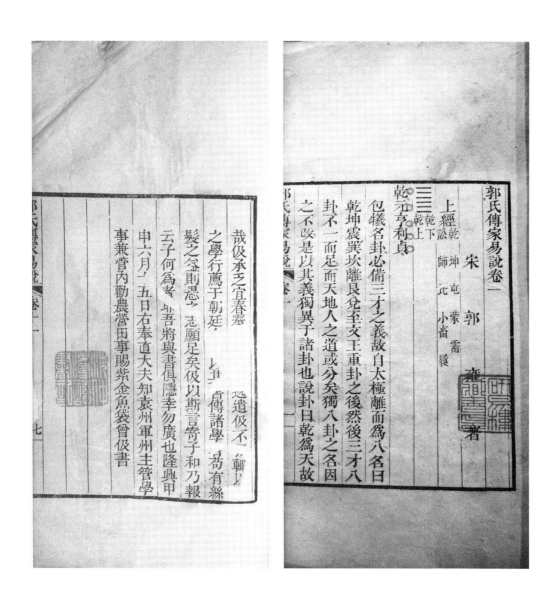

郭氏傳家易說卷一

上經　乾乾訟　坤屯蒙需　師比　小畜履

宋　郭　雍　著

乾　乾上乾下

乾元亨利貞

包犧名卦必備三才之義故自太極離而為八名曰
乾坤震巽坎離艮兌至文王重卦之後然後三才八
卦不一而足而天地人之道或分矣獨八卦之名因
之不改是以其義獨異于諸卦也說卦曰乾為天故

郭氏傳家易說卷一

哉伋承之宜春卷
之學行薦于朝廷　膏傳諸學荀有絲
髮之金則愚矣志願足矣伋以斯言寄子和乃報
云子何為者　吾將與書俱隱幸勿廣也隆興甲
申六月　五日右奉直大夫知袁州軍州主管學
事兼管內勸農營田事賜紫金魚袋曾伋書

016.周易義傳合訂十五卷　　〔宋〕朱熹本義　〔宋〕程頤傳文　〔清〕張道緒音釋

PL2464.Z6 C49 1811

清嘉慶十六年（1811）人境軒刻本　　八册二函

　　半葉八行二十二字，小字雙行字同，無行格，白口，左右雙邊，單黑魚尾，半框高19.2釐米，寬13.3釐米。版心上鐫書名，中鐫卷次及卷名，下鐫葉碼及"人境軒藏板"。有圖。

　　內封題"嘉慶辛未年鐫，文大宗師鑒定，周易義傳合訂，人境軒藏板"。

　　卷端題"周易義傳合訂，朱子本義、程子傳文，溧水後學張道緒音釋"。

　　卷首依次有"易序"，署"河南程頤著"；宋淳熙十三年（1186）朱熹"易學啓蒙序"，題"朱子作"，署"淳熙丙午莫春既望雲臺真逸手記"。

　　鈐"愚"朱文橢圓印。

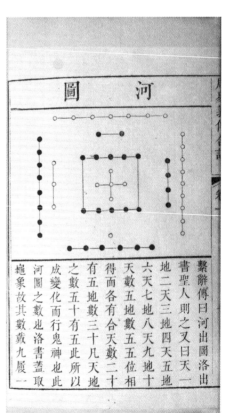

周易義傳合訂卷一

朱子本義

程子傳文

溧水後學張道緒音釋

上經

本義　周代名也易書名也其卦本伏羲所畫有交易變
易之義故謂之易其辭則文王周公所繫故繫之
周以其簡袠重大故分爲上下兩篇經則伏羲之畫文
王周公之辭也并孔子所作之傳十篇凡十二篇中間
頗爲諸儒所亂近世晁氏始正其失而未能盡合古文
呂氏又更定著爲經二卷傳十卷乃復孔氏之舊云。

周易義傳合訂　卷一乾　一　人境軒藏板

017.周易四卷首一卷 〔宋〕朱熹撰 PL2464.Z6 C575 1906

清光緒三十二年（1906）京都文成堂刻本 四冊一函

二節版，半葉上欄十八行四字，下欄九行十七字，小字雙行字同，白口，四周雙邊，無魚尾，半框高18.9釐米，寬13.8釐米。版心上鎸"易經"，中鎸卷次及葉碼。有圖。

牌記題"光緒丙午年刊，潞河武子齡校對，監本易經，京都打磨廠東頭路南文成堂藏板"。

卷首有"周易本義序"，署"成化己丑冬十二月既望日後學洪常識"。

卷端題"周易，朱熹本義"。卷二卷端題"周易，朱熹集注"。

卷末鎸"崇禎十有四年三月初吉海虞毛晉訂正本"。

外封鈐"吉村"朱文橢圓印。

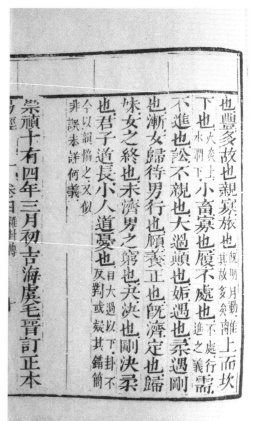

周易卷一

上經　　　　朱熹本義

有周代名也易書名也其卦本伏羲所畫有交易變易之義故謂之易其辭則文王周公所繫故繫之周以其簡袠重大故分為上下兩篇經則伏羲之畫文王周公之辭也并孔子所作之傳十篇凡十二篇中間頗為諸儒所亂近世晁氏始正其失而未能盡合古文呂氏又更定著為經二卷傳十卷乃復孔氏之舊云

乾下
乾上

乾

易經　卷一上經一

乾元亨利貞

六畫者伏羲所畫之卦也一者奇也陽之數也乾者健也陽之

一音單奇
音畸

018.易學啓蒙説統四卷　　〔宋〕朱熹撰　（日本）馬場信武釋

日本寶永四年（1707）刻本　四册一函

半葉六行十字，小字三行二十字，無行格，下黑口，四周單邊，無魚尾，半框高20.2釐米，寬15.3釐米。版心中鎸"啓蒙説統"、卷次及葉碼。墨筆批校。有圖。

外封題"易學啓蒙説統"。

卷端題"易學啓蒙"。

卷首有宋淳熙十三年（1186）朱熹"易學啓蒙序"，署"淳熙丙午暮春既望雲臺真逸手記"。

卷末鎸"寶永四歲次耶查三月上澣，易學啓蒙説統卷之四，大尾"。

鈐"廣瀬藏書"朱文方印、"飛回（田）口白"朱文方印。

書名據外封、卷末題。

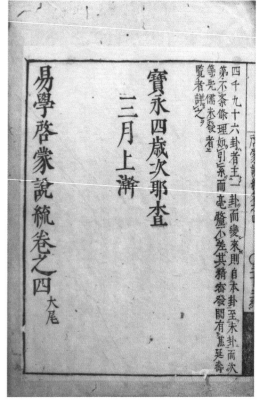

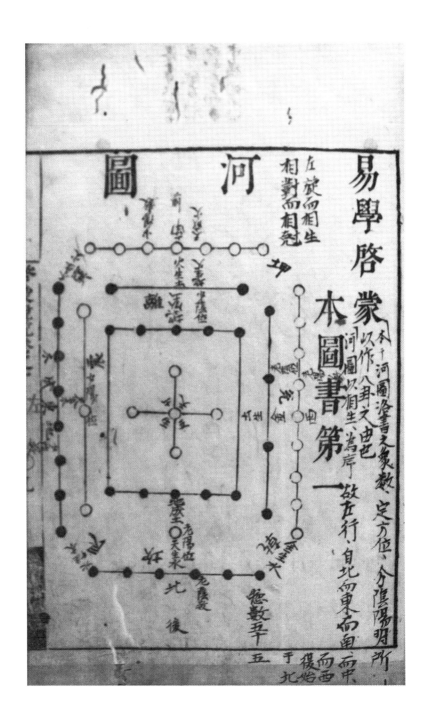

易學啓蒙

河圖

本圖書第一

左旋而相生
相對而相尅

本于河圖洛書之象數、定方位、分陰陽明所
以作八卦、文王由也
河圖以順生、爲序
故五行、自北而東而南而中
而西
復始
于北

019.吳園周易解九卷附一卷　　　〔宋〕張根撰　　　　　PL2464.Z6 C46 1862

清刻本　三冊一函

　　半葉九行二十一字，小字雙行字同，白口，四周雙邊，單黑魚尾，半框高18.9釐米，寬12.7釐米。版心上鐫書名，中鐫卷次及葉碼。有圖。

　　內封題"吳園周易解"。

　　卷端題"吳園周易解，宋張根撰"。

　　卷首目錄端題"武英殿聚珍版"，署"乾隆四十六年七月恭校上，總纂官內閣學士臣紀昀、光祿寺卿臣陸錫熊、纂修官司經局洗馬臣劉權之"。

　　卷末有張垓"吳園周易解原跋"。

　　所屬叢書：《武英殿聚珍版叢書》。

吳園周易解卷一

宋 張 根 撰

上經 乾坤屯蒙需
　　訟師比小畜履

☰ 乾上
　 乾下

乾元亨利貞

初九潛龍勿用

伯夷之事

九二見龍在田利見大人

仲尼之事

020.易原八卷　　〔宋〕程大昌撰　　　　　　　　PL2464.Z7 C378 1900

清刻本 二册一函

半葉九行二十一字, 小字雙行字同, 白口, 四周雙邊, 單黑魚尾, 半框高19釐米,
寬12.7釐米。版心上鎸書名, 中鎸卷次及葉碼。有圖。

卷端題"易原, 宋程大昌撰"。

卷首有"易原序", 署"新安程大昌序"。次有"易原提要", 下題"武英殿聚珍版"。

所屬叢書:《武英殿聚珍版叢書》。

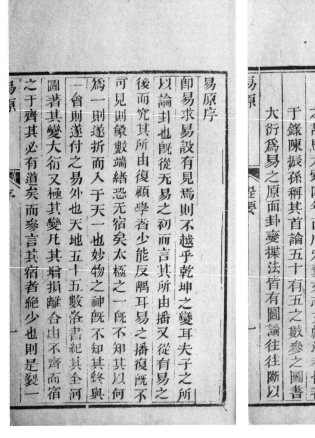

易原卷一

河圖洛書論

宋　程大昌　撰

一　河圖之圖五行生尅附

案劉牧易數鈎隱
圖以四十有五為
河圖五十有五為易
洛書朱子作易學
說因蒙互義大易昌
啟蒙用蔡元定之
於本義大圖蓋並列
劉氏鈎隱圖故遵
啟蒙不同與

021.誠齋易傳二十卷　　〔宋〕楊萬里撰　　　　　PL2464.Z6 Y27 1862

清刻本　六册一函

　　半葉九行二十一字，小字雙行字同，白口，四周雙邊，單黑魚尾，半框高18.5釐米，寬12.6釐米。版心上鐫書名，中鐫卷次，下鐫葉碼。朱筆圈點、眉批。

　　内封題"誠齋易傳"。

　　卷端題"誠齋易傳，宋楊萬里撰"。

　　卷首有"楊承議申送易傳狀""宋臣寮請鈔録易傳狀"；後有宋淳熙十五年（1188）"誠齋易傳序"，署"淳熙戊申八月二日廬陵楊萬里序"；繼有"提要"，下鐫"武英殿聚珍版"。

　　所屬叢書：《武英殿聚珍版叢書》。

誠齋易傳卷一

宋　楊萬里　撰

三三　乾下　乾上

乾卦曰乾健說卦曰乾剛又曰乾為天為君故君
德體天天德主剛風霆烈日天之剛也剛明果斷君
之剛也君惟剛則勇於進德力於行道明於見善決
於改過主善必堅去邪必果建天下之大公以破天
下之眾私聲色不能惑小人不能移陰柔不能奸夬
故亡漢不以成哀而以孝元亡唐不以穆敬而以文

誠齋易傳　　卷一

022.誠齋易傳二十卷　　〔宋〕楊萬里撰　　　　　PL2464.Z6 Y27 1895

清光緒二十一年（1895）湖北官書處刻本　八冊一函

半葉九行二十一字，小字雙行字同，白口，左右雙邊，雙黑魚尾，半框高18.2釐米，寬14釐米。版心上鎸書名，中鎸卷次及葉碼。

內封題"誠齋易傳"。

牌記題"光緒二十一年冬湖北官書處重刻"。

卷端題"誠齋易傳，宋寶謨閣學士楊萬里廷秀著"。

卷首依次有"欽定四庫全書總目提要"，署"道光十一年三月三日慈溪後學葉元墀謹書"；"宋臣寮請鈔錄易傳狀"；"楊承議申送易傳狀"；"誠齋易傳序"，署"淳熙戊申八月二日廬陵楊萬里序"。

卷末有"後序"，署"嘉泰甲子四月八日萬里後序"。

鈐"爕唐"朱文方印、"唐治邦印"白文方印、"雪潭"朱文橢圓印。

欽定四庫全書總目提要

誠齋易傳二十卷　江西巡撫採進本

宋楊萬里撰萬里字廷秀自號誠齋吉水人官至
寶謨閣學士致仕韓侂胄召之不起開禧間聞北
伐敗憂憤不食卒後諡文節事蹟具宋史儒林
傳是書大旨本程氏而多引史傳以證之初名易
外傳後乃改定今名宋代書賈與程傳並刊以
行謂之程楊易傳新安陳櫟極非之以為足以聳
文士之觀瞻而不足以服窮經士之心吳澄作跋

誠齋易傳卷一

　　　　　　宋寶謨閣學士楊萬里廷秀著

☰乾下
　乾上

乾雜卦曰乾健說卦曰乾剛又曰乾為天為君故君
之剛也君惟剛則勇於進德力於行道明於見善決
德體天天德主剛風霆烈日天之剛也剛明果斷君
之剛也君惟剛則勇於進德力於行道明於見善決
於改過主善必堅去邪必果建天下之大公以破天
下之眾私聲色不能惑小人不能移陰柔不能奸矣
故亡漢不以成哀而以孝元亡唐不以穆敬而以文

023. 易象意言一卷　　〔宋〕蔡淵撰　　　　　PL2464.Z7 T77 1780

清刻本　一冊一函

半葉九行二十一字，小字雙行字同，白口，四周雙邊，單黑魚尾，半框高14.2釐米，寬10.1釐米。版心上鐫書名，中鐫卷次及葉碼。

內封題 "易象意言"。

提要端題 "易象意言，武英殿聚珍版原本"。

卷端題 "易象意言，宋蔡淵撰"。

卷首依次有清乾隆三十九年（1774）"御製題武英殿聚珍版十韻有序"，署 "乾隆甲午仲夏"；"易象意言提要"，署 "乾隆三十八年六月恭校上，總纂官編修臣紀昀、郎中臣陸錫熊、纂修官編修臣勵守謙"。

卷末有清乾隆薩載、閔鶴元等撰 "恭記"。

所屬叢書：《武英殿聚珍版叢書》。

易象意言

宋　蔡　淵　撰

一者奇也陽之數也二者偶也陰之數也古者伏羲氏

仰觀俯察見陰陽有奇偶之數故畫一以象陽畫一以

象陰見陰陽之中各復生陰陽故再倍而三爲卦者八

所謂小成者是也因而重之故三倍而六爲卦者六十

有四下三畫爲貞而上三畫爲悔也

卦有六位初二三四五上也二氣消息自下而上故卦

自下始

024.直音傍訓周易句解十卷　　　〔元〕朱祖義撰　　　　　　PL2464.Z6 Z58 1671

日本寶曆九年（1759）刻本　五册一函

半葉八行十八字，小字雙行字同，無行格，白口，四周雙邊，雙黑魚尾，半框高21.3釐米，寬15.2釐米。版心上鐫"周易句解"，中鐫卷次，下鐫葉碼。

卷端題"直音傍訓周易句解，廬陵朱祖義子由"。

卷首有"周易句解序"，署"寶曆七年歲在丁丑夏四月古易館主人新井白蛾題"。

卷末鐫"（寬）文十一辛亥中春刊，（寶）曆九己卯春三月改訂，大坂高麗橋壹町目，淺野彌兵衛梓"。

鈐"後藤"白文方印。

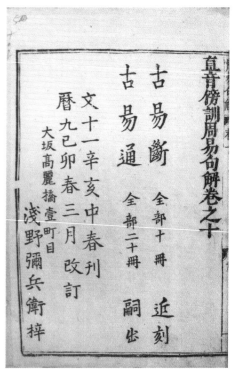

直音傍訓周易句解卷之一

盧陵　朱　祖義　子由

周易

周　音徧也易變通也此書之理普徧而
易　變通不滯於一　按周禮太卜掌三易之
法一曰周易鄭康成之徒以為周易者言易之
道周普无所不備又曰易之辭屬取岐陽地
名以題編故曰
周易　其義亦通

上經

末通貫而万端緯焉易卦共六十四分為
上下經象陰陽也陽道純而奇故上經三
十卦所以象陽也陰道不純而耦故下經三
十四卦所以象陰也
上對下而言也經徑也如機織之經首

025.周易參義十二卷　　〔元〕梁寅撰　　　　　　　PL2464.Z7 L53 1680

清同治（1862—1874）鍾謙鈞刻本　四册一函

半葉十一行二十字,白口,左右雙邊,單黑魚尾,半框高18.8釐米,寬15.1釐米。
版心上鐫字數,中鐫書名及卷次、葉碼,下鐫"通志堂"及刻工名。
卷端題"周易,後學梁寅參義"。
卷首有清康熙十六年（1677）"周易參義序",署"康熙丁巳納蘭成德容若序"。
卷末鐫"後學成德校訂,巴陵鍾謙鈞重刊"。
鈐"寄贈"朱文方印、"調濟"朱文長方印、"教漢經第四番"朱文橢圓印。
所屬叢書:《通志堂經解》。

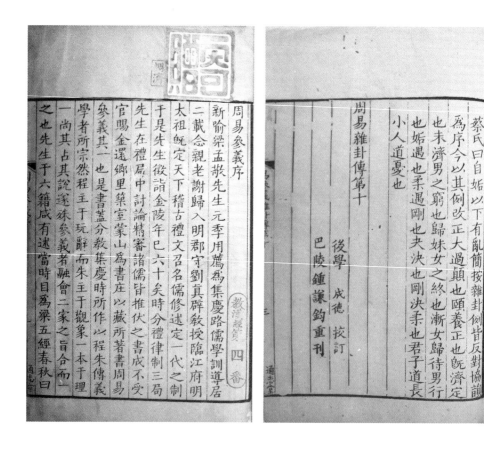

周易上經第一　　　　後學　梁寅　參義

乾下
乾上

乾元亨利貞

文王乾卦之辭非以為四德也以為四德者由夫
子始也夫子之意蓋以乾坤二卦盡天地之道故
尊異其辭而因以明造化之大固非他卦之可同
也然乾之為卦至大也而其占辭之略何也曰辭
之略者此其所以為大也諸卦之言亨也有不曰
元者矣有曰小亨者矣有曰某事亨者矣而乾獨
曰元亨則无往而不大通也諸卦之言貞也有曰

026.易象鈎解四卷　　〔明〕陳士元撰　〔清〕錢熙祚校　　PL2464.Z6 C5167 1843

清道光二十四年（1844）金山錢氏刻本　一册一函

半葉十一行二十三字，黑口，左右雙邊，無魚尾，半框高12.1釐米，寬8.7釐米。版心中鐫書名及卷次、葉碼。

內封題"易象鈎解"。

卷端題"易象鈎解，明陳士元撰，金山錢熙祚錫之校，守山閣叢書經部"。

卷首依次有"欽定四庫全書提要"；明嘉靖三十年（1551）陳士元"易象鈎解自序"，署"嘉靖辛亥冬十月朔日楚應城陳士元識"。

所屬叢書：《守山閣叢書》。

易象鉤解卷一

明　陳士元　撰

金山錢熙祚錫之校

守山閣叢書　經部

☰ 乾下
乾上

乾元亨利貞

卦象元亨利貞者六乾屯隨臨无妄革也孔子彖傳屯隨
皆曰大亨貞无妄革皆曰大亨以正惟乾四德與他卦異
乾天也元亨利貞其春秋王者法天之義與

初九潛龍勿用

震爲龍乾自震變故六爻稱龍龍鱗八十一有九九之數

爲初變爲巽伏也故曰潛龍

九二見龍在田利見大人

027.易經直解十卷　　　〔明〕張居正撰　　　　　　PL2464.Z6 Z53 1660

日本出雲寺松柏堂刻本　五册一函

半葉六行十三字,小字雙行十七字,無行格,白口,四周單邊,單黑魚尾,半框高20.2釐米,寬14.8釐米。版心上鐫書名,中鐫卷次,下鐫葉碼。墨筆批校。

卷端題"易經直解,江陵張泰嶽先生訂定,武林陳枚簡侯甫輯、繆樹胤德深甫參"。

卷首有清順治十七年(1660)史大成序,署"順治庚子歲秋八月四明史大成書"。

卷末鐫"御書物所,京都三條通界町,出雲寺松柏堂"。

鈐"越後國頸城郡國賀村饒村宏熙圖書之印"朱文長方印。

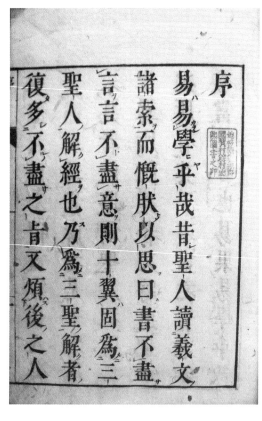
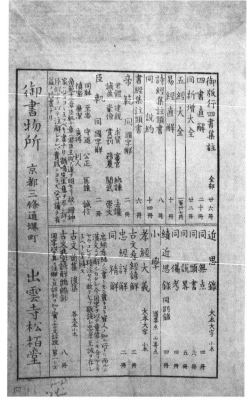

易經直解上經卷一上

江陵張泰嶽先生訂定

武林　陳　攷簡矦甫輯

　　　繆樹胤德深甫參

乾下トシモテ乾ケン
乾上トミス乾レ

這ノ三之ノ名雖自ニ伏義ニ始然伏義ノ畫ニ批ヲ時尚ヲ有テ

畫無シテ文ニ至テ文王ニ始テ著ニ乾ノ字ヲ曰ニ象ノ辭ニ元亨利

028.來瞿唐先生易注十五卷首一卷末一卷　　〔明〕來知德撰

清宣統(1909—1911)刻本　十二冊一函

半葉九行二十二字,白口,四周雙邊,單黑魚尾,半框高21.6釐米,寬14釐米。版心上鐫"周易"或"周易批點來注"或"周易繫辭批點來注",中鐫卷次,下鐫"寧遠堂"及葉碼,末卷最後二葉下鐫"朝爽堂"及葉碼。有圖。

內封題"來瞿唐先生秘本,盧陵高雪君先生鑒定,永川凌厚子先生原點,易經來注圖解,讀易了然,藻文堂藏板"。

卷端題"來瞿唐先生易注,寧陵符永培子田重刊"。

卷首依次有"重刻易經來注跋";"重刻來先生易經圖注全解序",署"雍正七年己酉季秋皖桐後學周大璋聘侯氏拜撰於金陵寶旭書舍";明高奣映序,署"盧陵後學高奣映雪君父拜撰於川東官署";清符永培序,署"睢陽符永培識"(按,此序言其重刻書事,重刻時間爲清嘉慶十五年);明萬曆二十六年(1598)"來瞿唐先生易注自序",署"萬曆戊戌春三月念二日梁山後學來知德序"。

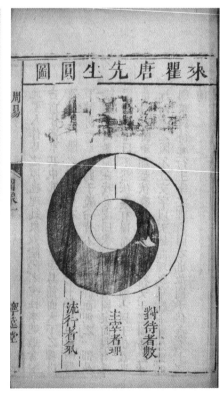

來瞿唐先生易註卷之一

寧陵符永培子田重刊

周易上經

周代名易書名卦則伏羲所畫也伏羲仰觀俯察見

陰陽有奇耦之數故畫一奇以象陽畫一耦以象陰。

見一陰一陽有各生之象故自下而上。一倍而三。以

成八卦爻于八卦之上各變八卦以成六十四卦。六

十四卦皆重而爲六畫者。以陰陽皆極于六。故聖人

周易　　卷之一　　　寧遠堂

029.易象正十二卷初二卷終二卷　　〔明〕黃道周撰　〔清〕鄭開極訂正

PL2464.Z7 H83 1693

清康熙三十二年（1693）鄭開極刻本　四冊一函

　　半葉九行十八字，小字雙行字同，白口，左右雙邊，單黑魚尾，半框高19.5釐米，寬14.3釐米。版心上鐫書名，中鐫卷次，下鐫葉碼。有圖。

　　卷端題"易象正，漳浦黃道周輯，晉安鄭開極重訂"。

　　卷首有"易象正序"，言刻書事，署"康熙三十二年歲次癸西十月朔侯官鄭開極撰"。

　　所屬叢書：《石齋先生經傳九種》。

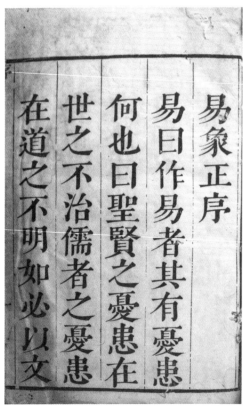
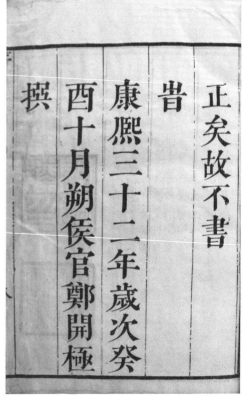

易象正卷之一

漳浦　黃道周　輯

晉安　鄭開極　重訂

乾☰☰

乾元亨利貞。

象曰大哉乾元萬物資始乃統天雲行雨施

品物流行。大明終始六位時成時乘六龍以

御天乾道變化各正性命保合太和乃利貞

首出庶物萬國咸寧。

象曰天行健君子以自彊不息。

030.易憲四卷圖一卷　　〔明〕沈泓撰　　　　　　　PL2464.Z6 S44 1744b

清乾隆九年（1744）刻本　三冊一函

　　半葉十一行二十三字，小字雙行字同，白口，左右雙邊，單黑魚尾，半框高19.6釐米，寬14釐米。版心上鎸書名及卷次，中鎸分卷題名，下鎸葉碼。有圖。

　　內封題"易憲"。

　　卷端題"易憲，華亭沈泓臨秋氏疏，男權之、汝雄，孫益謙、業、燦、二裴增訂，門下後學嘉善許王猷、華亭張仕遇校正"。

　　卷首依次有明崇禎十六年（1643）黃淳耀"易憲序"，署"崇禎癸未仲冬鄦城同門弟黃淳耀序"；清乾隆九年許王猷跋，云"開鎸于乾隆癸亥季冬，至甲子三月而工竣"，署"門下後學許王猷敬跋"；沈恪、沈慎跋，署"五世孫恪、慎百拜謹識"。

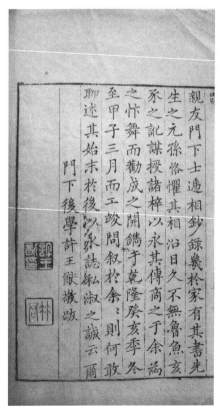

易憲卷之一

上經

華亭沈　泓臨秋氏疏　　男汝雄　孫　權之　益謙
　　　　　　　　　　　　　　　　燦　業謙　二義　增訂

門下後學
華亭張仕遇校正
嘉善許王猷

☰
乾下
乾上
乾

乾元亨利貞

六畫者伏羲所畫之卦也此卦純陽至健故名乾元大也。

亨通也利宜也貞正而固也此文王所係之象辭也言為
君者以剛健用事則才力有餘治化當得大過、然至健原
自至正故凡事皆純心純政始終無間而無不利無不貞

031.易憲四卷圖一卷　　〔明〕沈泓撰　　　　　　PL2464.Z6 S44 1888

清光緒十四年（1888）卓氏刻本　一冊一函

半葉十行二十三字，小字雙行字同，白口，左右雙邊，單黑魚尾，半框高19.8釐米，寬14釐米。版心上鐫書名，中鐫卷次名及葉碼，下鐫"卓氏藏板"。朱墨筆批點。有圖。

卷端題"易憲，華亭沈泓臨秋氏疏，男權之、汝雄，孫益謙、業、燦、二裴增訂，門下後學嘉善許王猷、華亭張仕遇校正"。

卷首依次有明崇禎十六年（1643）黃淳耀"易憲序"，署"崇禎癸未仲冬嶧城同門弟黃淳耀序"；清許王猷"易憲序"，署"門下後學許王猷敬跋"；清沈慎、沈恪"易憲序"，署"五世孫慎、恪百拜謹識"；清光緒十四年卓德徵"易憲序"，言其刻書事，署"光緒戊子孟秋後學泉唐卓德徵厚齋甫謹序"。

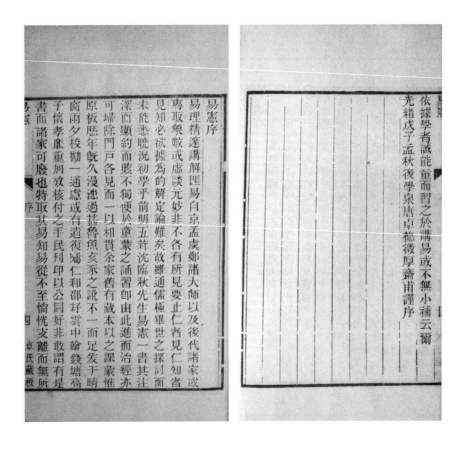

易憲卷之一

上經

華亭沈　泓臨秋氏疏

男權之孫汝雄增訂

門下後學華亭張仕遇校正

三三　乾下乾上
乾

乾元亨利貞

六畫者伏羲所畫之卦也此卦純陽至健故名乾元犬也

亨通也利宜也貞正而固也此文王所繫之象辭也言為

君者以剛健用事則才力有餘治化當得大通然至健原

自至正故凡事皆純心純政始終無間而無不利無不貞

卓氏藏板

032.新刻温陵霖寰曾先生鑒定易旨醒四卷易説醒四卷　　　〔明〕王雲龍　洪守耀纂

〔明〕洪守美輯　　　　　　　　　　　　　　　　PL2464.Z6 H87 1861

清刻本　二册一函

　　二節版，半葉上欄二十二行十七字，下欄十行二十字，小字雙行字同，白口，四周單邊，無魚尾，半框高24.3釐米，寬14.5釐米。版心上鐫卷次"元""亨""利""貞"，中鐫卷次名及葉碼，下鐫"華吐居藏板"。朱筆圈點。

　　卷端上題"新刻温陵霖寰曾先生鑒定易旨醒，古猷門人王雲龍雲從父、洪守耀闇仲父全纂，洪守美在中父輯著，胡邦禄受之父、朱皓漢賓父參証"；下題"易説醒"。

　　卷首依次有"易醒序"，署"温陵曾化龍大雲甫書於宛之覽勝"；"易醒凡例"，署"在中氏謹白"。

　　鈐"受益草廬藏書記"白文方印、"基守"白文方印、"定臣"朱文圓印。

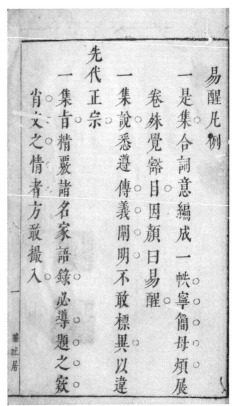

新刻湛陵霖寰曾先生鑒定易肯醒元集

古歙門人
王雲龍雲從父　　全纂
洪守耀閣仲父　　輯著
洪守美在中父
胡邦祿爱之父　　泰註
朱皓漢賓父

易肯醒卷之一

乾上　乾下

乾為天

程敬承曰乾只是健健者勝私之謂即天德之剛元亨利貞是一時事蓋乾健自无不通自无不正非元亨了矣入必利貞貞徤只完得乾健之意

曾霖寰曰乾体純剛就六爻背象龍其潜見惕躍飛元皆龍之随時变化處易以時為大初九潛便當勿用潜字極妙凡聖賢大經綸大涵養皆從養中出潜之精神不露故曰勿用非元一无所用特厚蓄待時而不輕發平

陸庸成曰出世日出見天下道則見見日在田見与雖未蘿献卹而巳顯豪牟利見進本時來所徳尤重　元

乾元亨利貞

演　純陽至健之卦曰乾乾天道也亦君道也人主體乾本其剛健之才德以出治自能政流化洽而元亨矣然所謂元亨者原從健來而至健自无不正也故必純心純政始終无間利在貞固焉乃為元亨也亨也

初九潛龍勿用

演　初陽在下是有聖德而時當側微為潛龍之象宜洗心退藏晦處静侯勿輕出以求用可也

九二見龍在田利見大人

演　二有剛健中正之德際出潜離隱之時為龍見于田　乾為天

033.增訂周易去疑十一卷首一卷末一卷　　〔明〕舒宏諤撰　PL2464.Z6 S58 1882

清光緒八年（1882）養雲書屋刻本　十二冊一函

半葉十行二十四字，小字雙行字同，無行格，白口，左右雙邊，雙黑魚尾，半框高17.3釐米，寬13.1釐米。版心上鐫書名，中鐫卷次、卷名，下鐫葉碼及"養雲書屋刊"。有圖。

內封題"增訂周易去疑，光緒八年歲次壬午初秋署"。

牌記題"江右養雲書屋藏版"。

卷端題"增訂周易去疑，宛旌舒宏諤士一著、絳巖蔣先庚震青參、秋山李龍吟水菴商、西昌蕭承笏輯五校"。

卷首依次有清光緒五年（1879）王恩溥"序"，署"光緒五年歲在己卯初秋後五日王恩溥謹敘并書"；清光緒二年（1876）賀恢"序"，署"光緒二年丙子夏五之吉琴水後學傑臺賀恢謹識"；"序"，署"雍正乙卯歲秋山李水菴識時年七十有三"；"跋"，署"光緒丙子夏同里後學海帆賀永清謹跋"。

封底有題記"大熊光山藏書"。

鈐"大熊藏書"白文方印、"乾坤斗光"朱文方印。

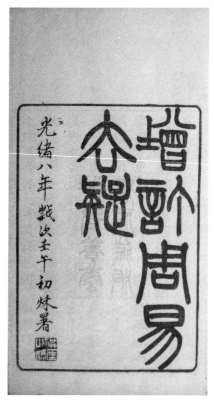

增訂周易去疑卷一

宛旌舒宏諤士一著

秋山李龍吟水菴商

經巖蔣先庚震青參

西昌蕭承芴輯五校

上經

乾䷀　乾下　乾上

乾元亨利貞。

註　伏羲象奇耦以畫八卦又各重之爲六十四首冠以乾至文王作象辭曰元亨利貞餘傚此乾健也元大也亨通也利宜也宜乃合宜的話非謂宜于貞也貞正也又兼固義脈二體純陽剛健不雜故名乾夫乾天道也人主體天出治但見

034. 易酌十四卷　　〔清〕刁包撰　　　　　PL2464.Z6 T52 1843

清道光二十三年（1843）祁陽順積樓刻本　十四冊一函

半葉十行二十一字，白口，左右雙邊，單黑魚尾，半框高18.6釐米，寬13.9釐米。版心上鐫“周易上經”或“周易下經”，中鐫書名及卷次，下鐫葉碼。有圖。

內封題“道光癸卯重梓，刁蒙吉先生著，易酌，祁陽順積樓藏板”。

卷端題“易酌，用六居士刁包學，男再濓編輯，孫男顯祖、繼祖、承祖、興祖重訂，曾孫鎔、録、鎧、錦、鈞、鑰、銓校閱”。

卷首依次有“刁蒙吉先生易酌序”，署“孤竹教下弟高輔辰謹序”；“易酌序”，署“順治庚子孟夏吉伊祁用六居士刁包蒙吉氏撰”；“弁言”，署“雍正十年歲次壬子正月上浣之吉孫男承祖步武氏識於姑蘇之臬署”；“凡例”，署“孫男顯祖紹武氏識於姑蘇臬署之西軒”；“讀易法計十三則”，署“刁包蒙吉氏識”；“諸圖附考”。

易酌卷之一

周易上經

用六居士刁包學　　孫男承顯繼典祖重訂

男再濂編輯

曾孫鎧錄鎔鑅銓鑰鈞錦校閱

乾上
乾下

乾元亨利貞

開卷第一義。便從乾道說起。萬物所由始也。書首堯。
道統之始。詩首關雎。人倫之始。戴記首敬禮之始。春
秋首春。歲之始。首王。人之始。古聖立言率用是道也。

周易上經

035.龍性堂易史參録二卷　　〔清〕葉矯然撰　　　PL2464.Z7 Y416 1768

清抄本　一册一函

半葉九行二十一字，無邊框，無行格，無魚尾。版心下有葉碼。

卷端題"龍性堂易史參録，閩中葉矯然思菴氏著"。

卷首依次有"葉思菴先生小傳"，署"邑後學鄭天錦敬撰"；鄭天錦序，署"乾隆戊辰季秋二十一日天錦倚裝載書"；葉矯然"易史參録自序"，署"康熙戊午春仲龍性氏自識"；李敬躋"易史參録後序"，署"乾隆戊辰季秋下浣滇南後學李敬躋謹序"；何逢僖"易史參録序"，署"乾隆戊子仲冬三山同里後學何逢僖叩首拜撰"。

龍性堂易史參錄

閩中葉矯然思菴氏著

上經　乾上
　　　乾下

乾　☰

初九潛龍勿用

勿用者有所待而用也大舜側陋伊尹有莘畊耕版

築所由來矣後世隆中之膝曲肱之遺與東山之卧

顏巷之志與下此而枉道希合非龍德矣陳卧子云

036.周易觀象十二卷 〔清〕李光地撰 PL2464.Z6 L4835 1804

清嘉慶九年（1804）南城梅照璧刻本 六册一函

半葉九行十八字，小字雙行字同，白口，左右雙邊，單黑魚尾，半框高17.5釐米，寬 12.6 釐米。版心上鐫書名，中鐫卷次，下鐫葉碼。

內封題"周易觀象，家塾藏板"。

卷端題"周易觀象，安溪李文貞公著，南城梅照璧重刊"。

卷首有梅照璧序，署"嘉慶九年歲在甲子春二月南城後學梅照璧謹叙"。

周易觀象卷之二

安溪李文貞公著　南城梅照壁重刊

乾元亨利貞

≡≡　乾上
≡≡　乾下

乾健也凡純陽之物其性必至健故三畫純

陽之卦名之為乾至於重而六畫則又有以

見其健而又健流行不息之意也元亨利貞

占辭也凡至健者流行而功用不窮是以大

通不息而根本深厚是以正固故其占為得

周易觀象《卷之二》　一

037.周易觀彖十二卷　　〔清〕李光地撰　　　　　PL2464.Z6 L4835 1821

清道光（1821—1850）刻本　四册一函

　　半葉十一行二十字，小字雙行字同，白口，四周單邊，雙黑魚尾，半框高15.5釐米，寬12.9釐米。版心上鎸書名，中鎸卷次，下鎸葉碼。

　　內封題“安溪李厚菴注，周易觀彖，桐月軒藏板”。

　　卷端題“周易觀彖，安溪李光地注”。

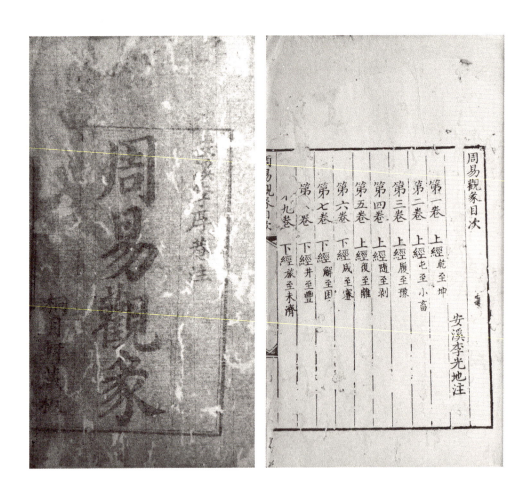

周易觀彖卷之一　　　安溪李光地註

上經一

乾下
乾上

乾元亨利貞

乾健也凡純陽之物其性必至健故三畫純陽之
卦名之爲乾至於重而六畫則又有以見其健而
又健流行不息之意也元亨利貞占辭也凡至健
者流行而功用不窮是以大通不息而根本深厚
是以正固故其占爲得此卦者凡事當得大通而
尤利乎於正固也○易言貞有三義正也固也常
也正則可固安以爲常故其意自相貫然惟言利

038.周易通論四卷　　〔清〕李光地撰　　　　　　　PL2464.Z6 L4838 1796

清刻本　二册一函

半葉九行十九字, 白口, 左右雙邊, 單黑魚尾, 半框高17.7釐米, 寬13釐米。版心上鎸書名, 中鎸卷次, 下鎸葉碼。

內封題 "安溪先生著, 周易通論"。

卷端題 "周易通論"。

周易通論卷一

易本

易之與也最古其源流又可悉知三易之名及畫
卦重卦名卦之人諸儒之論亦復不一約之則三
易之說可通者有二一曰夏連山殷歸藏周易
也一曰連山炎帝歸藏黃帝周易文王也畫卦重
卦名卦之人則有三說一曰伏羲畫八卦因自重
之而自名之也一曰伏羲畫八卦至文王乃重而
名之也一曰伏羲畫八卦而重之文王始名之也

039.周易函書約存十八卷　　〔清〕胡煦撰　〔清〕胡季堂校正

PL2464.Z6 H82 1794

清乾隆（1736—1795）胡氏葆璞堂刻本　十冊一函

半葉十行二十四字，小字雙行字同，白口，四周雙邊，單黑魚尾，半框高18.4釐米，寬13.9釐米。版心上鐫書名，中鐫卷次、卷類及葉碼，下鐫"葆璞堂"。

內封題"周易函書約存"。

卷端題"周易函書約存，禮部左侍郎胡煦述"。

卷首有李去佖"周易函書序"，署"康熙辛卯孟秋黍邱李去佖書於安陽之権嘯軒"。

每卷末鐫"男季堂重校，孫鈺、鱗正字"。

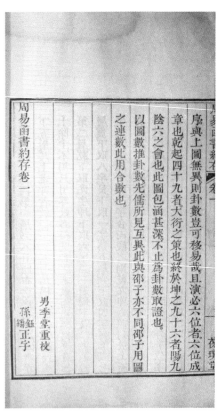

周易函書約存卷一

　　　　　　　　　　禮部左侍郎胡煦述

原圖

　　河洛　李本固周易全書彙編

邵子曰圓者星也歷紀之數其肇於此乎方者土也畫州井地
之法其放於此乎蓋圓者河圖之數方者洛書之文故羲文因
之而造易禹箕敘之而作範也鮑寧天原發微曰天地開闢之
初太極渾淪象數未顯此河圖洛書所以開聖人也語曰河不
出圖易曰河出圖洛出書書曰天球河圖則知圖書乃天地自
然之文古今以爲瑞物非人力之所爲也後世有肆爲怪誕者

周易函書約存　卷一　　河洛　　　一　　蕭美堂

040.周易洗心十卷　　〔清〕任啓運撰　　　　　　　PL2464.Z6 J45 1882
清光緒八年（1882）宜興任氏家塾刻本　六册一函

半葉八行二十字，小字雙行字同，白口，四周雙邊，單黑魚尾，半框高19釐米，寬14.2釐米。版心上鎸書名，中鎸卷次，下鎸葉碼。有圖。

內封題“荆溪任啓運釣臺注，周易洗心”。

牌記題“光緒八年歲次壬午春仲筱里任一本堂家塾依清芬堂原板重校鎸”。

目錄端題“周易洗心，荆溪任啓運釣臺傳，男翔巢阿參、孫慶范禹仙、門晚學生汾陽耿毓孝峰松同校刊”。

卷首依次有“易學洗心叙”，署“雍正庚戌荆溪學人任啓運叙”；“峰松跋”，署“乾隆歲次己丑季春月門晚學生耿毓孝敬跋”。

卷末有跋，言其刻書事，署“光緒七年季冬月族孫道鎔敬跋”。

鈐“真州吳氏有福讀書堂藏書”朱文方印。

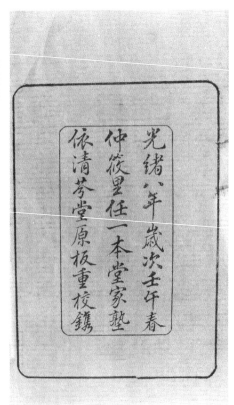

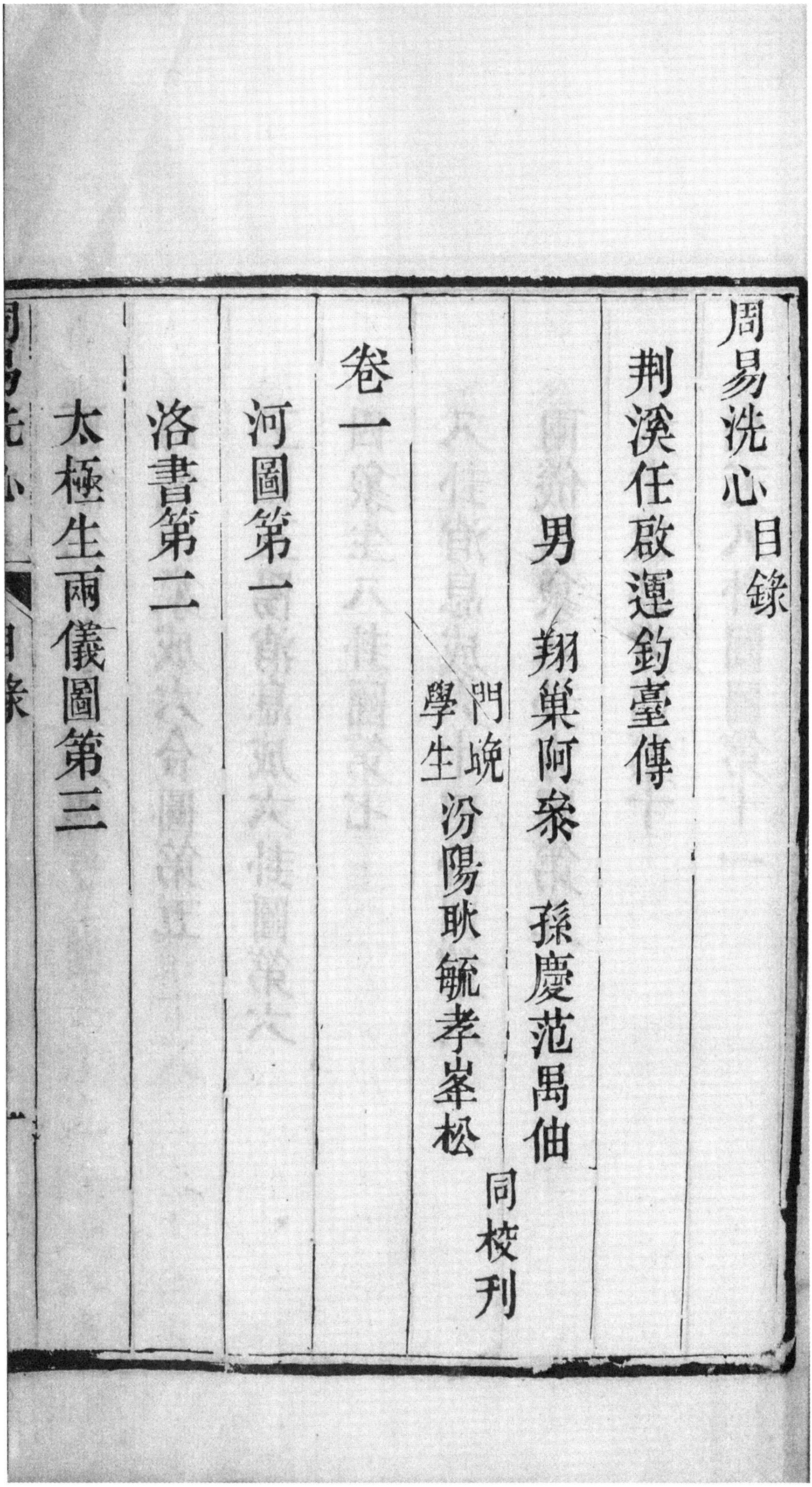
周易洗心目錄

荊溪任啟運釣臺傳

男　翔巢阿衆　孫慶范禹佃

門晚學生汾陽耿毓孝峯松　同校刊

卷一

河圖第一

洛書第二

太極生兩儀圖第三

周易洗心　目錄

041.周易孔義集説二十卷首一卷　　〔清〕沈起元撰　　PL2464.Z6 S43 1882

清光緒八年（1882）江蘇書局刻本　　八册一函

半葉十行二十二字，小字雙行字同，無行格，白口，四周雙邊，單黑魚尾，半框高20釐米，寬14釐米。版心上鐫書名，中鐫卷次、葉碼。朱筆圈點。有圖。

內封題"周易孔義集説"。

牌記題"光緒壬午冬月江蘇書局開雕"。

卷端題"周易孔義集説，太倉沈起元"。

卷首依次有陳世倌序，署"乾隆十九年甲戌中秋日年通家眷生海寧陳世倌書於燕山旅次時年七十有五"；孫嘉淦序，署"乾隆癸酉仲夏同學弟孫嘉淦"；盧見曾"序"，署"乾隆甲戌閏四月下浣四日德州盧見曾撰"；秦蕙田序，署"乾隆癸酉舘後進二泉秦蕙田"。

首一卷含"周易孔義集説凡例""周易孔義集説傳易源流""總論""參校姓氏"。

周易孔義集說卷一

太倉沈起元

上經

乾下乾上

乾元亨利貞。

象傳 大哉乾元萬物資始乃統天。

子夏傳曰元始也亨遍也利和也貞正也○九家易曰
乾者純陽天之象元者氣之始也○孔仲達曰乾建也
天之懷以健為用聖人欲使人法天之用不法天之體
故名乾不名天也○胡安定曰乾者剛陽至健之氣元
者始生長養之德言天以一元之氣生成萬物而无有

周易孔義集說　〈卷一上經　乾〉　一

042.寄傲山房塾課纂輯御案易經備旨七卷　　〔清〕鄒聖脈纂輯　〔清〕鄒廷猷編次

PL2464.Z6 T718 1798

清嘉慶三年（1798）右文堂刻本　三冊一函

　　二節版，半葉上欄小字二十二行十字，下欄十一行二十字，小字雙行字同，白口，四周單邊，單黑魚尾，半框高18.7釐米，寬13.6釐米。版心上鎸"易經備旨"，中鎸卷次，下鎸葉碼。朱墨筆批點。有圖。

　　內封題"欽尊御案經解，嘉（定）黃淳耀先生原本，嶺梅鄒梧岡手輯，同文堂發兌，周易備旨能解，右文堂藏版"。

　　卷端題"寄傲山房塾課纂輯御案易經備旨，霧閣鄒聖脈梧岡氏纂輯，男廷猷可庭氏編次，孫景鴻克聯、景揚克襄、景章克翀氏訂"。

　　卷首依次有"御案周易序"，署"康熙五十四年春三月十八日書"；嘉慶三年馬呂豐"周易備旨序"，言刻書事，署"嘉慶戊午歲桂月中浣姻家晚生馬呂豐拜撰"。

寄傲山房乾課纂輯　御纂易經衝口卷之一

鴻聯

霧閣飄聖脉悟同氏纂輯　男廷猷可庭氏編次　孫□陽克羲氏言

草獅

乾卦辭旨

周易　上經其卦本伏羲所畫仰觀俯察以變易變易之義其
卦辭則文王周公所繫故繫之周以其簡
帙重大故分為上下兩篇

乾　乾上　乾下

乾元亨利貞

乾者健也陽之性也三奇之卦名之
曰乾則乾而健之至也元亨利貞文王所繫
乾卦者辭也乾者健也陽之性也三奇之卦名之
曰乾六畫皆奇上
乾而下乾天文王以為大下之道惟純
健而至正矣故占得此卦者運其剛健而至
正矣故占得此卦者運其剛健有立乾則有為不惟亨而且
大亨也然才

法天之健才足有為所行
四達不悖如天之始物盛
德之所徧也旦固守其正
理則純心行純道如天之
正物大業所由成也○卦
辭聖人法天以行道六
爻聖人純乎乾道以從時
案傳聖人同天之治夫象
聖人純天之學爻言聖人
之辭所謂象辭也象
傳象辭象辭以為乾道
大通而至正故於乾
之德由象而傳之

案乾坤之元亨利貞諸德
俱作四德說惟朱子以為
占辭而諷他卦一例其言
寅天然四字之中雖具兩
乾之德剛則有為不惟亨而且

043.周易詮義十四卷首一卷　　〔清〕汪烜撰　　　　PL2464.Z6 W34 1873

清同治十二年（1873）安徽敷文書局刻本　　十四册二函

　　半葉十二行二十四字，小字雙行字同，上黑口下白口，四周雙邊，單黑魚尾，半框高17.8釐米，寬14.5釐米。版心中鐫書名及卷次、葉碼。有圖。

　　叢書封面題"汪雙池先生叢書，光緒丁酉秋同邑後學余家鼎署簽"。

　　内封題"周易詮義"。

　　牌記題"同治癸酉安徽敷文書局校刊"。

　　卷端題"周易詮義，婺源汪烜著"。

　　卷首依次有清雍正十二年（1734）汪烜"序"，署"雍正甲寅之長至日婺源汪烜自序"；清乾隆二十一年（1756）汪烜"後序"，署"乾隆丙子孟夏之吉婺源汪烜自序"。

　　鈐"上海三馬路中千頃堂書局印行古今書籍"朱文長方印。

　　所屬叢書：《汪雙池先生叢書》。

同治癸酉安徽
敷文書局校刊

周易詮義卷之一

婺源汪烜著

周易上經

本義　周代名也文

易周代名也文王演易猶在商世其音周
而六爻連山歸藏則國名也然周禮以連山
之名用於商故朱子曰周易之周蓋以別於
而代之名也右漢儒明易者皆謂易書名也
周易之白易者交易變易之義故謂
之易首用其辭則文王周公所繫故以其簡袤重大
己著之卷詳其彖則文王周公所繫故以其簡袤重大
故分爲上下兩篇則伏羲之畫文王周公之辭也幷孔子
所作之傳十篇凡十二篇中閒頗爲諸儒所亂近世晁氏始
正其失而未能盡合古文吕氏又更定著爲經二卷傳十卷
乃復孔氏之舊云經傳之別復於有明至今仍之
　　　　未改茲改從原本詳見首卷

044.御纂周易述義十卷　　〔清〕傅恒等撰　　　　PL2464.Z6 Y86 1755

清刻本　四册一函

半葉八行二十字，小字雙行字同，無行格，白口，四周雙邊，單黑魚尾，半框高21.6釐米，寬16.1釐米。版心上鐫"周易述義"，中鐫卷次、葉碼。

卷端題"御纂周易述義"。

卷首有"御纂周易述義序"，署"乾隆二十年夏四月御製，經筵講官太子太傅工部尚書臣汪由敦奉敕敬書"。

鈐"四明張氏古懽室藏書記"朱文方印、"古鄞張之銘藏書"朱文方印、"張之銘珍藏"朱文方印。

045.又一部　六册一函　　　　　　　　PL2464.Z6 Y86 1755 c.2

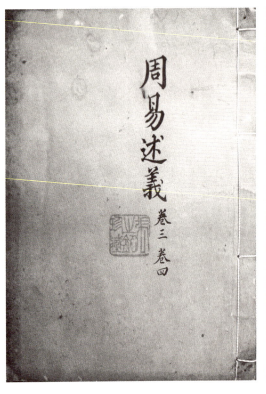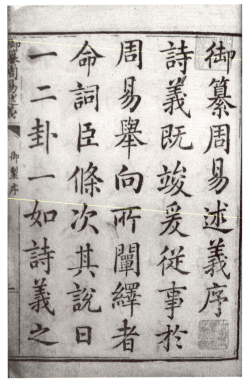

御纂周易述義卷之一

乾下
乾上

乾元亨利貞

乾健也純陽之性生生不已故曰乾所謂至誠無

息也誠通誠復故有元亨利貞之四德焉生意初

萌渾然太和乾之元也氣動理呈元必亨也氣成

形而理成性亨之利也太和保合利乃貞也貞則

元復而又亨利矣循環無端乾之所以爲乾也在

046.易注十二卷洪範傳一卷　　　〔清〕崔致遠撰　　　　PL2464.Z6 T72 1743
清乾隆八年（1743）許爾怡刻本　九册一函

半葉八行二十三字，小字雙行字同，上白口下黑口，左右雙邊，雙黑魚尾，半框高18.5釐米，寬14.3釐米。版心上鐫書名，中鐫卷次，下鐫葉碼。

卷端題"易注"。

卷首依次有清乾隆四年（1739）崔致遠"易注序"，署"乾隆己未秋日曲沃静君崔致遠叙"；乾隆八年許爾怡序，言刻書事，署"乾隆癸亥閏四月既望愚甥許爾怡沐手謹識"。

卷末有崔致遠跋。

洪範傳卷首有清康熙五十八年（1719）"洪範傳叙"，署"康熙己亥仲秋曲沃崔致遠自叙"。

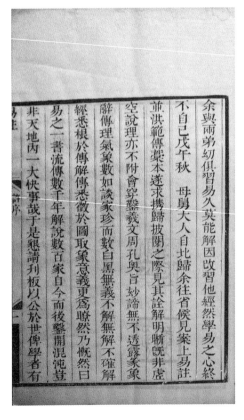

易註卷一

條例

一是編發揮易理求其合於聖人本意非欲沽著作之名爲

一家言與諸儒爭同異也故訓釋並不標出某說同於古

人者非以掠人之是異於古人者亦不欲形以人之不是總

期歸於至是而止

一孔傳所以釋經繫辭上下　傳釋繫辭大意文言傳釋乾坤

二卦大意乾坤之義大非　文言反復訓釋不能盡發其旨

047.易見九卷首一卷易見啓蒙二卷　　〔清〕貢渭濱輯　　PL2464.Z6 K78 1759

清乾隆二十四年(1759)脉望書樓刻本　八册一函

半葉九行二十六字,小字雙行同,白口,左右雙邊,單黑魚尾,半框高21.8釐米,寬14.3釐米。版心上鐫書名,中鐫卷次及葉碼,下鐫"脉望書樓"。

內封題"乾隆己卯年鐫,長洲沈歸愚、鄆江廖南崖兩先生鑒定,丹陽貢羡溪輯,易見,脉望書樓藏板,金陵龔體仁梓"。

卷端題"易見,丹陽貢渭濱羡溪輯,丁振華漢飛、丁元佐漢青參,貢楷孟參、金壇李萬開對育校"。

卷首依次有沈德潛序,署"乾隆二十四年己卯冬月長洲沈德潛撰";廖鴻章"叙",署"乾隆庚辰春二月閩中廖鴻章撰并書";曹守垣序,署"乾隆貳拾伍年庚辰孟冬月金壇曹守垣撰";于辰序,署"乾隆二十有五年庚辰九月金壇于辰序";湯玉臺跋,署"乾隆己卯季冬朔日吳趨紫衛湯玉臺跋後";丁振華"叙",署"乾隆壬午端陽日同硯弟丁振華漢飛氏謹叙於友眉書屋";貢楷序,署"乾隆庚辰春三月兄楷序";貢渭濱序,署"乾隆二十二年丁丑十一月長至日丹陽後學貢渭濱書于脉望書樓"。次有"參閲同人姓氏""易見凡例""易見附論""易見總目"。

存五卷:《易見》卷首、卷一至四。

乾隆己卯年鐫

長洲沈臨愚
郭江陸南崖　兩先生鑒定

丹陽賈羡浚輯

麻莖書樓藏板

金陵龍體仁梓

易見

易見總目

卷首

　易序　易傳序　諸儒姓氏　易學源流

　邵子綱領　程子綱領　朱子綱領　筮儀

卷一

　五贊　經傳音釋　本義異同　程傳異同

卷二

　乾坤屯蒙需訟師比

　小畜履泰否同人大有謙豫隨蠱

易見　卷首　總目　　一　　永邑書□

易見卷第一

丹陽貢渭濱羨溪輯

丁振華漢飛叅

丁元佐漢青叅

貢　楷孟參校

金壇李萬開對育

周易上經

周代名也易書名也其卦本伏羲所畫有交易變易之義故謂之
易其辭則文王周公所繫故繫之周以其簡袠重大故分爲上下

易見

卷一

上經　乾

一

048.易經遵注行文便蒙三卷　　〔清〕沈存本撰　　　　PL2464.Z6 S48 1775

清乾隆四十年（1775）刻本　四冊一函

　　半葉十行二十字，小字雙行字同，白口，左右雙邊，單黑魚尾，半框高18.8釐米，寬14.4釐米。版心上鐫"易經便蒙"，中鐫卷次及葉碼。朱筆圈點。

　　內封題"乾隆乙未年季春新鐫，錢塘沈揆庭著，易經遵注行文便蒙，涵春堂藏板，錢塘西角安溪踏水繞山園弍草堂"。

　　卷端題"易經遵注行文便蒙，錢塘沈揆庭著"。

　　卷首有沈存本"揆庭自序"，署"乾隆四十年乙未季春月錢塘沈存本培元揆庭氏自叙"。

　　鈐"嘉兵衞"朱文圓印、"島父藏"朱文方印。

易經遵註行文便蒙卷之一　　錢塘沈掞庭著

三三　乾下乾上　乾元亨利貞

六畫者伏羲所畫之卦一者奇也陽之數也乾者
健也陽之性也此卦六畫皆奇上下皆乾則陽之
純而健之至也以六爻言之初則時位未乘二則
事功可濟三則出羣臣之上而敬畏四則天德
進退之交而從容詳審惟九五得乾之純而天德
全王道備其諸聖人作而萬物覩乎若夫无首則
亢而不中故以本象之元亨利貞貞之辭以繫之辭以
乃一卦之辭也元亨利貞者文王所繫之辭以
斷之吉凶所謂彖辭者也元亨者文王以為乾道
宜也貞者正而固也貞而固也文王以為乾道
在占之者當得大通而必利大通而至正故利
貞固乃得保其元亨也

初九潛龍勿用

初九者卦下陽爻之名陽數九為老七為少變
而少不變故謂陽爻為九潛龍勿用周公所繫之

易經遵蒙　卷之一

049.易守三十二卷易卦總論一卷　　　〔清〕葉佩蓀撰　　　PL2464.Z6 Y45 1796

清嘉慶十五年（1810）刻本　八册一函

半葉十行二十一字，小字雙行字同，白口，四周雙邊，單黑魚尾，半框高19.5釐米，寬14.6釐米。版心上鎸書名，中鎸卷次、卷名及葉碼。

內封牌記題"嘉慶庚午年鎸，易守，慎餘齋藏版"。

卷端題"易守，歸安葉佩蓀學"。

卷首有序，署"嘉慶十五年二月愚姪張師誠拜撰"。

卷首附易卦總論一卷，卷端題"易卦總論，歸安葉佩蓀撰"。

易守卷一　　　　　　　歸安葉佩蓀學

上經

☰ 乾上
　 乾下

乾元亨利貞

乾以健言陽道也天地之初惟渾然一氣氣者陽也

陽主生故常動動故常溫而其運行不息則其體爲

剛而德爲健庖義氏極數定象以陽之肇于最先故

象以奇而爲一而陽道起于下行于中止于上必全

乎初中末之三候故三其一而成乾其重爲六畫則

所謂兼三之道也元始也亨通也利宜也貞正也惟

050.周易闡真四卷首一卷孔易闡真二卷　　〔清〕劉一明撰

清嘉慶二十四年（1819）夏復恒刻本　七册一函

半葉九行二十二字，無行格，白口，左右雙邊，單黑魚尾，半框高19.3釐米，寬13.5釐米。版心上鐫書名，中鐫卷次及葉碼。有圖。少量朱筆圈點。

外封題名"自在窩周易闡真，自在窩孔易闡真"。

內封題"嘉慶二十四年重鐫，素樸散人悟元子述解，周易闡真，常郡護國菴藏板"。

首一卷卷端題"周易闡真，棲雲山素樸散人悟元子劉一明體述，門人沖和張陽全校閱，蕭關子順謝思孝、爾恭謝思弟、香山瑞菴王起鳳全刊，後進學人夏復恒重刊"。

卷端題"周易闡真，素樸散人悟元子劉一明述注，門人沖和張陽全校閱，門人鼎實李陽新、致和梁本中刊梓，後進學人夏復恒重刊"。

卷首依次有"易理闡真序"，署"大清嘉慶三年歲次戊午春王正月元宵節素樸散人悟元子劉一明自序於自在窩中"；嘉慶五年（1800）"周易闡真序"，署"嘉慶庚申夏梁溪楊芳燦序"；"悟元山人周易闡真序"，署"嘉慶三年九月九日癸卯科舉人梁聯第一峰甫渾然子熏沐拜撰并書"。

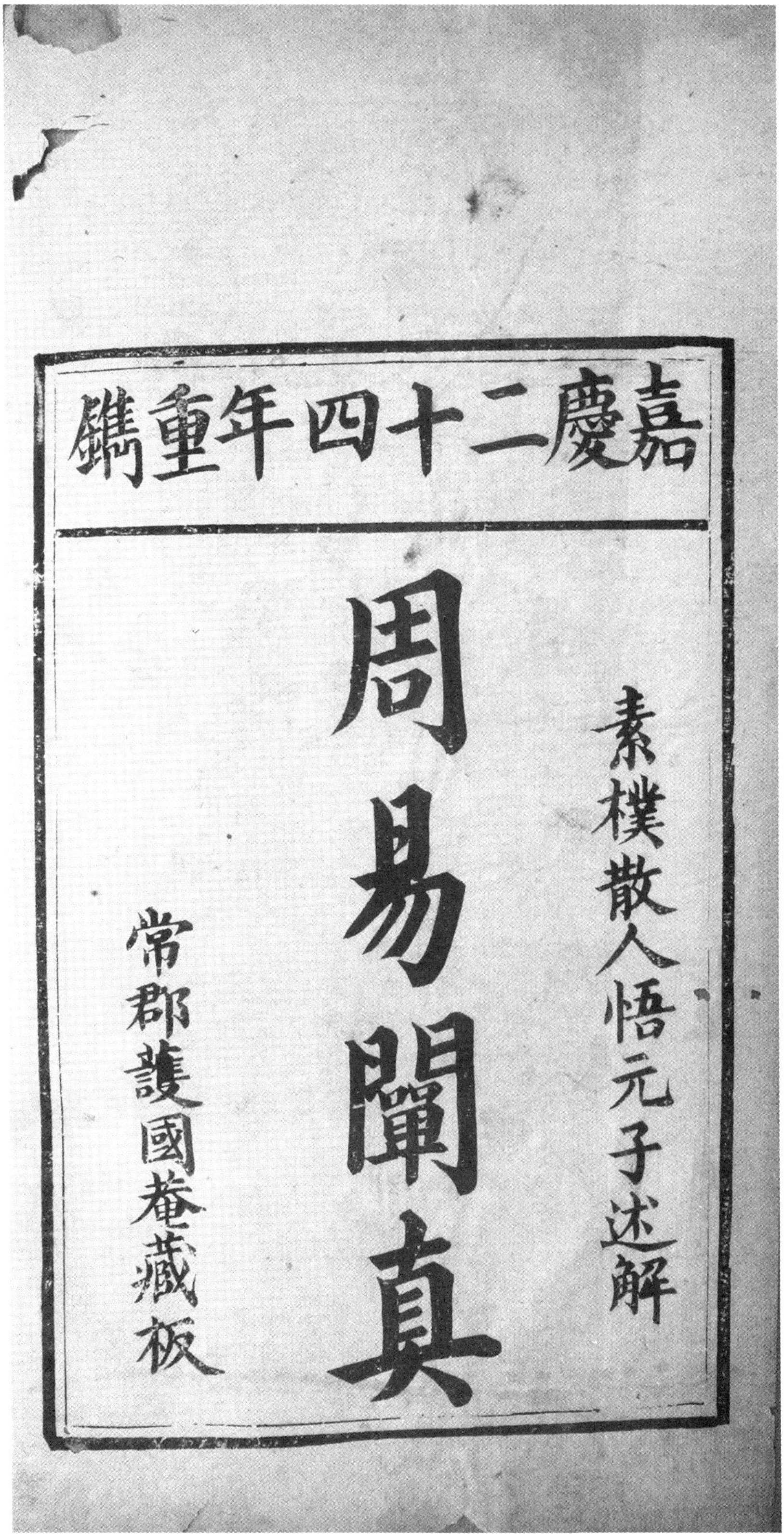

嘉慶二十四年重鐫

周易闡真

素樸散人悟元子述解

常郡護國菴藏板

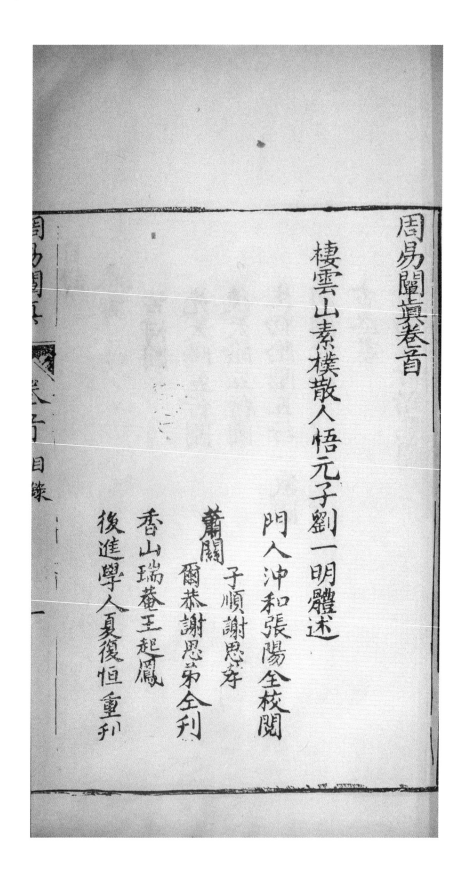

周易闡真卷首

棲雲山素樸散人悟元子劉一明體述

門人沖和張陽全校閱

子順謝恩存

蕭關 爾恭謝恩弟仝刊

香山瑞菴王起鳳

後進學人夏復恒重刊

周易闡真 目錄 一

周易闡真卷一

素樸散人悟元子劉一明述註

門人冲和張陽全校閱

門人鼎實李陽新刊梓

門人致和梁本中刊梓

後進學人夏復恒重刊

☰ 上乾
☰ 下乾

乾元亨利貞。初九潛龍勿用。九二。見龍在田利見大人。九

三。君子終日乾乾夕惕若。句屬。句无咎。九四。或躍在淵。无

咎。九五飛龍在天利見大人。上九亢龍有悔。用九見羣龍

051.易經精華六卷末一卷　　〔清〕薛嘉穎撰　〔清〕陳龍標編輯　〔清〕紀昀

鑒定　　　　　　　　　　　　　　　　　　　　PL2464.Z6 H74 1865

清同治四年（1865）刻本　三册一函

　　二節版，半葉上欄十六行八字，下欄十二行十五字，小字雙行三十字，白口，四周雙邊，單黑魚尾，半框高21釐米，寬13.2釐米。版心上鎸書名，中鎸卷次及葉碼。

　　內封牌記題"同治四年春鎸，陳龍標虛舟編輯，紀曉嵐太史鑒定，易經精華，內加詳注明晰，緯文堂藏板"。

　　卷端題"易經精華"。

　　卷首有清道光元年（1821）何治運"序"，署"道光元年孟夏上浣愚妹婿岐海何治運序"；薛嘉穎"自序"，署"道光元年孟夏三山悟邨薛嘉穎序"。次有"目錄"，共六卷首一卷末一卷，言卷首未刻。

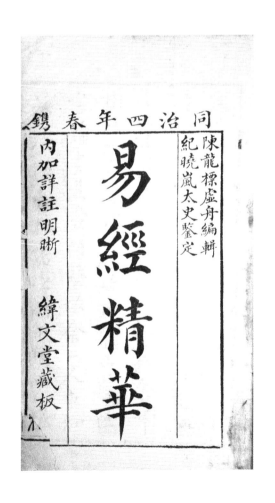

易經精華卷一

上經

乾（伏犧畫八卦，即自重為六十四卦，文王繫卦下之辭，本義卦下之辭謂之彖。孔子推本文王之意而作彖傳，以發明之，後凡言彖者皆此類也。）

乾，乾說文上出也，从乙乙物之達也，軋軋孔，不謂之天，所謂小者天者定體之名，乾者體用之稱，故說卦云乾健也。

乾道健行不息，名體大之行，健則串成功立，其亨無不大，可知亨則其亨無不大而可亨，貞則其貞無不宜可處，惟中乾坤諸卦之辭獨異乎諸卦之辭，本義乾坤之辭，得此四字，故孔子推本於天之道，易言貞者有三義，正也固也常也。

元亨利貞（此文王所繫之辭。）

易經精華卷一　上經　乾　乾三乾

初九，（本春秋傳韓宣子之德則六爻之辭，作於周公，此一證也。）

潛龍勿

052.孫氏周易集解十卷　　　〔清〕孫星衍撰　　　　　PL2464.Z6 S85 1855

清咸豐五年（1855）南海伍氏刻本　一冊一函

半葉九行二十一字，小字雙行字同，黑口，左右雙邊，無魚尾，半框高18.1釐米，寬10釐米。版心中鎸書名及卷次、葉碼，下鎸"粵雅堂叢書"。

內封題"孫氏周易集解"。

卷端題"孫氏周易集解，陽湖孫星衍淵如纂"。

卷首有"孫氏周易集解序并注"，署"時嘉慶三年六月丁未書成序於兗州巡使署中陽湖孫星衍撰"。

卷三末鎸"譚瑩玉生覆校"。

存三卷：卷一至三。

所屬叢書：《粵雅堂叢書》。

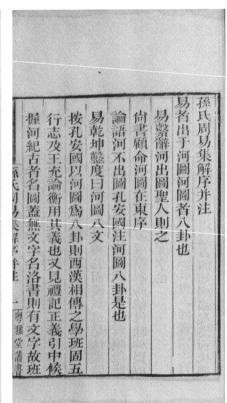

孫氏周易集解卷一

陽湖　孫星衍　淵如纂

陸德明釋文曰易虞翻注
參同契云易字從日下月

上經乾傳第一 〔釋文〕第一亦作弟

經字經字是後人所加　孟喜易本云分上下二經

集解子夏傳云分爲上下二篇孔穎達八論云未有

〔八論〕

京房引夫子曰神農重乎八純〔王應麟玉海

馬融曰伏犧得河圖而作易〔八論〕　王肅同　又

日卦辭爻王所作爻辭周公所作　陸績同　鄭康

成易贊及易論曰夏曰連山殷曰歸藏周曰周易

孫氏周易集解卷一　一　粵雅堂叢書

053.觀易外編六卷　　〔清〕紀大奎撰　　　　　PL2464.Z6 C45 1808

清嘉慶十三年（1808）刻本　二册一函

半葉十行二十字，小字雙行字同，黑口，四周雙邊，單黑魚尾，半框高18.3釐米，寬12.8釐米。版心上鎸書名，中鎸卷次及葉碼。有圖。

內封題"嘉慶戊辰年鎸，雙桂堂易説二種，觀易外編六卷、易問六卷，衙署藏板"。

卷端題"觀易外編，臨川紀大奎"。

卷首依次有朱名洋序，署"乾隆五十四年己酉仲春月上猶朱名洋序"；紀大奎自序，署"乾隆五十二年丁未仲春月臨川紀大奎自識"。

卷末有紀大婁跋，署"乾隆五十四年己酉孟春月弟大婁跋"。

所屬叢書：《雙桂堂易説二種》。

觀易外編卷一

臨川紀大奎

易曰天尊地卑乾坤定矣卑高以陳貴賤位矣動靜
有常剛柔斷矣又曰剛柔相摩八卦相盪是故動者
天也靜者地也動者剛也靜者柔也地道至柔故凝
聚于中而不散天道至剛故健行于外而不已一以
動施之一以靜受之此剛柔之相摩也剛柔相摩則
八卦相盪矣且夫太極分而後有剛柔剛柔合而後
有變化故曰剛柔者立本者也變通者趣時者也剛
摩于柔而柔中有剛矣柔摩于剛而剛中有柔矣剛

觀易外編卷一

054.周易虞氏義九卷虞氏消息二卷　　〔清〕張惠言撰

PL2464.Z7 C235 1803

清嘉慶八年（1803）揚州阮氏琅嬛仙館刻本　二册一函

半葉十一行二十三字，小字雙行字同，白口，左右雙邊，單黑魚尾，半框高18.5釐米，寬13.9釐米。版心上鐫書名，中鐫卷次，下鐫葉碼。朱筆批點。

內封題"周易虞氏義，原附虞氏消息，嘉慶八年揚州阮氏琅嬛仙館刊板"。

卷端題"周易虞氏義，張惠言學"。

卷首依次有阮元"周易虞氏義序"，署"嘉慶八年六月立秋日揚州阮元序"；張惠言自序，署"嘉慶二年月日張惠言"；陳善"周易虞氏義後序"，署"嘉慶八年九月癸巳朔門人仁和陳善謹識"；董士錫"張氏易説後序"，署"序其書者其甥董士錫嘗受易於先生者也"。

書前有題識曰："此書二卷。三國虞仲翔先生所著，承先伯鶴喬夫子所傳之，善餘侄愛之。大抵爲學，長于五行，頗通易理，舉而與之，庶得所云。時己巳重九節前四日，七三悔叟國棟并志。"

鈐"陳鶴喬先生所遺書"朱文長方印、"頌幹更號悔叟"朱文方印、"陳國棟贈"朱文方印、"陳松鶴喬"白文方印、"陳氏國棟頌幹"朱文方印、"陳印國棟"白文方印、"曾藏於順德陳頌幹家"朱文方印、"順德陳氏蒼野書室遺書侄國棟敬藏"朱文長方印、"頌幹敬觀"朱文方印、"陳國棟字頌幹晚號拙庵名其居曰悔廬"朱文方印、"知足知不足無可無不可能屈能不屈有爲有不爲"朱文方印。

周易虞氏

周易虞氏義序

答伏羲作十言之教曰乾坤震巽坎離艮兌消息易緯曰聖
人因陰陽起消息立乾坤以統天地易曰君子尚消息盈虛
天行也是消息者聖人所以立卦推爻繫象之旨也漢時
說易者皆明消息今遺文可考者鄭荀虞氏最著而虞氏仲翔
世傳孟氏易又博考鄭荀諸儒之書故其書參消長於日月
驗變動於爻象升降上下發揮旁通聖人消息之教更大明
焉惜後通之者少五代時姚氏翟氏蜀才氏能傳之亦未大
顯虞初以王注列學官而師說凸迨宋圖書之說與易義
更晦幸李鼎祚撰集解採虞注獨詳
國朝惠徵士棟據之作易漢學推闡納甲於消息變化之道

周易虞氏義卷之一

張惠言學

周易上經
　君注云易字从日下月
象上傳　象上傳

文言　虞氏注

䷀乾下乾上
乾在陽盈象天與坤爲既濟通候

乾元亨利貞
　注云子夏傳云元始也亨通也利和也貞正也文言
　同乾始開通以陽出也亨通也義與子夏傳同乾始開
　通以陽通陰故始通萬物資始故曰元以陽通陰
　萬物資始故亨通也利謂坤來入乾以成
　物美利利天下消息
　通陰六陽消息
　利天下故利天下當位日利貞正也
　位變所之正則雲行雨施天下平二四上失
　謂坤

初九潛龍勿用
　坤乾爲龍陽息於龍陽精變化之象在下位故勿用
　之隱在下位文言注云九二見龍

在田利見大人
　陽息至二地道上見故在田二地道也
　故稱見龍大人謂二有君德當
　升坤五時舍於五同義正體兌爲見故在田
　离物皆相見與五同義正體兌爲見故在田
　大人謂二有君德當

九三君子終日乾乾夕惕若厲
　乾爲夕
　升坤五時
　离爲日坤爲夕故
　三四人道

无咎　注謂陽息至三三變成离离爲日坤爲夕故不稱龍

此卷二卷三國畫伴鞠先生所書承
荒作畫為夫子所作之
吾儕独应愛之大抵为等長于五行
領通易理之而将之後
浮石云　時已巳重陽而蒸霄
七三恒叟國棟菁志

055.周易審義四卷　　〔清〕張惠言撰　　　　PL2464.Z7 C234 1857

清咸豐七年（1857）刻本　四冊一函

　　半葉十一行二十四字，小字雙行字同，白口，左右雙邊，單黑魚尾，半框高18.5釐米，寬14釐米。版心上鐫書名，中鐫卷次、葉碼及"張編修周易虞氏義"，下鐫"文選樓"。有圖。朱墨筆批點。

　　內封題"咸豐七年重刊，周易審義"。

　　卷端題"周易審義，武進張編修惠言著"。

　　卷首有序，署"嘉慶二年月日張惠言"。

乾

周易審義卷一

　周易虞氏義

　　　　武進張編修惠言著

周易上

　周易上經參同契云易日月為易虞君子注云易虞易字從日下月

　　　象上傳　象上傳

文言　虞氏注

乾下乾上　陽盈象天與坤易通侯在四月爻變成既濟

☰☰

乾元亨利貞　子夏傳云元始也亨通也利和也貞正也文言注始者謂易出復初探噴索隱萬物資始故始通陰通陽通同乾陽消息二五利見故元亨利謂坤來入乾以成萬物美利利天下當位日正二四上失位變而之正則雲行雨施天下平也

初九潛龍勿用　坤亂於上君子勿用隱在下位陽氣潛藏

田利見大人　陽息至二兌為見故稱見龍易有三才初二地道地上故在田大人謂二有君德當升坤五時

舍於田之正體離物皆相見與五同義

九二見龍在田利見大人

九三君子終日乾乾夕惕若厲无咎注

張編修周易虞氏義

周易審義

卷一

一

文選樓

056.易經精義旁訓三卷 〔元〕解蒙精義 〔明〕朱升旁訓

PL2464.Z6 I37 1899

清光緒二十五年（1899）魏氏古香閣刻本 三冊一函

二節版，半葉上欄十六行八字，下欄八行十八字，中字雙行字同，小字不等，無行格，白口，左右雙邊，單黑魚尾，半框高22.8釐米，寬14.9釐米。版心上鎸書名，中鎸卷次及葉碼，下鎸"古香閣魏氏校"。有圖。

內封題"易經精義旁訓"。

牌記題"光緒己亥年新鎸古香閣魏氏藏板新都墨耕堂發售"。

卷端題"周易精義""易經旁訓"。

卷首有"易傳序"，署"宋元符二年己卯正月庚申河南程頤正叔序"。

孔穎達乾天也名乾
不名天者天體以健
為用聖人教人法天
之用也
卦以下為內以上為
外以內為貞以外為
悔乾上九外卦之終
曰有悔坤六三內卦
之終曰可貞貞悔二
字特於乾坤發其凡
他卦則雜以示變
陸振奇能從乾列之
取春木之盛乾從火
始於木之發生見之

易經旁訓卷一

周易上經

卦本伏羲所畫有交易變易之義
故謂之易辭則文王周公所繫故
繫之周
謂之易性也上下皆乾則陽之純而健之至也

一者奇也陽之數也

☰ 乾下
☰ 乾上

乾元亨利
貞以斷卦之上象辭文王所繫○初九陽爻

潛龍勿用○九二見龍在田利見大人○九三

君子終日乾乾夕惕若厲无咎○九四或

躍在淵无咎○九五飛龍在天利見大人○上

057.周易通義二十二卷首一卷　　　〔清〕蘇秉國撰　　　PL2426.Z6 S8 1816

清嘉慶二十一年（1816）南清河蘇氏刻本　十册二函

半葉十行二十二字,黑口,左右雙邊,單黑魚尾,半框高19.5釐米,寬15.1釐米。版心上鐫書名,中鐫卷次及葉碼。

內封題"汪瑟葊先生鑒定,周易通義,嘉慶丙子南清河蘇氏刊"。

卷端題"周易通義,南清河蘇秉國均甫學"。

卷首有"周易通義叙",署"嘉慶十有九年歲次甲戌季夏月吉同學愚弟汪廷珍"。

卷末依次有清嘉慶十八年（1813）"書周易通義後",署"嘉慶癸酉十一月朔同學愚弟陳樟謹跋";"讀周易通義後言",署"同里愚弟汪椿拜跋";嘉慶十九年（1814）"跋周易通義",署"嘉慶甲戌十月廿二日東海愚弟解國祺";嘉慶二十一年"後跋",署"嘉慶丙子七月朔旦吳縣後學王琪謹跋"。

鈐"長白輝發那拉氏文彬號質夫字若山珍藏書畫圖書"朱文橢圓印。

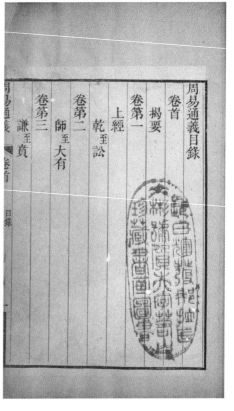

周易通義卷第一

南清河蘇秉國均甫學

周易上經

周禮大卜掌三易之法一爲周易其卦本伏羲所畫以

其有陰陽變易之象故謂之易其辭則周之文王所繫

故繫之周卦與繫總謂之經分上下二篇合之傳十篇

凡十二篇古易經傳各行其篇第本如此也

乾（乾下乾上）

乾元亨利貞

六畫者伏羲所畫之卦也一者奇也陽之數也本註乾

周易通義　卷一　上經　乾　一

058.周易會纂讀本三卷周易會纂旁訓一卷附周易朱子圖説一卷　　　〔清〕屠用豐纂輯

PL2464.Z6 T8 1808

清嘉慶十三年（1808）臥雲堂刻本　　三册一函

二節版，半葉上欄二十一行十二字，下欄十行二十字，小字雙行字同，白口，四周單邊，單黑魚尾，半框高21.5釐米，寬13.5釐米。版心中鎸書名、卷次及葉碼，下鎸"臥雲堂"。朱筆圈點。

內封題"嘉慶戊辰年新鎸，易經會纂旁訓，臥雲堂藏版"。

卷端題"周易會纂讀本，孝感屠用豐借山氏纂輯，男焕華亭氏校刊"。卷四卷端題"周易會纂旁訓"。

卷首有二序，一署"嘉慶十三年戊辰秋七月雲夢許兆椿拜書"，一署"嘉慶九年冬至前四日男焕識於居易軒之愛日山房"；次有"周易序"。

附周易朱子圖説一卷。

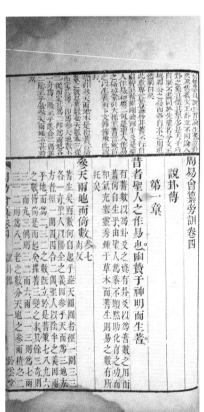

周代名易書名其卦不依羲所
書有交易變易之義故謂之易
其辭則文王周公所繫故繫之
周分爲上下兩篇亞孔子所作
之傳十篇凡十二篇

周易會纂讀本

孝感屠用豐借山氏纂輯

男　煥華亭氏校刊

乾本以象天何以不謂之天而
謂之乾天者定體之名乾者體
用之稱說卦乾健也言天之體
以健爲用也聖人作易欲人法
天之用不法天之體也

上經卦分二篇上經以十八卦反對而成其中六
卦乾坤坎離大過以有對而無反此上經所
以止三十卦也下經以十八卦反對而成其中二
卦小過中孚有對面無反此下經所以有三十四
卦也上經五十二陽爻五十六陰爻下經五十二
陽爻五十六陰爻下經分二篇皆有至理

乾篇

天乾

乾下　乾上

乾之六爻皆得乾道非他卦可比取象於龍龍固
純陽之物而神靈不測也初則才德雖備而時位
未乘二則德位兼全而事功可濟三則出羣臣之

周易會纂卷一　　　　上經

上經

園雲堂

059.周易舊注十二卷　　〔清〕徐鼐注　　　　　　　PL2464.Z6 H73 1886

清光緒十二年（1886）徐承祖日本扶桑使廨刻本　五册一函

半葉十一行二十一字，小字雙行字同，白口，四周雙邊，單黑魚尾，半框高20.7釐米，寬14.9釐米。版心上鎸書名，中鎸卷次，下鎸葉碼。

内封題"周易舊注"。

牌記題"光緒丙戌刊于扶桑使廨"。

卷端題"周易舊注，六合徐鼐述"。

卷首有序，署"光緒十二年歲次丙戌秋九月男承祖謹志於日本東京使署"。

每卷末署"男承祖、承禧、承禮謹校，姪承裡、婿梁繼泰同校"。

存十卷：卷一至十。

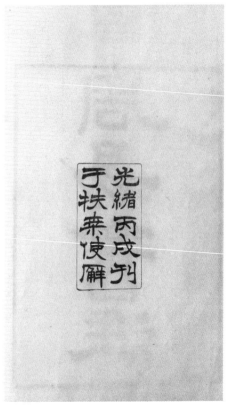

周易舊注卷一　　　　　　六合徐嘉述

周易上經

周者易緯曰因代以題周　正義論鄭康成說曰夏曰連

山殷曰歸藏周曰周易　書洪範疏周官大卜疏引夏　日二句作易贊禮記祭義疏

引三句連山者象山之出雲連連不絕歸藏者萬物

作易贊

莫不歸藏於其中周易者言易道周普无所不備　正義

七八九六之爻謂之周易　正義論易者鄭氏說曰處羲

八論贊易論

論引易皇甫謐說曰文王在羑里演六十四卦著　八論

作十易　疏左作十言之教曰乾坤震巽坎離艮兌消息

無文字謂之易　漢上易傳又曰易者陰陽之象天地之所

060.易義纂釋五卷　　　〔清〕陳澧輯　　　　　PL2464.Z6 I5 1858

清咸豐（1851—1861）刻本　五冊一函

　　半葉九行十八字，白口，左右雙邊，單黑魚尾，半框高17釐米，寬13.4釐米。版心上鐫書名，中鐫卷次，下鐫葉碼。

　　卷端題"易義纂釋，閩縣陳澧編輯，男棨慶述亭、祖詒國芃校字，姪梧慶桐奎、培慶樹滋分校，婿林洄淑小騮、甥周梅初秀庚校刊"。

　　卷首有清咸豐八年（1858）序，署"咸豐戊午嘉平之月閩陳澧自序"。

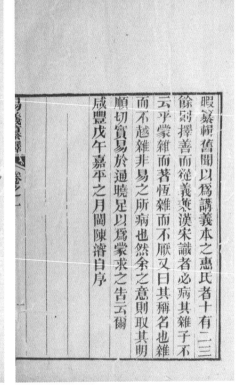

易義纂釋卷之一

閩縣陳　濬編輯

男　榮慶述亭　校字
　　祖慶詁國芃
　　梧慶樹桐奎　分校
　　培慶樹滋小驪

姪　洄淑秀庚

甥周　梅初

壻林

乾元亨利貞

䷀　八純卦象天

消息四月

釋

惠棟曰元始亨通利和貞正也乾初爲道本故曰元息至二升坤五乾坤變故亨乾六爻二四上匪正坤六爻初三五匪正乾道變化各正性命保合太和乃利貞剛柔正而

易義纂釋卷之一

061.周易象義集成三卷　　〔清〕陳洪冠纂輯　　　　　PL2464.Z6 C513 1858

清咸豐八年（1858）群玉書屋刻本　三冊一函

　　半葉十一行三十一字，小字雙行字同，無行格，白口，四周單邊，單黑魚尾，半框高18.5釐米，寬14釐米。版心上鐫卷類，中鐫卷次及葉碼。有圖。眉端墨筆批校。

　　内封題"咸豐戊午夏鐫，周易象義集成，群玉書屋藏板"。

　　卷端題"周易象義集成，同邑陳本欽堯農夫子鑒定，星沙陳洪冠藻垣纂輯，姻硯弟黃廷瓚麓溪、涂覺綱莘畣參閱，弟洪萬嵩三、洪年子袞、洪霖雨林、洪琅幼橋同校，壻劉錫麟瑞廷、男慶衒礪生、慶衢杏莊校字"。

　　卷首有"周易象義集成序"，署"歲在咸豐丙辰夏五詁授中憲大夫前任長沙縣知縣升甘肅鞏秦階觀察加五級紀錄十次友生陳晉恩序"。

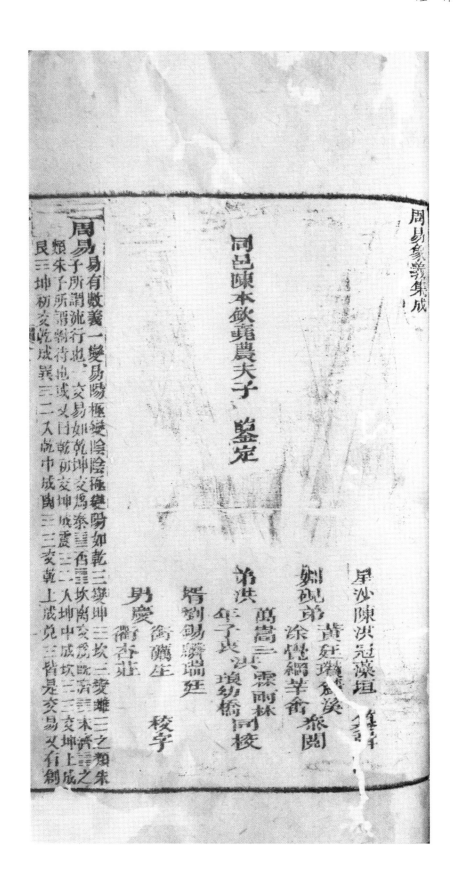

周易彖義集成

同邑陳本欽巽農夫子　鑒定

長沙陳洪冠藻垣

黃廷璨金溪　旅閣

姻硯弟　涂愷綢芊翁

萬嵩三　洪兩林　同閱

弟洪　□子民　瑛幼橋

壻劉錫驥瑞廷　同校

男慶衡　□莊　校字

衡廬生

周易

周易有數義一變易陽極變陰陰極變陽如乾三變坤三坎三變離三之類朱子所謂流行是也交易又曰乾坤交爲泰里否坎離交爲既濟未濟之類朱子所謂對待是也乾南坤北離東坎西入卦中成圖三三變乾上成兌三三皆是交易又有錯

良三坤初交乾成巽三二入乾中成離

062.魁順堂新鐫遵注音韻周易正文四卷　　佚名撰　　　　　PL2464.Z6 C558 1900

清刻本　二冊一函

半葉九行十八字, 小字雙行字同, 白口, 四周單邊, 單黑魚尾, 半框高18.7釐米,
寬11.4釐米。版心上鐫"周易正文", 中鐫卷次及葉碼。眉端鐫評。朱筆圈點。

卷一卷端題"魁順堂新鐫遵注音韻周易正文", 卷三、四卷端題"全一堂新鐫遵
注音韻周易正文"。

藍印卷首四葉"周易本義卦歌", 題"壽山氏校對魁順堂", 有圖。

鈐"家吉"朱文圓印、"張長清印"朱文方印。

存三卷: 卷一、三、四。

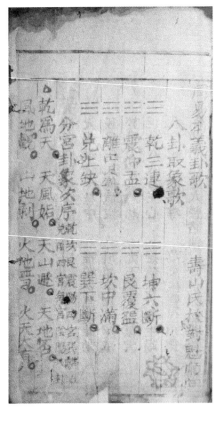 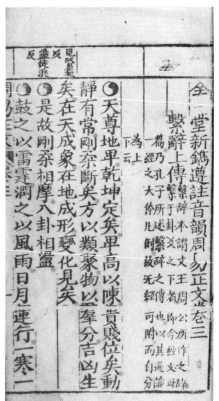

魁順堂新鐫導註音韻周易正文卷一

周易上經

周，代名也。易，書名也。易之為書，變易也，其卦本謂伏羲所畫，有交易、變易之義，故謂之易。其辭則文王、周公所繫，故繫之周。以其簡帙重大，故分為上下兩篇。經則伏羲之畫，文王、周公之辭也，並孔子所作之傳十篇，凡十二篇。中間頗能為諸儒所亂，近世晁氏始正其失，而未能盡合古文。呂氏又更定著為經二卷，傳十卷，乃復孔氏之舊云。

乾上　乾下

䷀

○乾　元亨利貞

○初九　潛龍勿用

乾　畺馬反
潛　捷言反
……反

063.周易鏡十卷首一卷附學易管窺二卷　　〔清〕何毓福注　　PL2464.Z6 H6 1884

清光緒十年（1884）刻本　十三册一函

半葉九行二十字，小字雙行字同，無行格，黑口，四周單邊，雙黑魚尾，半框高19.1釐米，寬14.1釐米。版心中鎸書名、卷次，下鎸葉碼。有圖。

外封題"周易圖説"。

卷端題"周易鏡，鐵嶺何毓福注釋"。

卷首依次有"易鏡序"，署"光緒庚辰季春永新龍文彬謹序"；"易鏡序"，署"光緒十年七月下澣年愚弟古郇衛榮光序"；"古本周易鏡自序"，署"光緒壬午秋月之吉鐵嶺何毓福撰"。

卷末有跋"讀易鏡書後"，署"時在光緒癸未歲冬月膠州晚學楊際清謹識"。

每卷末署"男師范、師吕校字"。

周易鏡上經　卷一　　鐵嶺何毓福註釋

經行也是書爲漢費直所亂從宋東萊呂氏古本

斷卦義也周公著爻辭明交變也孔子著十翼輔
卦懸象示也易日周別連山歸藏也文王著象辭
日月爲易象陰陽也有交易變易不易義伏義畫

定爲經二
卷傳十卷

乾下　乾上　乾

乾下下內卦上外卦凡卦皆自
乾上而上故日易逆數也

乾河圖之純陽與陰渾合至善之性所自始肖天
行立男極也以陽包陰象三才其畫三陰陽
柔剛仁義分重乃六至五天位也象標行生之四
德貫始終澈內外陰陽得中天與聖其德全也德
全故初伏戒用二正中利見三過惕厲四不及故
或躍五大中故飛在天上太過有悔用九无首示
乾用中耳故邵子日不知

乾无以知性命之理

易鏡上經乾
二

圖説之屬

064. 易學啓蒙圖説四卷　　〔宋〕朱熹撰　　（日本）馬場信武釋　　PL2488.D38 1700
日本元禄十三年（1700）沼波理元刻本　一册一函

半葉行字數不等，無行格，黑口，雙黑魚尾，四周雙邊，半框高23.2釐米，寬17.6釐米。版心上鎸書名，中鎸卷次及葉碼。有圖。

外封題"易學啓蒙圖説"。

卷端題"易學啓蒙"。

卷首有日本元禄十三年"易學啓蒙圖説叙"，署"元禄庚辰春正月穀旦馬場信武自序"。

卷末牌記題"元禄十三庚辰年大簇人日沼波理元開板"。

卷首題識"大藏院什物□卷内"，卷末題識"獅山置之"。

書名據外封及卷首序名題。

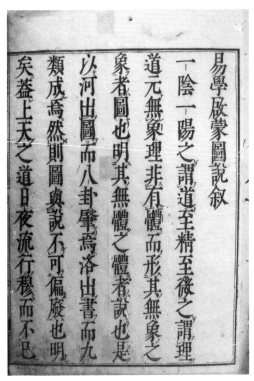

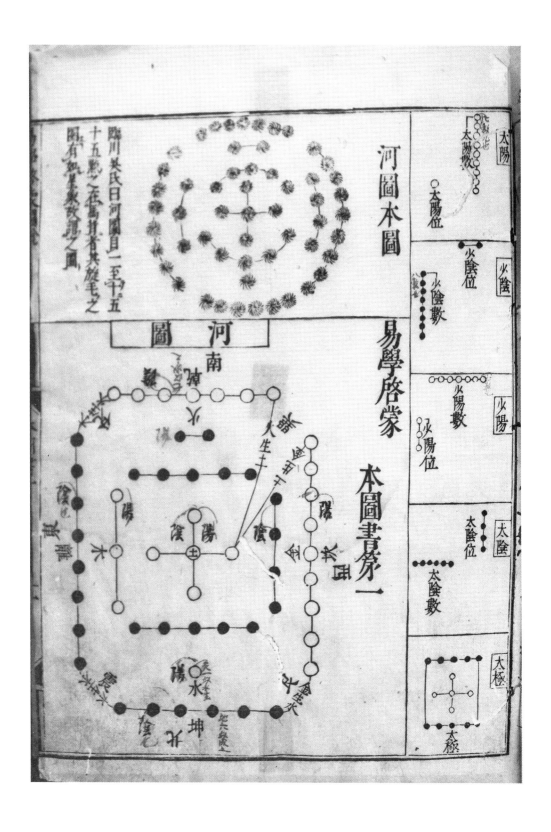

河圖本圖

易學啟蒙

本圖書旁一

臨川吳氏曰河圖圓且一至十
五點之一在高并皆其旋毛之
圓有如星象故謂之圖

圖 河
南

太陽

火陰

少陽

太陰

太極

065.易圖明辨十卷　　〔清〕胡渭撰　〔清〕錢熙祚校　　　PL2464.Z7 H82 1843
清道光二十四年（1844）金山錢氏刻本　一册一函

　　半葉十一行二十三字，黑口，左右雙邊，無魚尾，半框高12釐米，寬8.7釐米。版心中鎸書名、卷次及葉碼。有圖。

　　內封題"易圖明辨"。

　　卷端題"易圖明辨，德清胡渭撰，金山錢熙祚錫之校，守山閣叢書經部"。

　　卷首依次有"欽定四庫全書提要"；"易圖明辨序"，署"四明同學弟萬斯同纂"；"易圖明辨題辭"，署"康熙丙戌上巳七十四叟東樵胡渭書於顯溪客舍"。

　　存四卷：卷一至四。

　　所屬叢書：《守山閣叢書》。

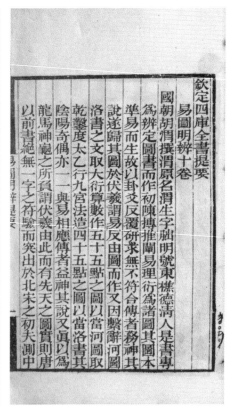

易圖明辨卷一

德清胡渭撰　　　金山錢熙祚錫之校

守山閣叢書　經部

河圖洛書

繫辭傳曰古者包犧氏之王天下也仰則觀象於天俯則觀
法於地觀鳥獸之文與地之宜近取諸身遠取諸物於是始
作八卦以通神明之德以類萬物之情

朱子曰俯仰遠近所取不一然不過以驗陰陽消息兩端
而已

草廬吳氏 澄 曰氣之有文者曰象形之有理者曰法天有
雷風日月雷風氣也日月象也言象可以兼氣地有水火
山澤水火質也山澤形也言形可以兼質鳥獸之文謂動

專著之屬

066.水村易鏡一卷　　〔宋〕林光世撰　　　　PL2464.Z7 L56 1680

清同治（1862—1874）鍾謙鈞刻本　一冊一函

半葉十一行二十字，白口，左右雙邊，單黑魚尾，半框高19.5釐米，寬14.7釐米。版心上鎸字數，中鎸書名及葉碼，下鎸"通志堂"及刻工名。

卷端題"水村易鏡，莆田逸民臣林光世述"。

卷首依次有清康熙十五年（1676）"水村易鏡序"，署"康熙丙辰夏五月納蘭成德容若序"；宋淳祐十一年（1251）"水村易鏡叙"，署"淳祐辛亥仲秋逸民莆田水村螷蟲臣林光世書"。

卷末鎸"後學成德校訂，巴陵鍾謙鈞重刊"。

所屬叢書：《通志堂經解》。

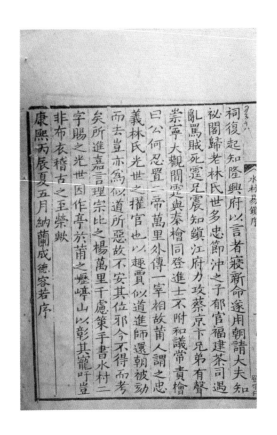

水村易鏡　　　　莆田逸民臣林光世述

離

作結繩而爲罔罟以佃以漁蓋取諸離

罔罟之象

離爲日爲火爲目在人爲視其中虛明見
物天也象其虛明結爲罔罟使物麗其中人也罔罟
非止一目古字罔爲网全是一箇離字人視必正
面魚鳥則以一目視故不見罔罟而麗其中人亦
然鄒有人爲善觀眸子　聖人曰離麗也天下之物

通志堂

067.易學啓蒙通釋二卷　　〔宋〕胡方平撰　〔清〕納蘭成德校訂

PL2464.Z7 H8 1677

清康熙十六年（1677）通志堂刻本　一册一函

半葉十一行二十字，中字二十九字，小字雙行二十七字，白口，左右雙邊，單黑魚尾，半框高19.9釐米，寬15.1釐米。版心上鐫字數，中鐫書名及卷次、葉碼，下鐫“通志堂”及刻工名。有圖。

卷端題“易學啓蒙通釋，新安後學胡方平通釋”。

卷首依次有清康熙十六年“周易啓蒙通釋序”，署“康熙丁巳納蘭成德容若序”；宋淳熙十三年（1186）朱熹“易學啓蒙通釋序”，署“淳熙丙午暮春既望雲臺真逸手記”；元至元二十九年（1292）跋，署“壬辰仲夏望日後學武夷熊禾跋”；劉涇跋，署“至元壬辰季夏劉涇楫之謹跋”。

卷末鐫“後學成德校訂”。

所屬叢書：《通志堂經解》。

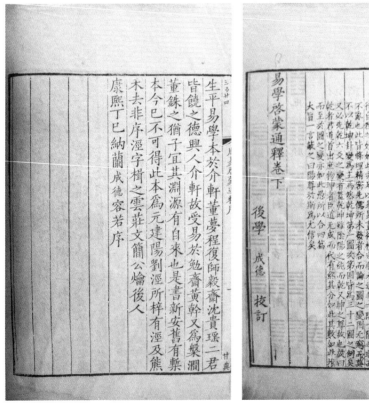
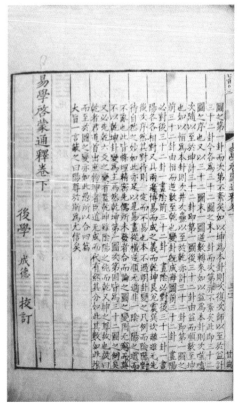

易學啓蒙通釋卷上

新安後學胡 方平 通釋

本圖書第一

河　圖

易學啓蒙通釋卷二

通志堂

068.易經蒙引二十四卷　　〔明〕蔡清撰　　　　　　PL2488.D76 1669

日本寬文九年（1669）野田莊右衛門刻本　二十四册三函

　　半葉十行二十六字，無行格，白口，四周單邊，單黑魚尾，半框高20.6釐米，寬
15.5釐米。版心上鎸“易經”，中鎸卷次，下鎸葉碼。書眉有墨筆題識。

　　內封題“宋喜公先生重訂，蔡虛齋先生易經蒙引”。

　　卷端題“易經蒙引，閩蔡清虛齋著”。

　　卷首有“重刻易經蒙引叙”，署“同安次崖林希元叙”。

　　卷末鎸“寬文九己酉歲九月吉辰野田庄右衛門開板”。

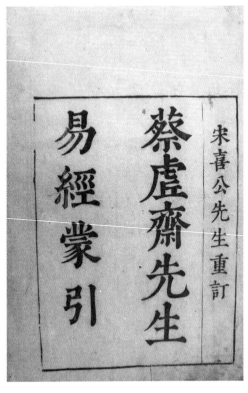
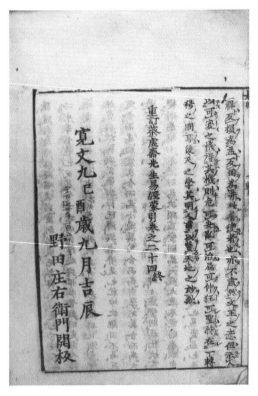

易經蒙引卷之一

周易上經

闆　蔡清虛齋　書

周代名也、本國名在雍州境內岐山之陽、蓋周始祖后稷封於邰、

曾孫公劉遷邠、至十三世孫太王、乃遷於岐、所謂岐周太王傳子、

王季孫文王、至曾孫武王、遂克商而有天下、因用其國之故名以

為一代之名、自古得天下者、其代名率用故號、如唐堯、本唐侯、

虞舜之氏也、舜封伯禹於有夏、湯之先業居商丘、是皆其故號

也、後世如秦、先天下、亦只據泰、漢、則項羽王之漢中、貝漢王、又如

069.乾坤鑿度二卷　　〔明〕范欽訂　　　　　　PL2464.Z7 T772 1521

明嘉靖（1522—1566）刻本　一册一函

半葉九行十八字，小字雙行字同，白口，左右雙邊，單白魚尾，半框高20.7釐米，寬15.4釐米。版心上鐫書名及卷次，中鐫葉碼，下鐫刻工名及字數。

卷端題"乾坤鑿度，明范欽訂"。

分上下二卷，上卷乾鑿度，下卷坤鑿度。

鈐"祝氏藏書"朱文方印、"子孫保之"朱文方印。

乾坤鑿度

乾鑿度卷上

　　　　　　　　　　　　明　范　欽　訂

庖犧氏先文

公孫軒轅氏演古籀文

蒼頡脩爲上下二篇　蒼頡黃帝史官
其注亦是蒼頡
雜厚反又直祐反
非周宣王時史籀

黃帝曰太古百皇闢基文籀　有熊氏庖犧氏知生化
也　　　　　　　　　亦名蒼頡也

遽理微萌始有熊氏　與天同生知化之本柢晤曉也天

柢晤茲天心　垂萬化之心令羣物不息氏本也

070. 易説四卷　　〔明〕馮時可撰　〔清〕馮以昌重訂　　　PL2464.Z7 F43 1842

清道光二十二年（1842）琅環室刻本　四册一函

半葉九行二十字，白口，左右雙邊，單黑魚尾，半框高17.3釐米，寬13.2釐米。版心上鐫書名，中鐫卷次，下鐫葉碼。

內封題"道光壬寅重鐫，馮氏易説，琅環室藏板"。

卷端題"易説，華亭馮時可元成著，裔孫以昌重訂"。

卷首依次有"序"；"後序"；清嘉慶二十四年（1819）呂元錦跋，署"嘉慶己卯四月鎮洋後學呂元錦謹跋"。

每卷末署"裔孫馮光鎬、光焕、光堯（庠名雲鶚）、光浩、光棣同校字"。

鈐"鈍盦"白文方印。

易說卷一

華亭馮時可元成著

裔孫以昌重訂

易說乾之履

乾說一

乾坤之義爲健順也貫三才者也義之畫也示民用
也而首乾坤者以爲衆卦之父母也非專指天地也
元亨利貞發於文王以天明人也四德之義著於孔
子以人明天也卦而純陽也其大其通其利其貞冥

071. 易漢學八卷　　　〔清〕惠棟撰　　　　　　　PL2464.Z7 H85 1781

清乾隆（1736—1795）畢氏刻本　　四册一函

　　半葉十一行二十二字，小字雙行字同，黑口，四周單邊，雙黑魚尾，半框高19.1釐米，寬14.8釐米。版心中鎸書名、卷次及葉碼。

　　內封題"惠松崖先生輯，易漢學，經訓堂藏版"。

　　卷端題"易漢學，東吳徵士惠棟學，兵部侍郎兼都察院右副都御史巡撫河南提督全省軍務兼理河道欽賜一品頂帶畢沅校刊"。

　　卷首有惠棟"易漢學自序"。

　　鈐"篤素堂張曉漁校藏圖籍之章"朱文長方印。

　　所屬叢書：《經訓堂叢書》。

易漢學卷一

東　吳　徵　士　惠　棟　學

晉郡侍郎兼都察院右副都御史巡撫河南提督全省糧務兼理河道　欽賜一品頂帶畢沅校刊

孟長卿易上

卦氣圖說

孟氏卦氣圖以坎離震兌爲四正卦餘六十卦卦主六日
七分合周天之數內辟卦十二謂之消息卦乾盈爲息坤
虛爲消其實乾坤十二畫也繫辭云乾之策二百一十有
六坤之策一百四十有四凡三百有六十當期之日夫以
二卦之策當一期之數則知二卦之爻周一歲之用矣四
卦主四時爻主二十四氣十二卦主十二辰爻主七十二

072.讀易偶存六卷　　〔清〕邵大業撰　　　　　PL2464.Z7 S43 1769

清嘉慶十一年（1806）刻本　五冊一函

半葉十二行二十四字，小字雙行字同，黑口，四周單邊，雙黑魚尾，半框高19.5釐米，寬15釐米。版心上鎸書名，中鎸卷次、卷類及葉碼。

卷端題"讀易偶存，大興邵大業厚菴甫著"。

卷首有邵大業自序，署"乾隆三十四年歲在己丑大興邵大業厚菴甫自序"。

鈐"李氏藏書"陰陽合璧方印、"冬涵閱過"朱文方印。

存五卷：卷一至五。

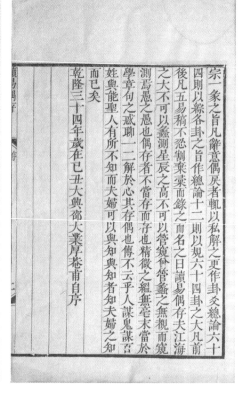

讀易偶存卷之一　　　　大興邵大業厚菴甫著

乾卦

　卦義

太極是道陰陽是道之見端處陰陽不可見聖人見陽象奇乃
作一畫見一畫有可加之道乃作二畫見二畫又有可加之道
乃作三畫三畫乃有卦見三畫皆陽乃得健之理有健之理乃
得乾之名乾非天也乾之象莫如天而孔子於說卦著之也坤
之得其卦與理與名與象及六子之得其卦與理與名與象皆
如此見一卦有各加一卦之道乃作重卦重卦之得其卦與理
與名亦如此本義謂仰觀俯察見陰陽有奇偶之數見字最精
是作易先後次第出於自然處繫辭曰在天成象奇象也在地

073.**易説不分卷**　〔清〕曾受一撰　　　　　PL2464.Z6 T68 1902

清光緒二十八年（1902）鉛印本　一冊一函

半葉二十二行三十九字，白口，四周雙邊，雙黑魚尾，半框高19.4釐米，寬12.7釐米。版心中鑴葉碼。有圖。

内封題“曾静庵先生著，易説，鶴山易廷熹謹題”。

牌記題“光緒壬寅秋七月昉聚珍印行”。

卷首有序，署“道光十二年九月知東安縣事萍川文晟頓首拜撰”。次有“易説自叙”，署“乾隆歲瀧東曾受一正萬氏書於羊城禹山精舍”。

書名據内封題。

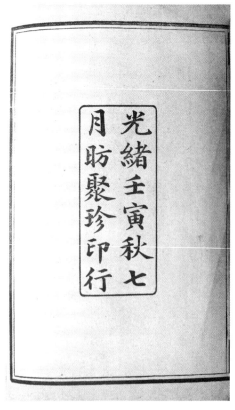

乾卦說

易有太極是生兩儀四象八卦因而重之為六十四卦太極不主一卦也然有一卦可以主之者其惟乾乎乾者天之性情也以形體謂之天以主宰謂之帝以功用謂之鬼神以性情謂之乾之專言之則乾道也即太極也乾之元亨利貞其太極之動乎昔者文王首觀上下皆乾之卦而繫之曰元亨利貞此本乾德以為占辭言其用大通而體宜正固也周公析觀爻位惟九五剛健中正而二次之故於五二兩爻一心也至於孔子合觀卦象爻位而各正而驕亢乃為守之貞固象爻一理也文周之占辭皆始於天為不已之命在聖為至純之心故惟天與聖人大明也非元則不能以一始而要皆一元之周流聖人大明乾道之終始知六位時成而九五為乾卦之主保合則天下利貞也而要皆一元之乘六龍以御天衢則亦天之利也而無一元者誠之一動一靜也利貞者誠之復也爻以位之德則天之元也文君子法之一致而已蓋人合天無他道也小象復中爻義陽在行之健其究歸於一致而已蓋人合天無他道也小象復中爻義陽在象傳言之矣而象之謂元亨者誠之通貞者誠之復也此天之所以健於終古也而君子合天之則元亨者誠之通貞者誠之復也無心而又乾進无咎淵可以躍大人造則龍飛在天盈不可久斯亢則有悔用九則全體天德勤靜無端利貞陰陽無始而言所以利亢也不貞則無以為始故曰天地之常以其心普萬物而天下則陽變為陰在聖則動根於靜也文言復言乾德在天為元亨也相忘於無心無情者利貞也以能用九在天則陽變為陰在聖則動根於靜也文言復言乾德在天為元亨也相忘於無心無情者利貞也以美利利天下之難也其所以不能行者何也人欲害其天德之剛而不健也苟非君子之自強不息其何以行此以後人亦同其四德矣而曾無足以長人合禮和義而幹事者何哉非有此四德以九在天則陽變為陰在聖則動根於靜也文言復言乾德在天為元亨也以美利利天下而不言所利大矣哉以此四德行此四德之難而行此四德

074.易緯略義三卷　　〔清〕張惠言撰　　　　　　　PL2464.Z7 C25 1814

清光緒（1875—1908）廣雅書局刻本　二冊一函

半葉十一行二十四字，小字雙行字同，黑口，四周單邊，單黑魚尾，半框高20.1釐米，寬15.4釐米。版心中鎸書名及卷次、葉碼，下鎸"廣雅書局刊"。

卷端題"易緯略義，武進張惠言撰"。

卷首有張惠言自序。

卷末鎸"嘉慶十九年四月依江承之鈔本録復，依江蘇校刊聚珍四庫本校，並以所疑者謹注，男成孫謹識，番禺許之璇初校、武岡鄧國瓛覆校、陽湖吳翊寅再覆校"。

封底題識"昭和九年八月廿四日於神田街山本書房求之。易經多，易緯稀也，張惠此書，價一讀云爾。正健"。

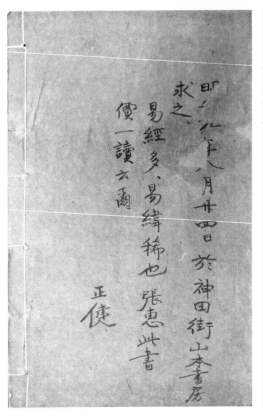
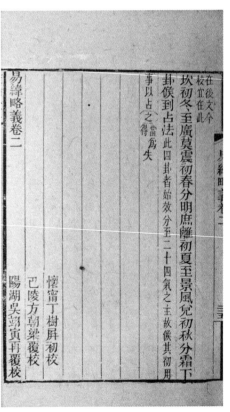

易緯略義卷一　　　　　　　　武進張惠言撰

易三義

乾鑿度曰易者易也變易也不易也管三成德為道苞簫鄭注

管猶兼也一言而兼此三事以成其德道之苞簫爾齊魯之閒名

門戶及藏器之管為簫引與四庫本異易者以言其德也通情

此依初學記所引與四庫本異

不自得也光明四通佼易立節佼易者寂然無為之謂也天地

無門藏神無內也佼易無為四庫本作佾下同故天下之性莫

佼易無為四庫本作佾下同

佼依明錢叔寶本作佾下同

爛明日月星辰布設八卦錯序律厤調列五緯順軌五緯五星

也四時和栗孳結文選注改栗舊作栗依孳育也結成也四瀆通情優游

栗舊作栗依孳育也結成也

信絜水有信而清絜根著浮流根著者草木也浮流者人兼鳥

根著者草木也浮流者人兼鳥

易緯略義卷一　　　一　　廣雅書局采

075.虞氏易禮二卷　　〔清〕張惠言撰　　　　PL2464.Z7 C28 1821

清道光（1821—1850）刻本　一册一函

半葉十一行二十三字，小字雙行字同，白口，左右雙邊，單黑魚尾，半框高17.8釐米，寬14 釐米。版心上鐫書名，中鐫卷次及葉碼。

卷端題"虞氏易禮，張惠言述"。

卷首有張惠言自序。

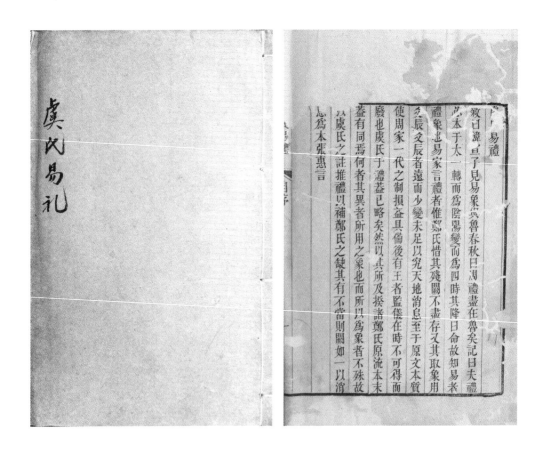

虞氏易禮卷上

周家受命三卦

張惠言述

晉康矦用錫馬蕃庶晝日三接注觀四之五晉進也坤為康

康矦也初動體屯震為矦故曰康矦震為馬坤為用故用錫

馬錫諸矦所以享于

馬惠定宇云錫讀為

艮為多坤為眾故蕃庶離日在上故晝

日三陰在下故三接矣初六晉如摧如貞吉罔孚裕无咎注

晉進也摧憂愁也應在四故晉如失位故貞

吉應離為罔坎稱孚坤弱為裕四雖孚而離于罔欲四之五

成巽初受其命故无咎也六二晉如愁如貞吉受茲介福于

其王母注應在坎上故愁如得位處中故貞吉也貞蓋謂五

乾為介福艮為手四五易位體艮坤為虛故稱受介大也謂五已正

076.易義別録十四卷　　〔清〕張惠言輯　　　　　PL2464.Z7 C24 1862

清同治（1862—1874）劉翊宸校刻本　二册一函

半葉十一行二十三字，小字雙行字同，白口，左右雙邊，單黑魚尾，半框高17.2釐米，寬13釐米。版心上鎸書名，中鎸卷次，下鎸葉碼。

內封題"易義別録十四卷"。

卷端題"易義別録，張惠言輯"。

卷首有"易義別録序目"，言輯書事，署"張惠言"。

每卷末署"後學劉翊宸校刊"。

鈐"吳縣孔氏康侯珍藏金石圖書"白文方印、"康侯校讀"朱文方印。

易義別錄卷一

張惠言輯

周易孟氏

孟喜（正義作僖）字長卿東海蘭陵人從田王孫受易舉孝廉為

郎曲臺長免為丞相掾漢書藝文志易章句孟氏二篇又

孟氏京房十一篇災異孟氏京房六十六篇隋志云八卷

殘闕梁十卷釋文敘錄云五十卷無上經又引七錄云下經

無旅節無上繫今集為一卷漢興言易者自田何田何之

傳王同周王孫丁寬服生各著易傳楊何受王同蔡公受

周王孫亦各為傳田王孫受丁寬授施讐孟喜梁邱賀施

孟梁邱各為章句施氏之後有彭宣戴崇作易傳景鸞作

易說孟氏之後有注丹作易通論袁良作難記梁邱之後

077.周易鄭荀義三卷　　〔清〕張惠言撰　　　　　　　PL2464.Z7 C23 1862

清同治（1862—1874）劉翊宸校刻本　一冊一函

半葉十一行二十三字，白口，左右雙邊，單黑魚尾，半框高17.2釐米，寬13釐米。

版心上鎸書名，中鎸卷次，下鎸葉碼。有圖。

內封題"周易鄭荀義三卷"。

卷端題"周易鄭氏義，張惠言述"。

卷首有張惠言自序。

每卷末署"後學劉翊宸校刊"。

鈐"僵蠱蠶蛻"陰陽合璧方印。

書名據內封、版心題。

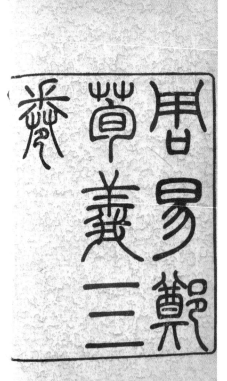

周易鄭氏義卷上

張惠言述

略例

易三義

易贊言易之爲名也一言而函三義簡易一也變易二也不

易三也此本乾鑿度彼曰易者易也變易也不易也又曰易

者以言其德也通情無門藏神無內也光明四通佼易立節

鄭注之云佼易者寂然無爲之謂也佼易無爲故天下之性

莫不自得也易贊取繫辭之文變易爲簡易使易曉耳大壯

六五喪羊于易注云謂佼易也鑒度又曰變易者其氣也不

易者其位也易贊言周流六虛剛柔相易是卽氣也貴賤位

剛柔斷是卽位也鄭據三義以說易簡易之德卽元亨利貞

078.周易指三十八卷易例一卷易圖五卷易斷辭一卷　　〔清〕端木國瑚撰

清道光（1821—1850）青田端木氏刻本　二十四册二函

半葉十二行二十七字，小字雙行字同，黑口，左右雙邊，單黑魚尾，半框高17.8釐
米，寬14.5釐米。版心上鐫書名，中鐫卷次及葉碼。有圖。

卷端題"周易指，青田端木國瑚撰"。

卷末有跋"自識後"，言刻書事，署"國瑚自識後"。

每卷末鐫"受業瑞安洪咸校"。

附易往來卦、八卦世位、卦候、六日七分六十卦、逸象等五篇。

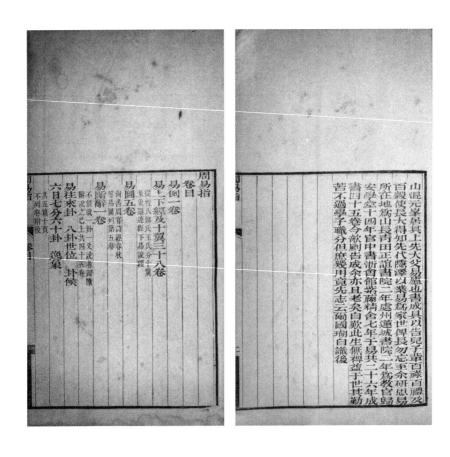

周易指卷一

青田端木國瑚撰

乾命卦謙　謙繫履　乾聲應坤　剝　泰

乾元亨利貞

有天地然後萬物生焉有天地天地定位卦然後萬物生焉萬物出

平震卦易乾圓象易有大極是易乾天一坤地二是有乾為天坤為

地而有大極立也故有天地一二三生萬物子丑寅乾三極道備有

天道焉有人道焉有地道焉兼三才而兩之故六六坤也有坤用六

而乾用九之道周坤六位而乾圓四時之德行也乾卦自有天地萬

物生以後坤剛柔有位乾陰陽有候乾四月卦于八方卦先天定位

南後天西北之卦乾道變化乾一卦變六十四卦卦各正性命六十

079.周易姚氏學十六卷首一卷　　〔清〕姚配中撰　　　　PL2464.Z6 Y35 1877

清光緒三年(1877)湖北崇文書局刻本　一册一函

半葉十二行二十四字, 小字雙行同, 黑口, 四周雙邊, 雙黑魚尾, 半框高19.1釐米, 寬14.8釐米。版心中鐫書名及卷次、葉碼。

內封題 "周易姚氏學"。

牌記題 "光緒三年三月湖北崇文書局開雕"。

卷端題 "周易姚氏學, 旌德姚配中撰"。

卷首依次有 "清故文學旌德姚君傳", 署 "道光乙巳夏四月望涇包世臣撰"; "宋題辭", 署 "道光七年秋仲長洲宋翔鳳于庭氏題"; "包序", 署 "道光元年三月同郡友涇包世榮書于揚州湖上之假館", 並附 "宋翔鳳并記"; "朱序", 署 "道光甲辰仲冬月朔大興朱甘霖晴佳甫書"; "醵刊一經廬叢書記", 署 "道光二十五年歲次乙巳季秋月受業汪守成謹識"; "周易姚氏學序", 題 "旌德姚配中撰"。

存三卷: 卷一、卷二及首一卷。

周易姚氏學卷第一

旌德姚配中撰

周易上經彖上傳象上傳

〔案〕漢書儒林傳云，孔子晚而好易，讀易韋編三絕，而為之傳。十翼本帝……自為彖象，自為象。上彖一、上象二、下彖三、下象四、上繫五、下繫六、文言七、說卦八、序卦九、雜卦十。此說卦云鄭氏合彖象。

八卦九，雜卦十，不作經象連，鄭氏傳之，合鄭學。雖始自費直，不同其說，據此上繫則亡于經傳。俊以合經，俊以合經象傳，自鄭氏合繫。

不與象，與經象連，鄭氏傳之合，鄭學始自費直徒省之。費直亦同此繫，不同其說，據此上繫則亡。鄭氏者亦了也。易卦則必亡，經傳俊之對曰，今象自費氏者之。

子不與象，象與經文象連，鄭氏傳連之注，始自費直之徒。聖賢了也，易據此筮則滔于經傳，俊義公翼一紀也帝今問自。易讀卦云。

矣象辟連十然篇，始文自言解說，說云上傳費直省之省之聖賢，滔則亡，經傳俊之合經，象象自鄭合，繫。

蓋本費氏，既注當亡，始文章自句，費說非注以，自下解經也。而傳高貴於經卦，則必亡，經傳俊義，對以合經，傳象自，鄭氏者。

且之直，本以古注注字號，還古文章句，即以注傳解，鄭合治易，而傳高貴之鄉，則亡，滔于經傳，句合經象象傳，之合鄭合。

與傳古文其書同，費氏直云經傳既與易文中，可耳，烏尚古書皆得有今直，既亡古文章，諸家唯費氏者，因云鄭費氏者之。

則而傳乃其後，獨以其書，直儒林傳云，歸之費氏，陳元邪鄭尚眾皆今，費古文章句校，諸家歸，費者，經象經矣。

文者也，後融授鄭康成，康成兩讀，其亦為鄭易傳，荀爽又作易傳，當亦必仍費氏之舊。馬融。

證其傳，融注周禮，尚欲省鄭學者，周易姚氏學。

融亦注周禮，尚欲省鄭學者，周易姚氏學當一。

080.周易解故一卷　　　〔清〕丁晏撰　　　　　　PL2464.Z6 T55 1893

清光緒十九年（1893）廣雅書局刻本　一册一函

半葉十一行二十四字，小字雙行字同，黑口，四周單邊，單黑魚尾，半框高21.5釐米，寬15.5釐米。版心中鎸書名及葉碼，下鎸"廣雅書局刊"。書耳鎸每葉刻字數。

內封題"周易解故一卷"。

牌記題"光緒十九年七月廣雅書局校刻"。

卷端題"周易解故，山陽丁晏撰"。

卷首有"周易解故自序"，署"嘉慶二十四年己卯夏四月淮安山陽丁晏識"。

卷末鎸"周易解故，南海羅崇齡初校，黟縣黄士陵覆校，番禺陶福祥再覆校"。

鈐"鄒氏家藏"白文方印、"鄒儷笙讀書印"朱文方印、"東武鄒儷笙藏"朱文方印。

周易解故

山陽丁晏譔

孔氏正義序子夏傳云分爲上下二篇　案經分上下不獨見

於子夏傳也孔沖遠第八論云前漢孟喜易本云分上下二

經京房易傳云易卦六十四分上下象陰陽也漢書費直傳

徒以彖象繫辭十篇文言解說上下經後漢書荀爽傳文王

作易上經首乾坤下經首咸恆韓康伯序卦注云先儒以乾

至離爲上經天道也以咸至未濟爲下經人事也是孟京費

荀諸儒之易皆有上下經之名矣杜預左傳後序云汲郡

縣發冢大得古書皆簡編科斗文字周易及紀年最爲分了

周易上下篇與今正同晉書束皙傳汲郡人發魏襄王墓或

周易解故

一

廣雅書局椾

081.讀易瑣記三卷　　〔清〕吳邦選撰　　　　　PL2426.Z6 W83 1819

清嘉慶二十四年（1819）刻本　一册一函

半葉九行二十一字，小字雙行字同，白口，四周雙邊，單黑魚尾，半框高19.5釐米，寬13.4釐米。版心上鐫書名，中鐫卷次，下鐫葉碼。少量朱筆批校。

外封題“讀易瑣記，□觀堂藏”。

內封題“嘉慶己卯春鐫，讀易瑣記，弗揩齋藏板”。

卷端題“讀易瑣記，長洲吳邦選客山學”。

卷首有清嘉慶二十一年（1816）序，署“嘉慶丙子閏六月望後松雲李堯棟書”。

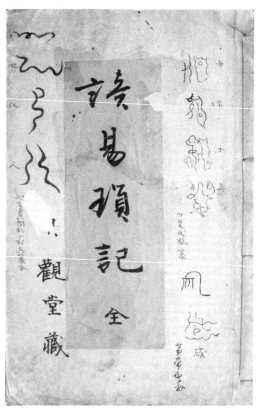

讀易瑣記卷上　　　　　　　　長洲吳邦選客山學

乾元亨利貞　乾

張子易說曰不曰天地而曰乾坤言天地則有體、言

乾坤則无形故性也者雖乾坤亦在其中

初九

周易參變曰樂則行之憂則違之其潛也當潛而潛

非无心於遇者故乾之初爲姤善施而不伐德博而

化類族辨物之義也故乾之二爲同人終日乾乾夕

082.周易遵述十一卷周易賸義一卷　　〔清〕蔣本撰　　PL2464.Z6 C537 1830

清道光十年（1830）王氏信芳閣活字本　六冊一函

半葉八行二十字，小字雙行字同，白口，四周單邊，單黑魚尾，半框高20釐米，寬14.3釐米。版心上鎸書名，中鎸卷名及葉碼，下鎸"信芳閣藏"。有圖。

內封題"周易遵述，毗陵蔣根庵著，王氏信芳閣刊"。

卷端題"周易遵述，毗陵蔣本根菴著"。

卷首依次有"周易遵述序"，署"道光九年小春月朔陳錦鸞靈羽拜撰於安玩草堂"；"刊周易遵述序"，言刻書事，署"道光十年庚寅夏五月檇李王相惜菴甫"；"原序"，署"嘉慶十有六年歲在辛未孟秋之月後學侯廷銓拜書"。

卷末有清蔣本"周易遵述後序"。

附周易賸義一卷，卷端題"周易賸義，毗陵蔣本根菴著"，前有蔣本"周易賸義序"。

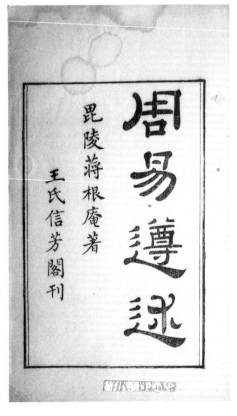
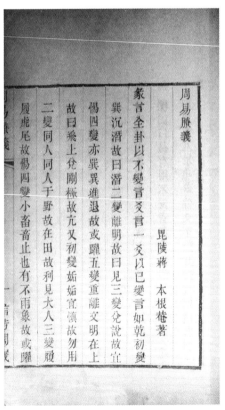

周易遵述上經

毘陵蔣　本根菴著

易兼不易交易變易數義不易以對待言天上地

下陽動陰靜也交易變易以流行言交易如天氣

下降地氣上升變易如陰極變陽陽極變陰也

文王繫象周公繫爻言周易者所以別夏之連山

商之歸藏　上經首乾坤乾坤爲陰陽之根本萬

物之祖宗首之所以尊之也終坎離者離日坎月

083.方氏易學五書五卷　　　〔清〕方申撰　　　　　PL2464.Z7 F36 1888

清光緒十四年（1888）江陰南菁書院刻本　二冊一函

半葉十一行二十四字，小字雙行字同，白口，左右雙邊，單黑魚尾，半框高17.4釐米，寬13.8釐米。版心上鎸分卷書名，中鎸卷次，下鎸葉碼。

內封題"方氏易學五書"。

卷端題"諸家易象別錄，儀徵方申端齋著"。

卷二首有"虞氏易象彙編自序"，署"道光戊戌季春儀徵方申識"。卷三首有"周易卦象集證自序"，署"道光庚子孟秋儀徵方申識"。卷四首有"周易互體詳述自序"，署"道光丁酉冬至日儀徵方申識"。卷五首有"周易卦變舉要自序"，署"道光丙申重九日儀徵方申識"。

每卷末署"南菁書院叢書"。

所屬叢書：《南菁書院叢書》。

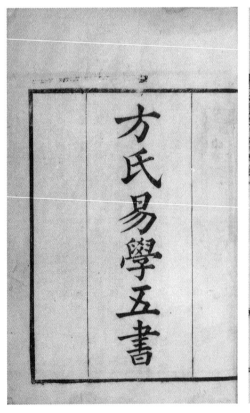

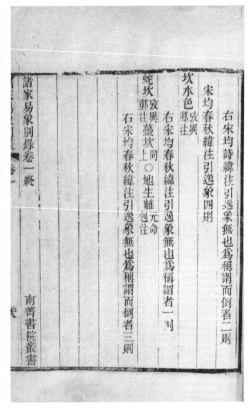

諸家易象別錄卷一

儀徵方申端齋著

易緯引逸象三百一十二則

乾天門也　乾坤鑿度上
乾陽也　乾鑿度下
乾陽主也　乾坤鑿度上
乾川也　乾坤鑿度下
乾西北地也　驗下
乾道用也　制記
乾元序乾先也　乾坤鑿度上兩引
○坤陰也
坤陰主也　乾坤鑿度
坤地道也　同乾坤鑿度上
坤西南也　驗下
坤則也　乾坤鑿度
下○震東方之卦也　乾鑿度上
○巽順也　通卦驗下
○坎北方也　同通卦驗下坎缺
○離南方也　通卦驗下
○艮山也　同乾鑿度上艮止物
也度上○兌西方之卦也　通卦驗下
兌西方之卦也　乾鑿度上
艮東北也　同艮止物

右易緯引逸象有也字者二十二則

乾為天門　乾坤鑿度上兩引
乾為頭　乾坤鑿度上
乾為天德　同乾坤鑿度
乾為龍　乾坤鑿度

084.陳氏易説四卷附錄一卷 〔清〕陳壽熊撰 PL2464.Z6 C517 1895

清光緒二十一年（1895）長洲諸氏活字本　四册一函

半葉十行二十五字，小字雙行字同，黑口，左右雙邊，單黑魚尾，半框高18.5釐米，寬14釐米。版心中鎸卷次、葉碼。有圖。

內封題"陳氏易説四卷附錄一卷，光緒乙未秋日合江徐可琮書嵩"。

牌記題"光緒乙未季夏開印中秋竣工"。

卷端題"陳氏易説，吳江陳壽熊獻青著"。

卷首有"陳氏易説序"，署"光緒十二年歲次丙戌十月長洲後學諸福坤序"；次有序，言刻書事，署"乙未秋福坤又識"。

卷末鎸"元和陶惟坤、長洲諸福坤、元和潘昌煦覆校"。

陳氏易說卷一

吳江陳壽熊獻青箸

上經

乾

彖傳以始與首言元上繫及說卦亦言乾知大始乾爲首是乾之

言元謂其始諸卦而爲之首其在他卦則坤元言承天固承乾元

以爲元而自屯以下亦皆目其爻之屬乎乾陽者也至彖傳言大

哉乾元屯以下諸彖傳以大亨言元亨大亨與小亨小者亨對文

而大者壯大者正大者過小者過等文並以大謂陽小謂陰明大

亨但謂陽亨正以見元之爲乾陽非即以大釋元義且爾雅說文

及漢儒解易俱未有訓元爲大者自王注於屯彖傳言屯乃大亨

085.槎溪學易三卷　　〔清〕陳鱐撰　　　　　　　PL2464.Z6 Y27 1862

清同治十三年（1874）保定蓮花池刻本　二冊一函

半葉十行二十字，小字雙行字同，白口，四周雙邊，單黑魚尾，半框高18.4釐米，寬13.6釐米。版心上鐫書名，中鐫卷次，下鐫葉碼。少量朱筆圈點。

內封題"槎谿學易"。

牌記題"同治十有三年刊于保定蓮花池"。

卷端題"槎溪學易，溧陽陳鱐撰"。

卷首有"槎溪學易序"，言刻書事，署"同治十三年四月合肥李鴻章序"。

每卷末署"孫公輔、公恕、公亮、公度、公溥謹刊"。

槎溪學易卷一

溧陽陳　鼎　撰

周易

伏羲畫六十四卦之象以備三才之道文王拘羑
里繫彖辭周公居東繫爻辭孔子作傳曰彖上傳
彖下傳大象傳小象傳繫辭上傳繫辭下傳文言
傳說卦傳序卦傳雜卦傳所謂五十學易可以無
大過者也

三三 八純卦象天　乾為天
三三 消息四月

此伏羲所畫之卦象也重乾爲乾天地人物之始

086.周易略解八卷附群經互解一卷算略一卷　　　〔清〕馮經撰

PL2464.Z6 F42 1850

清道光三十年（1850）南海伍氏粵雅堂刻本　一冊一函

半葉十一行二十二字，小字雙行字同，黑口，四周單邊，雙黑魚尾，半框高19釐米，寬14.1釐米。版心中鐫書名及卷次、葉碼，下鐫"粵雅堂校刊"。

卷三卷端題"周易略解，南海馮經世則撰，嶺南遺書"。

卷八末署"譚瑩玉生覆校"。

全書卷末有清道光二十九年（1849）伍崇曜跋，署"道光己酉清明前二日後學伍崇曜謹跋"。

存六卷：《周易略解》卷三至八。

所屬叢書：《嶺南遺書》。

周易略解卷三

南海　馮　經　世則撰

嶺南遺書

後十卦

䷔噬嗑亨利用獄

卦有剛亦不吐之意如噬而嗑故亨不畏强禦故利用

獄又按坎陷三木艮狗守之如獄後凡言獄者放此

象曰頤中有物曰噬嗑

卦體近取諸身喻有小人以養君子噬嗑喻治而化之

也

噬嗑而亨剛柔分動而明雷電合而章柔得中而上行雖

不當位利用獄也

087.周易研幾不分卷　　〔清〕豫師撰　　　　　　PL2464.Z6 H34 1869

清同治八年(1869)李嗣鄴刻本　一冊一函

半葉行字不等, 無行格。白口, 四周雙邊, 單黑魚尾, 半框高23.2釐米, 寬13.6釐米。版心上鐫書名, 下鐫葉碼。有圖。

牌記題 "同治屠維大荒落且月鐫治愚姪李嗣鄴拜訂"。

卷首有清同治八年豫師 "周易研幾自序", 署 "時同治己巳季夏三韓豫師自記于妙香玲瓏館"。

卷末有清同治八年李嗣鄴 "周易研幾跋", 言其刻書事, 署 "同治歲在屠維大荒落且月治愚姪李嗣鄴謹跋"。

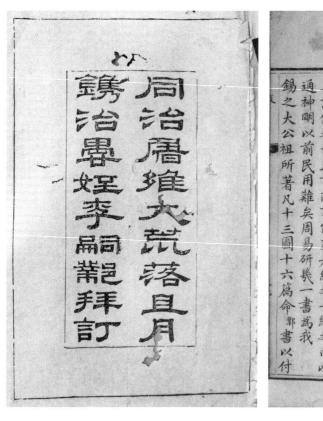

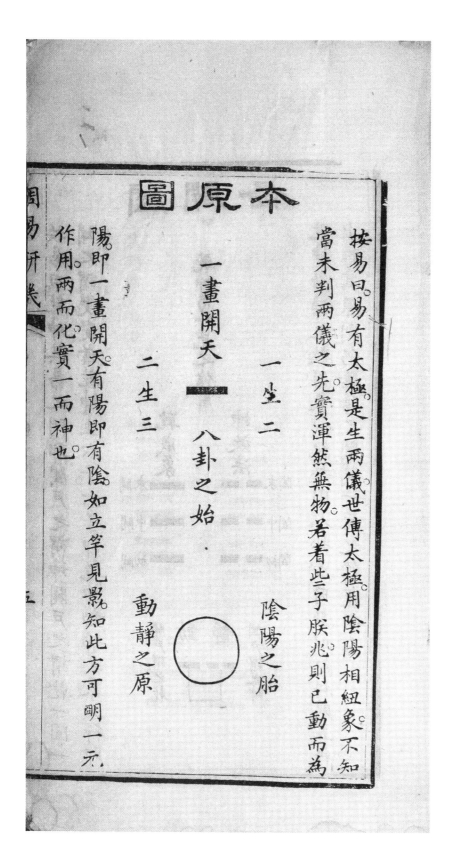

按易曰。易有太極。是生兩儀。世傳太極用陰陽相紐象不知

當未判兩儀之先實渾然無物若着些子朕兆則已動而為

本原圖

一生二

一畫開天　▬　八卦之始．

二生三

陰陽之胎

動靜之原

陽。即一畫開天有陽即有陰如立竿見影知此方可朙一元

作用兩而化實一而神也

周易研幾

088.周易明報三卷首一卷末一卷　　　〔清〕陳懋侯撰　　　　PL2464.Z6 C515 1882

清光緒八年（1882）刻本　二册一函

半葉九行二十一字，小字雙行字同，上白口下黑口，左右雙邊，單黑魚尾，半框高19.1釐米，寬11.9釐米。版心上鐫書名，中鐫卷次及葉碼。朱筆圈點。

內封題"周易明報三卷"。

牌記題"光緒壬午孟夏開雕"。

卷端題"周易明報，閩陳懋侯敬述"。

卷首有"周易明報自序"，言"書既成，命長女閨瑜書付手民，而謹序其大略，以俟有道者正焉"，署"光緒壬午夏前蜀學使者翰林院編修閩陳懋侯序"。

卷末署"閩女子陳閨瑜敬書"。

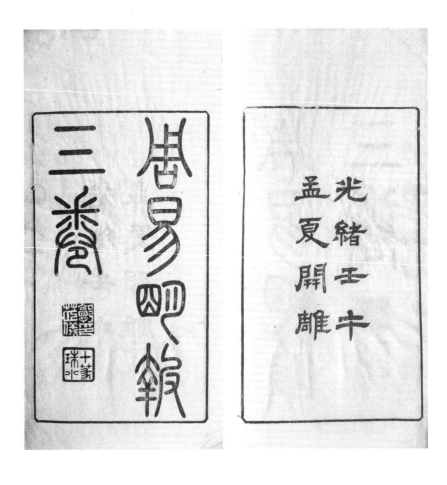

周易明報卷之一　　　　閩陳懋侯敬述

上經

乾　下乾　上乾

乾元亨利貞　得

此文王所作卦辭也剛健曰乾元大也陽大故稱元
亨通也利宜也貞正也陽德亨通利居正位謂以九
居五也

初九潛龍勿用　失

此周公所作爻辭也初初畫九陽爻也龍指五天位

周易明報　卷一　上經

089.瀏燈易考二卷　　　〔清〕劉名瑞撰　　　　　　PL2464.Z7 H667 1888

清光緒十四年（1888）刻本　一册一函

半葉八行二十一字，白口，左右雙邊，單黑魚尾，半框高17.7釐米，寬13.4釐米。版心上鎸書名，中鎸卷次，下鎸葉碼。有圖。

內封題"光緒戊子丙辰月盻蟾子劉撰，瀏燈易考，板存前門外楊梅竹斜街永盛齋刻字鋪"。

卷端題"瀏燈易考"。

上卷首依次有"序"，署"光緒甲午年八月望日潛伏道人柳大澂序於蕉園石室"；"自序"，署"光緒戊子中秋望日北平天壽山桃源觀敲蹻道人盻蟾子劉"。

下卷首有"瀏燈易考序"，署"光緒戊子年丙辰月巳日天壽山桃源觀石室窩中"。

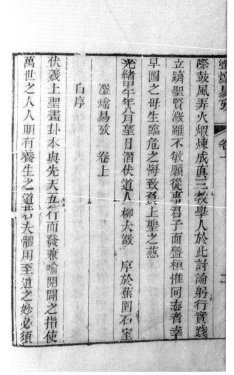

瀊燴易攷　序　卷下

嘗思爲學之不齊宜乎品類之多衆試看三教九流諸

子百家無不有從事而學者皆原人人各有所欲也故

聖人立教雖三而其中異同大有懸隔也然爲善不同

同歸於善爲惡不同同歸於惡窮其至妙者而不出於

一心此三教之理雖同而人心之所欲者不同也蓋天

下之人均繫父母所生而稟羮之艮未有不同者及其

知識一開各縱其欲則趨向高下自不能同耳聖人之

瀊燴易攷　卷下　序　　一

090. 周易大象應大學説五卷 〔清〕高賡恩撰 PL2464.Z7 K338 1904

清光緒三十三年（1907）劉柏蔭刻本 一册一函

半葉九行二十二字，小字雙行字同，黑口，四周雙邊，單黑魚尾，半框高19.2釐米，寬12.7釐米。版心中鐫書名，下鐫葉碼。

卷端題"周易大象應大學説，甯河高賡恩學"。

卷首依次有"序論"；"周易大象應大學説題辭"，署"光緒乙巳正月廿八日華陽傅世煒謹注"；"周易大象應大學説叙"，署"光緒丙午陽月望日洽陽後學雷柱謹識"；"周易大象應大學説序"，署"光緒三十三年孟秋月甯河高賡恩書於綏遠城之客邸"。

卷末有跋，署"光緒三十年歲次甲辰夏五廿六日岐山門人武文炳敬跋"。

卷末鐫"男塾敬録、小門生劉柏蔭校刊"。

周易大象應大學說　　　　　甯河高賡恩學

格物類

朋友講習

麗澤兌　學道先讀書讀書先親師樂羣講
習路頭出此爲第一義所謂兩相滋益說之
道也　大學如切如磋者註云講習討論知止之初功也屬此

多識前言往行以畜其德

天在山中大畜　學以效
先覺之所爲以其言行作
我榜樣畜之於中觸處見道而吾德以成如山中之
天隨在可見也　大學先引康誥太甲堯典等篇爲
明德法及後數稱詩書皆此義

類族辨物

天與火同人　旣由師友之資更求之典
籍證之倫理議親疏長幼之分嚴是非邪

091.漢儒易義針度四卷　　　〔清〕朱昌壽撰　　　　　PL2464.Z6 C562 1843

清道光二十三年（1843）杭州朱氏刻本　十四冊一函

半葉十行二十字，小字雙行字同，黑口，四周單邊，雙黑魚尾，半框高14.1釐米，寬8.7釐米。版心中鐫"易義針度"及卷次、葉碼。

內封題"漢儒易義針度"。

卷端題"漢儒易義針度，仁和朱昌壽學"。

牌記題"道光二十三年歲癸卯秋七月武林調香室開雕"。

卷首有朱昌壽"自序"，言其刻書事，署"道光二十有三年歲在癸卯西泉氏自序"。

鈐"子農"朱文方印、"紫雲山房"朱文方印、"紫雲山房"朱文長方印。

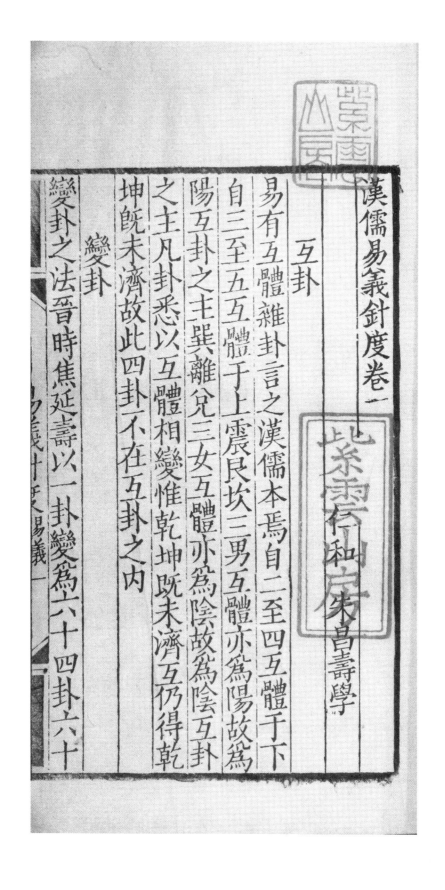

比系雲仁和宋昌壽學

互卦

易有互體雜卦言之漢儒本焉自二至四互體于下
自三至五互體于上震艮坎三男互體亦爲陽故爲
陽互卦之主巽離兌三女互體亦爲陰故爲陰互卦
之主凡卦悉以互體相變惟乾坤既未濟互仍得乾
坤既未濟故此四卦不在五卦之内

變卦

變卦之法晉時焦延壽以一卦變爲六十四卦六十

092.周易象傳消息升降大義述二卷爻例一卷　　〔清〕吳翊寅撰

清光緒二十一年（1895）廣雅書局刻本　一冊一函

半葉十三行二十二字，黑口，左右雙邊，雙黑魚尾，半框高18釐米，寬14釐米。版心中鎸"象傳大義述"及葉碼。

卷端題"周易象傳消息升降大義述，陽湖吳翊寅"。

卷末鎸"省城西湖街成文堂承刊印"。

存一卷：卷二。

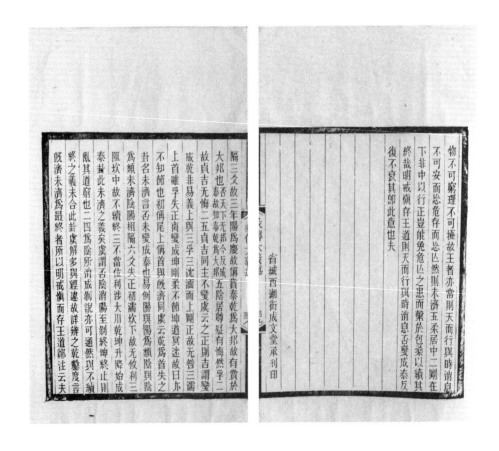

周易象傳消息升降大義述

陽湖吳翊寅

下經象傳二

咸感也柔上而剛下二氣感應以相與止而說男下女是
以亨利貞取女吉也天地感而萬物化生聖人感人心而
天下和平觀其所感而天地萬物之情可見矣

翊寅案咸自否來六三升上上九降三虞翻蜀才說同
乾降坤升二氣交感得其正應故卦名曰咸說文咸皆
也悉也又感動人心也从心咸聲謂上有以感動其心
而下皆應也否乾上坤下天地不交萬物不通今乾上
降三以感坤則坤三亦升上以應乾故曰二氣感應以
相與艮止兌說艮男兌女山澤以氣通男女以禮通古
者昏禮壻親迎升車授綏御輪三周以男下女嘉會禮

093.讀易一斑四卷　　〔清〕吳麗生撰　　　　　　PL2464.Z6 W82 1896

清光緒二十二年（1896）陳克劬刻本　二册一函

　　半葉九行二十一字，小字雙行字同，黑口，四周雙邊，雙黑魚尾，半框高16.8釐米，寬12.9釐米。版心中鎸書名及卷次、葉碼。

　　内封題“讀易弍斑”。

　　牌記題“光緒丙申戌月開雕板藏本宅”。

　　卷端題“讀易一斑，丹徒吳麗生淦泉學，同學陳克劬子勤參，及門諸子校刊，男士榮同校”。

　　卷首依次有“序”，言其刻書事，署“光緒丙申秋九月友人陳克劬拜言”；“自序”，署“時在丁卯孟夏下澣京江雲谿氏叙于珠溪之亦船舍”。

讀易一斑一

丹徒吳麗生淦泉學

同學陳克劬子勤　參

及門諸子　校刊

弟　士榮　同校

周禮太卜筮人掌三易之法一曰連山二曰歸藏三曰
周易三易皆出於伏羲之畫卦而三代迭用之連山
首艮人生於寅也歸藏首坤地闢於丑也周易首乾
天開於子也然艮少男首艮則粲父子兄弟之倫坤

易言錯綜難以類分此集四卷從其類之近者約略
分別比次不敢指名何類窒礙閱者眼目

讀易一斑一

094.易隱八卷首一卷　　　〔明〕曹九錫輯　〔明〕曹璿演　　　BF1770.C5 T76 1910

清末上海鴻章書局石印本　四冊一函

半葉十八行四十字，小字雙行字同，無行格，白口，四周雙邊，單黑魚尾，半框高16.8釐米，寬11.9釐米。版心上鐫書名，中鐫卷次及葉碼。

內封題"曹九錫先生輯，精校易隱，上海文瑞樓發行"。

牌記題"上海文瑞樓發行，鴻章書局石印"。

卷端題"易隱，東粵遊南子曹九錫輯，男橫琴居士璿演"。

卷首依次有"易隱序"，署"句章老氏謝三賓撰"；"易隱題詞"，署"洩山羽客王淵子蔣公胤敬題"。

易隱卷一　　　　　　　　　　　　　東粵遊南子曹九錫輯　　男橫琴居士璿演

身命占

遊南子曰凡占身命有三重焉世爻身爻明與本命爻是也先看命爻如甲子年生人本命屬子最喜命爻上卦命爻與世身二爻相生相合主衣祿安亨或祿馬德貴臨扶世身命爻發達如世持財祿龍喜則田庄之樂也如進祿空財沒會歲月日刑衝尅害世身命爻者必衣食不豐分苦勞碌也若世身命爻逢官鬼帶破碎者必破相加劫殺羊刃天刑大煞者必帶疾伏鬼化鬼與鬼動來刑衝尅害身世命爻者亦然也詳現于後遊年太歲與大限小限生合身世命爻者吉刑衝尅害身世命爻者凶占時四直生合世身命爻吉刑衝尅害凶干支同管公口訣以世身命爻伏財福吉伏兄鬼化兄鬼則家業氷消也伏父化父則財源進退心刀焦動也亡神併墓則立見悲懷也隨官入墓則災禍牽纏也助鬼傷身則財色愛累也月破世爻必犯殤殀也歲衝身位定生病厄也又金命畏水火鬼火命畏水土鬼不畏水土鬼水命畏木土鬼木命畏金火鬼土命畏木金鬼不畏水火鬼也管公運限口訣曰老宜入墓之年多惹官非孝服胎養之歲必見六畜成羣帝旺大宜進步沐浴必起訟端冠帶吉神不宜衝尅臨官豈曜最喜相扶衰則進旺而達病則遇生而安絕處逢生者發墓中值破者興生忌官一旺便可榮身太歲與命喜合嫌太歲與運愛生忌尅衝相合定見刑傷也按管公身命口訣以納音屬金則為金命其與運限及遊年太歲相配

處常論長生訣以定禍福與諸書以生年支神為命爻者墨附參

分爻
魂爻　樂隱　謀為　發達　豎立　成童　胎養

095.讀周易日記二卷　　〔清〕顧樹聲　許克勤撰　〔清〕鳳曾叙　徐鴻鈞校

PL2464.Z7 K8 1860

清光緒（1875—1908）刻本　一册一函

半葉十一行二十一字，小字雙行字同，黑口，左右雙邊，單黑魚尾，半框高17.9釐米，寬12.9釐米。版心上鎸書名，中鎸"周易"及葉碼。

目録端題"學古堂日記，周易。顧樹聲，字九皋，元和縣附生；許克勤，字勉夫，浙江海寧州優廩生"。

卷末鎸"内課吳縣鳳曾叙、吳縣徐鴻鈞校"。

是書含：

元和顧樹聲讀周易日記一卷。卷端題"學古堂日記，元和顧樹聲讀周易日記"。

海寧許克勤讀周易日記一卷。卷端題"學古堂日記，海寧許克勤讀周易日記"。

所屬叢書：《學古堂日記》。

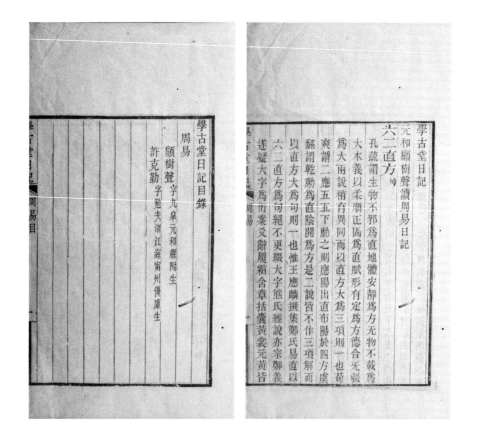

學古堂日記

海甯許克勤讀周易日記

周易名義附

孔穎達周易正義序云文王作易之時正在羑里周德
未興猶是殷世也故題周別於殷以此文王所演故謂
之周易按沖遠謂周易取岐陽地名其說非是易
雖文王所演卦非文王所畫況演易時周道未興安得
稱周以別於殷殷曰歸藏不名演易更不必稱代以爲
別矣顧氏炎武曰知錄云夫子言包羲氏始畫八卦不
言作易而曰易之興也其于中古乎又曰易之興也其
當殷之末世周之盛德耶當文王與紂之事邪是文王

學古堂日記

周易

易例之屬

096. 易例二卷　〔清〕惠棟撰　　　　　　　　　　PL2464.Z7 H86 1775

清乾隆（1736—1795）李文藻刻本　一册一函

半葉十一行二十二字，小字雙行字同，黑口，左右雙邊，單黑魚尾，半框高17.2釐米，寬14.5釐米。版心中鎸書名及卷次、葉碼。

卷端題"易例，元和惠棟"。

卷末有清乾隆四十年（1775）李文藻跋，署"是年五月五日益都李文藻記"。

鈐"怡怡園"朱文橢圓印。

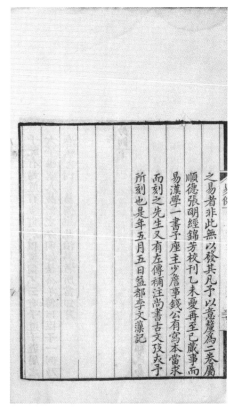

易例上　　　　　　　　　　　　　　　　元和惠棟

太極生次

繫上曰易有太極是生兩儀兩儀生四象四象生八卦八

卦定吉凶吉凶生大業

乾鑿度曰孔子曰易始於太極　鄭註云氣象未分之太極
　時天地之所始也
分而爲二八七六九故生天地　輕清者上爲天
　重濁者下爲地天地有春秋冬
夏之節故生四時各有陰陽剛柔之分故生八卦八

卦成列天地之道立雷風水火山澤之象定矣其布散用

事也震生物於東方位在二月巽散之於東南位在四月

離長之於南方位在五月坤養之於西南方位在六月兌

收之於西方位在八月乾制之於西北方位在十月坎藏

097.易例輯略一卷　　〔清〕龐大堃撰　　　　PL2464.Z6P35 1844

清光緒十四年（1888）江陰南菁書院刻本　一冊一函

　　半葉十一行二十四字，小字雙行字同，白口，左右雙邊，單黑魚尾，框高17.4釐米，寬13.7釐米。版心上鐫書名，中鐫卷類，下鐫葉碼。

　　卷端題"易例輯略，常熟龐大堃述"。

　　卷首有"易例輯略目錄"。

　　卷末題"南菁書院叢書"。

　　所屬叢書：《南菁書院叢書》。

易例輯略　　　　　　　　　常熟麗大塹述

納甲

坤彖西南得朋乃與類行東北喪朋乃終有慶虞注謂陽得其
類月朔至望從震至乾與時偕行故乃與類行陽喪滅坤坤
終復生謂月三日震象出庚故乃終有慶此指說易道陰陽
消息之大要也謂陽　句　月三日變而成震出庚至月八日成
兌見丁庚西丁南故西南得朋謂二陽為朋二十九日消乙
入坤滅藏于癸故東北喪朋謂之以坤滅乾坤為喪故也
塞利西南不利東北虞注坤西南卦五在坤中坎為月生西
南故利西南往得中謂西南得朋也　張云此言五當使三之
得中震西兌南與坤同義愚按三當　復二成睽也三之復二
之坤初成復五之復二成臨息睽
易例輯略　　　　　　東北謂三也艮東北之

文字音義之屬

098.**易古文三卷附逸孟子一卷** 〔清〕李調元輯 PL2464.Z6 L486 1809

清刻本 一冊一函

半葉十行二十字，白口，四周雙邊，單黑魚尾，半框高19.5釐米，寬14.1釐米。版心上鎸書名，中鎸卷次，下鎸葉碼。

内封題"易古文"。

卷端題"易古文，羅江李調元輯"。

卷首有序，署"童山李調元序"。

附逸孟子一卷。首有李調元"逸孟子序"，署"綿州李調元童山撰"。

鈐"乾坤斗光"朱文方印。

所屬叢書：《函海叢書》。

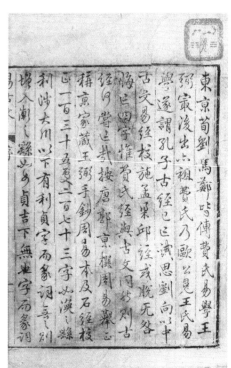

易古文卷上　　　　　羅江　李調元　輯

乾

或躍在淵考文考異本或作惑

飛龍在天史武帝紀作蜚龍

亢龍有悔說文作忼龍

反復道也考文考異古本道上有之字

大人造也劉歆父子作聚又見劉向傳

元者善之長也襄公九年左傳作體之長也

體仁足以長人京房荀爽董遇本作體信

古易之屬

099.古三墳一卷　　〔晉〕阮咸注　〔清〕朱湜校　　**汲冢周書十卷**　　〔晉〕孔晁

注　〔清〕嚴作哲校　　　　　　　　　　　　　　　PL2464.Z7 J82 1875

清刻本　一册一函

　　半葉九行二十字,小字雙行字同,白口,左右雙邊,單白魚尾,半框高19.1釐米,寬14.1釐米。版心上鎸書名,中鎸卷次,下鎸葉碼。

　　《古三墳》卷端題"古三墳,晉阮咸注,南昌朱湜校"。首有宋毛漸"三墳序";末有王謨跋。

　　《汲冢周書》卷端題"汲冢周書,晉孔晁注,奉新嚴作哲校"。首有"汲冢周書序",署"仲文姜士昌序";次有"汲冢周書序"。

　　《汲冢周書》存三卷:卷一至三。

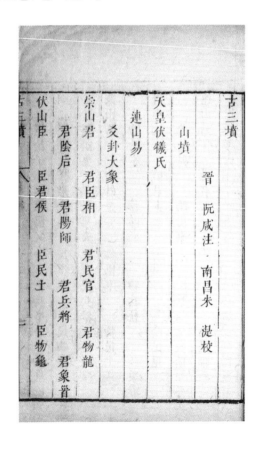

汲冢周書卷一

晉　孔晁註

奉新嚴作哲校

度訓解第一

天生民而制其度。聖人為度小大以正權輕重以極

明本末以立中。制法度所制法度立中正立中以補損補損以知足。

損益以中為口嘗以明等極等極中也貴賤之中也極以正

制故知足也。

民正中外以成命內外正則正上下以順政政順其政政順教大命成也。

以內□□□自邇彌與自遠遠邇備極終也。□微補

在□□分微在明。知精□□□微分理有明故明王是以敬微而

大戴禮記類

100.大戴禮記十三卷　　　〔漢〕戴德撰　　　　　　PL2467.Z6 D24 1911

清宣統三年（1911）貴池劉氏玉海堂影刻本　一册一函

半葉十行二十字，小字雙行字同，白口，左右雙邊，雙黑魚尾，半框高21.6釐米，寬15.8釐米。版心上鐫刻字數，中鐫書名及卷次、葉碼，首三頁下鐫"沈成刊"，卷端頁下鐫"周東山刁"。

內封題"景元至正劉貞刻大戴禮記十三卷"。

牌記題"貴池劉氏玉海堂影宋叢書之九，黃岡陶子麟刊刻，宣統辛亥年九月上板，壬子歲五月成"。

卷端題"大戴禮記，漢九江太守戴德"。

卷首有元至正十四年（1354）鄭元祐序，署"故俾元祐識之卷首云，至正甲午十二月朔旦序"。

卷末有跋，署"淳熙乙未歲後九月潁川韓元吉書"；跋，署"壬子五月枕雷道士劉世珩識於海上寄廬"。

大戴禮記卷第一

漢九江太守戴德

主言第三十九

孔子閒居曾子侍孔子曰參今之君子惟士與大夫
之言之閒也其至於君子之言者甚希矣於乎吾主
言其不出而死乎哀哉曾子起曰敢問何謂主言孔
子不應曾子懼肅然摳衣下席曰弟子知其不孫也
得夫子之閒也難是以敢問也孔子不應曾子懼退
負序而立孔子曰參女可語明主之道與曾子曰不
敢以為足也得夫子之閒也難是以敢問孔子曰吾

群經總義類

101.經解入門八卷　　〔清〕江藩纂　　　　　　　PL2464.Z6 C49 1888

清光緒十四年（1888）鴻寶齋石印本　二册一函

半葉十二行三十字，小字雙行字同，白口，四周雙邊，單黑魚尾，半框高13釐米，寬9釐米。版心上鐫書名，中鐫卷次及葉碼。朱筆圈點。

内封題"經解入門"。

牌記題"光緒戊子夏鴻寶齋石印"。

卷端題"經解入門，甘泉江藩纂"。

卷首有"叙言"，署"道光十二年歲次壬辰九月協辦大學士兩廣總督阮元序"；次有"經解入門凡例"，署"江藩子屏氏識"。

卷末有"跋"，署"於越徐儀吉跋"。

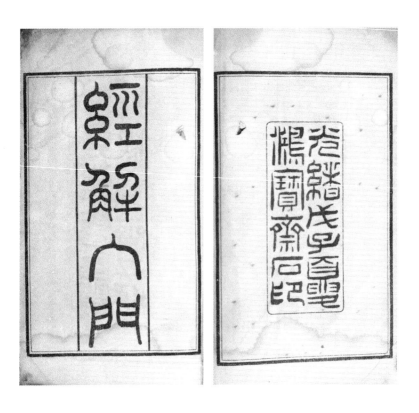

經解入門卷一

羣經緣始第一 附羣經分合次第

甘泉 江 藩纂

上古無經名禮記以經解名篇實爲經名所自始其云孔子曰溫柔敦厚詩教
也疏通知遠書教也廣博易良樂教也絜靜精微易教也恭儉莊敬禮教也屬
辭比事春秋教也案即以詩書易禮樂春秋爲經尚無五經六經諸名目六經之
名始見於莊子天運篇孔子謂老聃曰吾治詩書易禮樂春秋六經以爲文又
云孔子見聃不許於是繙二十經以說老聃至漢則樂經亡而五經僅存徐氏
初學記云古者以易書詩禮樂春秋爲六經至秦焚書樂經亡今以易詩書禮
春秋爲五經漢武帝建平元年初置五經博士五經之名始於此而其後則或
離或合各有不同考古類編云有稱七經者五經之外兼周禮儀禮也有稱九
經者七經之外兼孝經論語也有稱十經者易詩書三禮春秋左氏公羊穀梁

經解入門 卷一 一

102.三大家經義前模不分卷　　〔清〕張啓琛輯　　　　B125.S34 1898

清光緒二十四年（1898）順德何公銳刻本　二册一函

半葉九行二十五字，無行格，黑口，四周雙邊，單黑魚尾，半框高16.3釐米，寬11.3釐米。版心中鐫葉碼。眉端鐫評。

內封題"宋王安石、陸九淵、呂東萊先生稿，三大家經義前模，翰文堂板"。

卷首有"三大家經義文鈔序"，署"光緒二十四年七月七日開平張啓琛謹叙"。

卷末鐫"開平葩初張啓琛編輯，順德雲韶何公銳校刊"。

夫子賢於堯舜

王安石

宰我曰以子觀於夫子賢於堯舜遠矣而世之解者必曰是爲門

人之私言而非天下公共之論也而孟子亦曰生民以來未有如

夫子是豈亦門人之私言而非天下公共之論哉爲是言者蓋亦

未之思也夫所謂聖賢之言者無一辭之苟其發也必有指焉之

指也學者之所不可不思也夫聖者至乎道德之妙而後世莫之

增焉者之稱也苟有能加焉者則豈聖也哉然孟子宰我之所以

爲是說者蓋亦言其時而已也昔者道發乎伏羲而成乎堯舜繼

而大之於禹湯文武此數人者皆居天子之位而使天下之道復

如題直起
亦是一法

經而曲如
往而復絕

妙文情

103.經學輯要二十四卷　　〔清〕吳潁炎輯　　　　　PL2461.Z6 W8 1887
清光緒十四年(1888)上海點石齋石印本　二十七册三函

半葉二十四行五十五字, 小字雙行字同, 白口, 四周單邊, 單黑魚尾, 半框高13.5
釐米, 寬8.9釐米。版心上鎸書名, 中鎸卷次、卷次名及葉碼, 下鎸"光緒十三年點石
齋校印"。

內封題"經學輯要, 會稽陶濬宣署"。

牌記題"光緒十四年夏五月上海點石齋印"。

卷端題"經學輯要, 雅雨堂本"。

卷首有"經學輯要總目"。

存二十一卷: 卷一至十、十二至十七、二十至二十四。

易傳卷第一

唐　資州　李鼎祚　集解

雅雨堂本

乾下乾上

乾　元亨利貞

子夏傳曰元亨利貞也　案說卦乾健也言天之體以健為用運行不息應化无窮故聖人則之欲使人法天之用不法天之體故名乾而不名天也乾亨通也利和也貞正也言乾稟純陽之性故能首出庶物各得元始開通和諧貞固不失其宜是以君子法乾而行四德故曰元亨利貞矣　子夏傳

初九潛龍勿用　崔憬曰九者老陽之數動之所占故陽稱焉潛隱也　馬融曰物莫大於龍故借龍以喻天之陽氣也初九建子之月陽氣始動於黃泉既未萌牙是潛伏故曰潛龍也　沈

曰龍所以象陽也　稱龍者假象也天地之氣有升降君子之道有行藏龍之為物能飛能潛故借龍以喻君子之德也初九既尚潛伏故言勿用　干寶曰位始故稱初陽重故稱九陽在初九十一月之時自復來也初九甲子天正之位而乾元所始也陽處三泉之下聖德在愚俗之中此文王在

驤士曰稱龍者假象也天地之氣有升降君子之道有行藏龍之為物能飛能潛故借龍以喻君子之德也初九既尚潛伏故言勿用　羑里之爻也雖重故稱九陽之德未被時用故曰勿用

九二見龍在田利見大人　王弼曰出潛離隱故曰見龍處於地上故曰在田德施周普居中不偏雖非君位君之德也初則不彰三則乾乾四則或躍上則過元利見大人唯二五焉　鄭元曰二於三才為地道地上即田故稱田也　干寶曰陽在九二十二月之時自臨來也二為地上田在地之表而有人功者也陽氣將施聖人將顯此文王免於羑里之日也故曰利見大人

九三君子終日乾乾夕惕若厲无咎　鄭元曰三於三才為人道有乾德而在人道君子之象　荀爽曰日以喻君其不關人事故以著君子焉夕惕以喻臣謂三居下體之終而為上體之始故承乾行乾其能终日乾乾此蓋文王反國大釐其政之日也凡无咎者憂中之喜善補過者也　虞翻曰謂陽息至三二變成離離為日乾為夕　干寶曰爻以气表繇以龍興嫌其不關人事故以著君子以喻君子之進德脩業欲及時也

九四或躍在淵无咎　崔憬曰躍者暫起之言既不安於地而未能飛於天故曰或躍在淵无咎也　鄭元曰四於三才為人道人道有變動上下進退非邪離羣故无咎　干寶曰陽在九四五月之時自泰來也是故乾乾夕惕以勞天下此文王免於羑里之後行道天下之時　虞翻曰謂四已變則五體高為飛五在乾為天故飛龍在天也　干寶曰陽在九五三月之時自

九五飛龍在天利見大人　鄭元曰五於三才為天道天者清明无形而龍在焉飛之象也　干寶曰陽在九五三月之時自夬來也此武王克紂正位之爻也聖功已就萬物既觀故曰利見大人矣

用九見群龍无首吉　象兵孟津觀釁而退之爻也以武王克紂正位之爻也　聖功既就萬物既觀故曰利見大人矣

104.經學治己篇不分卷　　〔清〕佚名撰　　　　　　　B127.C65 C43 1900

清抄本　一冊一函

半葉九行二十字，無邊框，無行格。

卷端題"經學治己篇"。

鈐"人在蓬萊"白文方印、"竹報平安"白文方印、"尚志"朱文長方印、"憂患餘生"陰文藍方印。

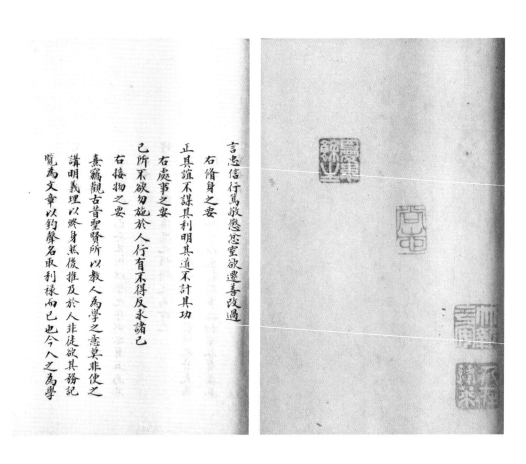

經學治己篇

勇毅之要

子曰見義不為無勇也

子曰有能一日用其力於仁矣乎我未見力不足者

子曰勇者不懼

子曰仁者必有勇

子曰剛毅木訥近仁

子曰士不可以不弘毅任重而道遠

謹案魯論言勇之弊蓋不一端曰君子有勇而無

105.經學歷史不分卷　　　〔清〕皮錫瑞撰　　　　　　　　　　PL2281.P5 1906

　　清光緒三十二年（1906）思賢書局刻本　一册一函

　　半葉十二行二十五字，小字雙行字同，白口，左右雙邊，單黑魚尾，半框高21.2釐米，寬15.3釐米。版心中鎸書名及葉碼。

　　內封題"經學歷史全卷"。

　　牌記題"光緒丙午秋思賢書局刊"。

　　卷端題"經學歷史，善化皮錫瑞"。

經學歷史

經學開闢時代

善化皮錫瑞

凡學不攷其源流莫能通古今之變不別其得失無以獲從入之
途古來國運有盛衰經學亦有盛衰國統有分合經學亦有分合
歷史具在可明徵也經學開闢時代斷自孔子刪定六經爲始孔
子以前不得有經猶之李耳既出始著五千之言釋迦未生不傳
七佛之論也易自伏羲畫卦文王重卦止有畫而無辭王充皆止
云文作卦辭亦如連山歸藏止爲卜筮之用而已連山歸藏不得
不云文王重卦　　　　　　　　　　　史遷揚雄
爲經則伏羲文王之易亦不得爲經矣春秋魯史舊名止有其事
其文而無其義亦如晉乘楚檮杌止爲記事之書而已晉乘楚檮
杌不得爲經則魯之春秋亦不得爲經矣古詩三千篇書三千二

小學類

106.經籍纂詁一百六卷　　　〔清〕阮元撰　　　　　PL1291.R82 1889

清光緒九年(1883)上海點石齋石印本　五冊一函

　　三節版，半葉每節二十行二十字，小字雙行字同，白口，四周單邊，單黑魚尾，半框高14.1釐米，寬8.6釐米。版心上鐫書名"經籍纂詁"，中鐫卷次葉碼，下鐫卷名"上平聲"、"下平聲"、"上聲"、"去聲"、"入聲"。

　　內封題"經籍纂詁，吳下沈錦垣署"。

　　牌記題"光緒癸未夏上海點石齋縮印，申報館申昌書畫室發兌"。

　　卷端題"經籍纂詁，臣阮元撰集"。

　　卷首依次有"奏議"，題"漕運總督臣阮元跪"；"經籍纂詁序"，署"嘉慶四年夏六月嘉定錢大昕序"；"經籍纂詁序"，署"歲在屠維協洽相月之朔弟子高郵王引之謹序"；"經籍纂詁後序"，署"時嘉慶戊午秋九月三日武進臧鏞堂識於浙學使院之撰詁齋"；"經籍纂詁凡例"；"經籍纂詁姓氏"；"經籍纂詁總目"；"經籍纂詁目錄"。

　　分五冊，分別爲"上平聲""下平聲""上聲""去聲""入聲"。

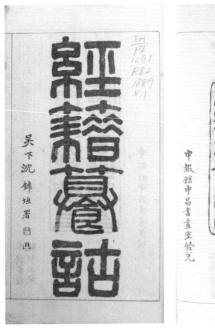

經籍籑詁

臣阮元謨集

一東

上平聲

【東】

【同】

【彤】

【桐】

【童】

【重】

一東

上平聲

107.名原二卷　　〔清〕孫詒讓撰　　　　　PL1281.X83S85 1905

清光緒三十一年（1905）刻本　一册一函

半葉十五行二十五字，小字雙行字同，細黑口，左右雙邊，無魚尾，半框高23.5釐米，寬16.9釐米。版心中鐫"名"及卷次、葉碼。

内封題"名原，張謇書端"。

卷端題"名原，孫詒讓記"。

卷首有清光緒三十一年（1905）孫詒讓"名原叙録"，署"光緒乙巳十一月瑞安孫詒讓叙"。

名原上

原始數名第一　　　　孫詒讓記

說文解字五百四十部託始於一其說解云惟初大極道立於一造分天地化成萬物葢文字生於形而書契之作上原卦畫下代結繩又以紀數爲尤重合形數以紀物由一而孳爲萬一者象數之權輿而書名之原始也今綜攷古文知數名形最簡易而義實通毌倉沮字例斯其肇耑矣

一　二　三　亖　㐅　∧　七　八　九　丨

說文竹部篆引書也形學之始由數點引而成線故古文自一至三咸以積畫成形鄭君六藝論云伏羲垂十言之教十言卽八卦消息爲書契之初祖亦積畫也皆爲平行線至五爲天地之中數則从二而午交其中然亦四直線也至六則龜甲文皆作∧又由緐而反於簡故由平線變爲弧曲線穹隆下覆略爲半圜之形此殆倉沮初制最簡古文之僅存者至七甲文作七或作七則以平線與曲線互相拘絞實承五而小變之八之爲八則以曲線分列爲二又承六而小變之九金文作九盂鼎或

名上　一

108.考正增廣詩韻全璧十一種　　題〔清〕惜陰主人輯　　　附初學檢韻袖珍

〔清〕姚文登輯　　　　　　　　　　　　　　　　　　　PL1279.S56 1894

清光緒二十年（1894）四明暢懷書屋石印本　三册一函

　　五節版，半葉每欄行字數不等，白口，四周雙邊，單黑魚尾，半框高12.8釐米，寬7.8釐米。版心鎸書名及卷次、葉碼，下鎸"暢懷書屋校本"。

　　内封題"光緒甲午莫春之月，曉舫所有，考正增廣詩韻全璧，四明暢懷書屋藏本"。

　　目録題"目録，賦彙録要，初學檢韻，月令粹編，字學正譌，詩賦類聯采新，金壺字考，文選題解，虚字韻數，賦學指南，詩腋，典腋，鴻寶齋印"。

　　卷端題"詩韻全璧"，下爲"暢懷書屋校正縮本"墨印。

　　卷首有清光緒十七年（1891）序，言惜陰主人輯書及暢懷書屋主人石印書事，署"光緒十七年孟夏月，四明暢懷書屋主人序"。次有"考正增廣詩韻全璧凡例""詩韻全璧目録"。

　　是書共輯書十一種，附初學檢韻袖珍一種，分上下五節，由上至下第一節輯書一種"詩賦類聯采新"；第二節輯書二種"月令粹編""分韻文選題解摘要"；第三節輯書二種"詩腋""賦彙録要"；第四節輯書四種"詞林典腋""校增金壺字考""賦學指南摘要""字學正譌"；第五節輯書三種"詩韻全璧""虚字韻數""初學檢韻袖珍"。

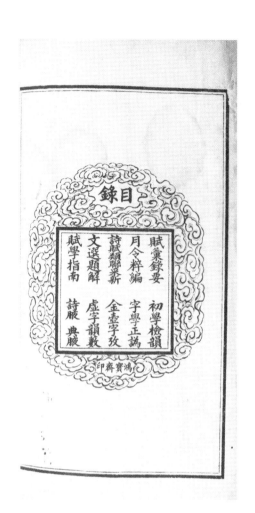

光緒甲午莫春之月　曉滄氏有

攷正增廣詶韻全璧

四明暢懷書屋藏本

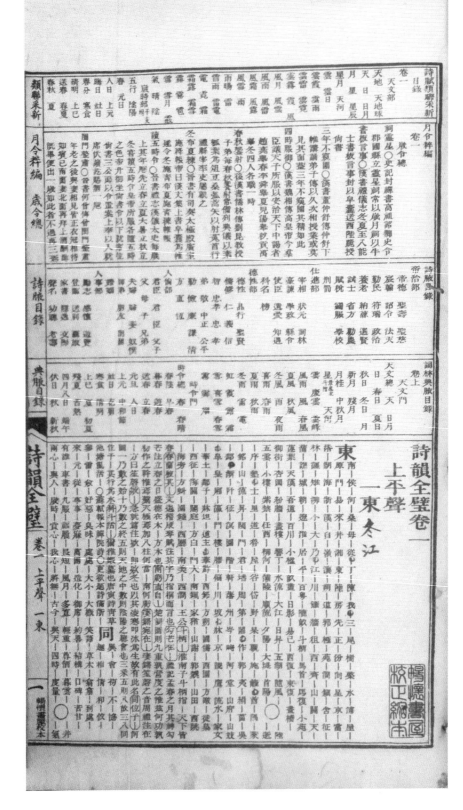

史部

紀傳類

109.舊唐書逸文十二卷　　　〔清〕岑建功輯　　　　　DS749.3 L585 C36 1872

清同治十一年（1872）定遠方氏刻本　二冊一函

半葉十二行二十五字，小字雙行字同，白口，左右雙邊，單黑魚尾，半框高21.3釐米，寬15.5釐米。版心中鐫書名及卷次、葉碼，下鐫"懼盈齋"。

内封題"舊唐書逸文十二卷"。

牌記題"同治壬申年夏六月定遠方氏重刊補方濬益署檢"。

卷端題"舊唐書逸文，甘泉岑建功輯"。

卷首依次有清道光二十八年（1848）岑建功"自序"，署"道光戊申正月甘泉岑建功識"；清阮元序，署"道光戊申十二月太傅予告大學士在籍食全俸揚州阮元叙"。

每卷末鐫"姪鎔，男淦、長生校刊"。

舊唐書逸文卷一

甘泉岑建功輯

高祖紀

高祖爲山西河東撫慰大使行至太平關遇賊數千人時所將兵少左右皆懼高祖謂之曰此烏合之賊易與耳因率騎十二人出擊之所向皆靡衆情始定

御覽二百九十五　今本自命高祖至賊乃大潰與此條事頗相似然御覽三百十所引與今本約同而與此卷所引逈異冊府卷四十四亦引此條爲上有初字河東下有道字騎上有精字十二八作一十八始定下有并力奮逐大破之七字其餘皆同而其下卽繼以龍門遇賊事與今本略同然則太平關之戰與龍門之戰本是兩事今本脫其一耳事在隋大業十一年

110.五代史記七十四卷　　〔宋〕歐陽修撰　〔宋〕徐無黨注　　DS749.5 O9 1911

清宣統元年至三年(1909—1911)貴池劉氏玉海堂影宋刻本　八册二函

半葉十二行二十二字,小字雙行字同,白口,左右雙邊,單黑魚尾,半框高17.1釐米,寬11.8釐米。版心中鎸卷次、卷名及葉碼,下鎸刻工名。

内封題"景宋刊五代史記七十四卷"。

牌記題"貴池劉氏玉海堂景宋叢書之七,宣統建元十月付黄岡陶子麟刻,三年辛亥閏六月竣工."。

卷端題"五代史記,歐陽修撰,徐無黨注"。

卷首有"五代史記序,建安陳師錫撰"。

卷末有跋,署"宣統三年辛亥夏閏六月貴池劉世珩跋時在漢口諶家磯"。

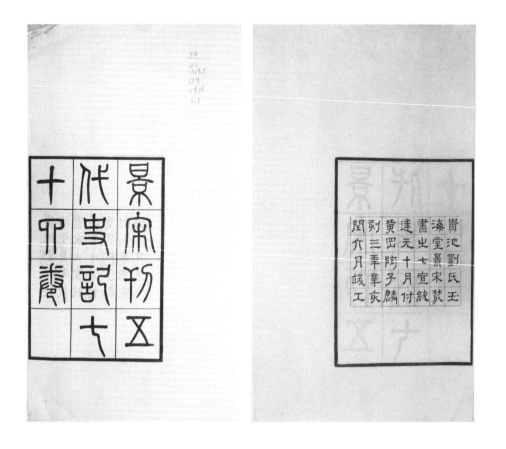

五代史記卷第一

歐陽　脩　撰

徐　無黨　注

梁本紀第一

本紀因舊以爲名本原其所始起而
紀次其事以時也即
位以前其事詳原本其所
自來故曲而備之見其起之有
漸有暴也即位以後其事略居尊任重
所書者簡惟簡乃可立法

太祖神武元聖孝皇帝姓朱氏宋州碭山午溝里人也其
父誠以五經教授鄉里生三子曰全昱存溫變謚其書名義
在兒注中
誠卒三子貧不能爲生與其母傭食蕭縣人劉崇家全
昱無他材能然爲人頗長者存溫勇有力而溫尤兇悍唐僖
宗乾符四年黃巢起曹濮存溫亦入賊中巢攻嶺南存戰
死巢陷京師以溫爲東南面行營先鋒使攻陷同州以爲同

編年類

111.嚴永思先生通鑑補正略一卷　　〔明〕嚴衍撰

〔清〕張敦仁錄　　　　　　　DS747.2 S7553 Y36 1828

清道光八年（1828）陳氏獨抱廬影刻張敦仁稿本

二册一函

半葉十一行字不等，白口，左右雙邊，單黑魚尾，半框
高18.3釐米，寬12.9釐米。版心上鎸刻字數，中鎸"鑑補"及
卷次、葉碼。

內封題"嚴先生通鑑補正略"。

牌記題"道光戊子春正從張古餘先生藁本景寫刊"。上
卷末牌記題"獨抱廬從古餘先生藁本影寫"，中卷及下卷末
牌記題"獨抱廬從古餘先生藁本上版"。

卷端題"嚴永思先生通鑑補正略，校著吳勉學本，陽城
張敦仁彙鈔"。

卷首有清道光四年（1824）張敦仁序，署"道光四年歲
次甲申閏七月七日陽城張敦仁"。次有"附嚴先生衍傳，潛研
堂文集"。

卷末有"刻資治通鑑補正略跋"，署"三山弟子陳宗彝
謹跋於欣園之漢經齋"。

鈐"葉啓發家藏書"朱文方印、"葉啓發讀書記"白文
方印、"葉氏啓發讀過"朱文方印、"賀瑗藏書印信"白文
方印。

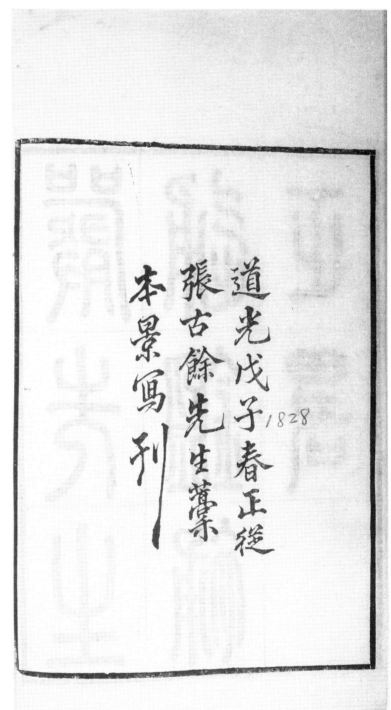

道光戊子春正徙

張古餘先生藏

本景寫刊

1828

嚴永思先生通鑑補正者取先生鑑補中

補正通鑑原文者而彙錄之也蓋先生通

鑑補一書卷帙繁鉅讀其自序既歎成之

之難又慮守之之不易而鐫刻之事則深

望於後人嘉慶乙亥余在南昌從阮芸臺

中丞處寫得一部鈔胥手雜譌踳實多簿

領叢中粗校一過後攜赴雲南時崇慶楊

海梁國楨陳臬於滇讀而好之亦寫一部

嗣擢河南布政使允為刊布然工夫不貲

恐亦未即就功也茲因顧澗蘋之言先舉

先生書中所為改正移置存疑備考補注

嚴永思先生通鑑補正略　校讐晏勉學本

陽城

上卷

卷一

六頁後五行　列改別

苩前六行　陽孤改陽狐從史記改

苩頁前七行　襄陽改襄陵從史記改

苩頁後四行　剛勁自喜改節廉而自喜從史記改

芒頁後三行　立下補僭稱王三字

卷三

苩四頁後四行　高陵君下補顯字涇陽君下補悝字

廿頁前三行　聭上補屈下友三字　行之子下補子字

112.御批歷代通鑑輯覽一百二十卷　　〔清〕傅恒等纂　　DS735.A2 Y8 1885

清光緒十一年（1885）上海同文書局石印本　八册二函

半葉十八行三十六字，小字雙行同，白口，四周雙邊，雙黑魚尾，半框高15.2釐米，寬11 釐米。版心上鎸書名，中鎸卷次、卷次名及葉碼。眉端鎸評。

內封題"御批歷代通鑑輯覽"。

牌記題"光緒乙酉仲春同文書局縮印"。

卷端題"御批歷代通鑑輯覽"。

卷首朱印清乾隆三十二年（1767）"通鑑輯覽序"，署"乾隆丁亥秋月御筆"。後有"四庫全書提要""凡例""職名""御批歷代通鑑輯鑒告成進呈表""御批歷代通鑑輯覽總目録"。

其中"職名"題"正總裁原任經筵講官太保保和殿大學士一等忠勇公兼管吏部户部理藩院事務管理三庫事御前大臣議政大臣領侍衛內大臣總理步軍統領事總管內務府大臣事臣傅恒"；又"進呈表"題"大學士公傅恒等奉敕編纂"，署"乾隆三十三年正月初十日，大學士公臣傅恒、大學士臣尹繼善、大學士臣劉統勳、協辦大學士尚書公臣阿里衮、協辦大學士尚書臣劉綸、户部尚書臣于敏中、刑部尚書臣舒赫德等謹上表"。

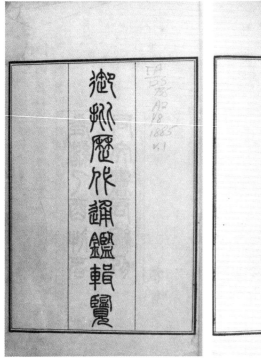

三皇五帝之說辯者紛如惟孔安國書序以伏羲神農黃帝之書為三墳少昊顓頊高辛唐虞之書為五典不區分皇帝之號其說較為閒當

夫君民之道莫大乎教養伏義氏作佃漁畜牧皆所以為養也而教即行其中後世視教養為二者去古遠

御批歷代通鑑輯覽卷之一

太昊伏羲氏

伏羲氏〔在位一百十五世　年傳十五〕

帝生于成紀〔帝母居于華胥之渚履巨人跡有所動虹且繞之因而始娠生帝于成紀國號宓羲一曰虙戲藍田縣有華胥氏陵成紀故城在今甘肅秦州秦安縣以〕

木德繼天而王故風姓有聖德象日月之明故曰太昊〔都陳　左傳陳太昊之墟鄭樵通志伏羲都陳宛邱城是也邱今河南陳州府治宛邱是〕

始畫八卦〔帝德洽上下有龍馬〔說文龍鱗蟲之長玉篇馬武獸〕負圖出于河〔孔安國書傳伏羲氏王天下龍馬出河朱子河圖論〕乃仰觀象于天俯觀法于地中觀萬物之宜〔說通鑑外紀伏羲德合上下天應以鳥獸文章地應以河圖洛書則而象之乃作易大傳河出圖洛出書漢孔安國劉禹錫書皆不取〕始畫八卦卦有三爻因而重之為卦六十有四以通神明之德而卜筮自此〕

教民佃漁畜牧〔民處草野逐捕禽獸茹毛飲血帝始結網罟以教佃漁故曰伏羲養犧牲以充庖廚故又曰庖犧〕

以龍紀官〔庖犧〕

因龍馬之瑞故以龍名官號曰龍師〔春官為青龍蒼龍又曰龍氏夏官為赤龍氏秋官為白龍氏冬官為黑龍氏中官為黃龍氏偏裨龍氏大庭為居龍氏渾沌為降龍氏陰康為土龍氏栗陸〕

御批歷代通鑑輯覽　卷之一　伏羲氏

113.通鑒刊本識誤三卷　〔清〕張敦仁撰

DS747.2 S7553 Z26 1827

清道光七年（1827）三山陳氏刻本　二冊一函

　　半葉十一行字數不等，小字雙行字數不等，白口，左右雙邊，單黑魚尾，半框高18.3釐米，寬12.9釐米。版心上鐫刻字數，中鐫"鑑誤"及卷次、葉碼。

　　內封題"通鑑刊本識誤，道光七年刊，獨抱廬藏版"。

　　牌記題"三山陳氏校刊行"。

　　卷端題"資治通鑑刊本識誤，校著吳勉學本，陽城張敦仁手錄"。

　　卷首依次有序，署"道光丁亥之歲重九日元和顧千里撰於邗江寓次時年六十有二"；"資治通鑑刊本識誤序"，署"是歲八月既望陽城張敦仁識時年七十有一"；并鐫"道光丁亥春正門人陳宗彝從橐上版"；"金陵顧晴崖局刊"。

　　卷末有"校刊陽城張先生通鑑刊本識誤後叙"，署"道光七年歲在丁亥夏閏五月伏日弟子三山陳宗彝書於石經精舍之獨抱廬"。

　　末"附夏卯生札"一則，署"愚弟夏炯書，十月十一日"。

　　鈐"葉啓發家藏書"朱文方印、"葉啓發讀書記"白文方印、"葉氏啓發讀過"朱文方印、"潤山氏珍藏書畫之印"朱文方印。

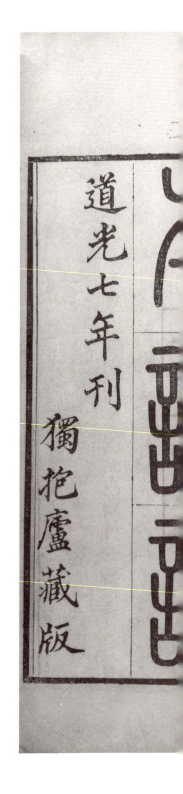

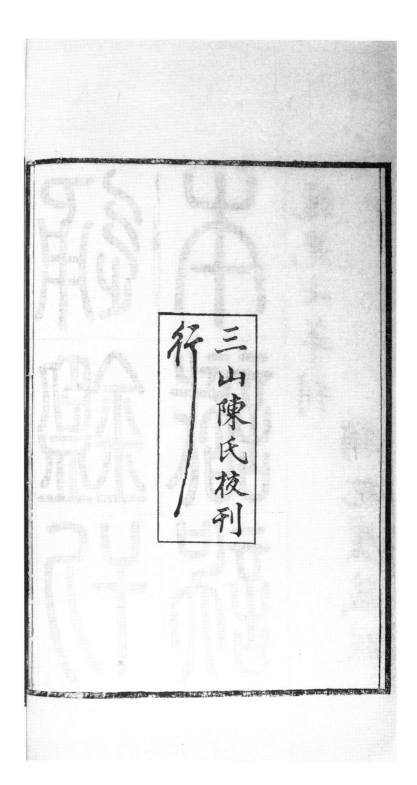

行 三山陳氏校刊

前鄱陽胡果泉中丞翻雕梅磵注通鑑發既印

行予進一言曰史家此書寔有絕後然有三誤

溫公就長編筆削不沒一二對勘元文遂或失

於搜照是甚一也梅磵雖熟乙部間有望文生

義乃遠本事是其二也今所據興文署本並附

梅磵親所開刊故於正文有未審溫公之指而錯

者於注有未識梅磵之意而斜者是其三也當

雜纂為一書惜擇嚴說且不已意以李嘉惠之

盛舉中延然誤遼巡之際邊設於任斯事廢矣

夫知前之二誤非編究十七史而更以旁通不辨尒

巳難矣知後之一誤必又資於興文以上舊本今者

資治通鑑刊本識誤

校讐者吳勉學本
陽城張敬仁手錄

上卷

卷一

八頁前五行　有之下脫曰字

十二頁前五行　潛作陰

十四頁後八行　旱下脫不可二字

廿三頁後一行　取最下脫韓救魯三字

廿二頁後六行　秦伐蜀戲案稽古錄作蜀伐秦史記六
國表作蜀取我南鄭此誤

廿五頁前二行　西河下脫而字

前七行　叔尚下脫魏公二字

114.資治通鑑地理今釋十六卷　　〔清〕吳熙載撰　　　　DS745.S783 W82 1900z

清末石印本　三冊合訂一冊一函

半葉十行二十七字，小字雙行字同，黑口，四周雙邊，雙黑魚尾，半框高15.9釐米，寬11.6釐米。版心中鐫"通鑑地理今釋"及卷次、葉碼。

內封題"通鑑地理今釋"。

卷端題"資治通鑑地理今釋，儀徵吳熙載饌"。

每卷末署"花縣畢國球校"。

鈐"費潮瑞"朱文長方印。

資治通鑑地理今釋一

〔寶潮端〕

儀徵吳熙載饌

卷一

周紀一

晉陽　山西太原府陽曲縣

蔡臯狼　據注今山西汾州府永寧州西　長子　山西潞安府長子

子縣　元邑巳絳之汾水出寶武府翼城縣合滄水入汾亦不得云灌平陽也

汾水灌安邑絳水灌平陽　誤按此酈道語

邯鄲府　直隸廣平府邯鄲縣

安邑　涑水灌安邑方合地望也

灌平陽也

雲夢府　湖南荊州監利縣　棠谿河南

中山　定直隸正定府　西河州山西一帶永寧　鄞彰河南德

代　山西代州　趙府直隸邯鄲縣　平　韓州開封府　翟禹今河南

西寧府

汝寧府臨平縣　燕府今京師順天縣　大京興縣順天

漳縣山西　府臨燕府

魏州夏縣西解　齊府山東青州臨淄縣　楚陵今湖縣乃鄅都也　陽孤山西

雜史類

115. 野記四卷　　〔明〕祝允明撰　　　　　　　DS753.Z87 1874
清同治十三年（1874）元和祝氏刻本　二册一函

半葉十二行二十二字，小字雙行字同，白口，左右雙邊，單黑魚尾，半框高19.2釐米，寬13.8釐米。版心上鎸書名，中鎸卷次及葉碼。

內封題"野記"。

牌記題"同治甲戌開雕元和祝氏藏板"。

卷端題"野記，勾吳祝允明纂"。

卷首有"祝京兆野記原序"，署"玉笥山人毛文燁序"。次有明正德六年（1511）祝允明"野記小叙"，署"辛未歲八月既望在家筆完"。

卷末有跋，署"同治十有三年甲戌仲秋新陽李文楷直清甫校於員嶠之空谷幽居"。

鈐"寄雲樓藏書印"朱文方印。

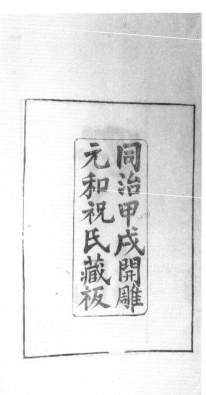

野記一卷

勾吳祝 允明 纂

韓林兒始由潁川逃之武安為穿窬漸肆劫殺有徒既繁
乃嘯亂稱小明王劉護軍始就之謂豎子不足謀去適
皇祖皇祖初亦與其事謂劉應便除之乎甚云不足為
伺他偽僭熄時彼應已先下矣因請建號大明皇祖從
之韓果先殄
陳某不知何許人精識緯候元季見王氣在東南偏遊閩
廣江黃間久亡所遇乃北涉淮泗入塗山之境曰得之
矣遂止不行假五行命祿求諸陶漁中大姓某命觀其
家人數輩悉貴人命也後及一女陳曰公家之貴悉陳
此女矣主人曰是乃雙瞽無復問聘者矣以貴為哉

野記

卷一

一

116.王會篇箋釋三卷　　〔清〕何秋濤撰　　　　　PL2465.Z6 H74 1891

清光緒十七年（1891）江蘇書局刻本　三册一函

半葉十一行二十一字，小字雙行字同，黑口，左右雙邊，單黑魚尾，半框高18.5釐米，寬12.9釐米。版心上鎸書名"王會篇箋釋"，中鎸卷次及葉碼。

內封題"光緒辛卯中秋，王會篇箋釋，錢唐諸可寶署"。

牌記題"江蘇書局校刊"。

卷端題"王會篇箋釋，光澤何秋濤願船"。

卷首依次有清道光二十八年（1848）"王會篇箋釋序"，署"戊申二月望日平定張穆"；"王會篇箋釋審定校勘爵里姓氏"；何秋濤"王會篇箋釋序"，署"道光二十九年五月望後一日光澤何秋濤自識"。

卷末分別署"錢塘諸可寶覆勘，吳縣吳大彬分校""錢塘諸可寶覆勘，新陽汪之昌分校""錢塘諸可寶覆勘，元和管禮昌分校"。

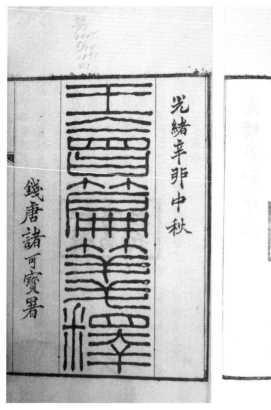

王會篇箋釋 卷上

光澤何秋濤願船

周書

周室既甯八方會同各以職來獻欲垂法厥世作王會

王氏應麟補注曰晉與服志云成王之會唐顏師古

云昔武王時遠國入朝太史次為王會篇愚謂成周

之會在成王時詩序周公既成洛邑朝諸侯是也八

方四方四維之國

秋濤曰按周之王業雖成於文武然與禮樂致太平

實在周公輔成王時詩蓼蕭序澤及四海鄭箋以為

國在九州之外而引爾雅所言四海及虞書外薄四

王會篇箋釋／卷上

117.周書斠補四卷　　　〔清〕孫詒讓撰　　　　　　　DS747. I25 S9 1900

清光緒二十六年（1900）瑞安孫氏籀廎刻本　二册一函

半葉十二行二十四字，小字雙行字同，白口，左右雙邊，無魚尾，半框高17.1釐米，寬11.9釐米。版心中鎸"書"及卷次、葉碼。

内封題"周書斠補"。

牌記題"光緒庚子籀廎署檢"。

卷端題"周書斠補，瑞安孫詒讓"。

卷首有清光緒二十二年（1896）孫詒讓序，署"光緒丙申七月瑞安孫詒讓"。

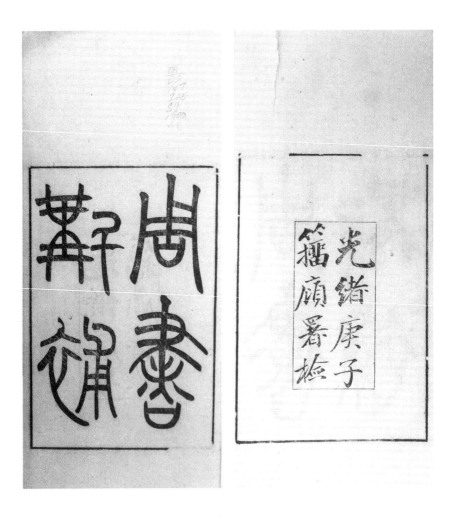

周書斠補卷一　　　　瑞安孫詒讓

度訓解第一　案度訓訓釋度宇之義也漢書藝文志道家有

周訓十四篇此與下命訓常訓三篇義恉與道家亦略相近

此書如官人職方諸篇多撫取古經典此三篇或卽周訓遺

文僅存者篇然彼篇文例與此三後有時訓篇微異與道家恉亦無會故不數此三

天生民而制其度大小以正權輕重以極明本末以立中立

中以補損補損以知足　□爵以明等極　孔注云極中也貴

賤之等尊卑之中也　案此當作權輕重以極明明本末以

立中知足下當有知足以　□爵五宇葢此章文例每句並首

尾相銜接今本挩權明兩重文又挩知足以　□爵句前後遂

錯互不相應矣

□□自邇彌興自遠　案當作遠　□自邇邇與自遠彌卽邇宇

118.史學叢書四十三種三百十七卷 〔清〕佚名輯

清光緒二十五年(1899)上海文瀾書局石印本 十四册

二節版,半葉二十二行二十四字,小字雙行字同,黑口,四周單邊,單黑魚尾,半框高13.2釐米,寬9.4釐米。版心上鐫叢書名,中鐫子目書名及卷次、葉碼。有表。

內封題"史學叢書"。

牌記題"光緒己亥季冬文瀾書局石印"。

各子目牌記題"光緒己亥孟冬之月上海文瀾書局石印"。

子目:

初集十六種:

史記志疑三十六卷 〔清〕梁玉繩撰 三册一函 DS741.3 S683 L426 1899

史表功比説一卷 〔清〕張錫瑜撰

史記天官書補目一卷 〔清〕孫星衍撰

楚漢諸侯疆域志三卷 〔清〕劉文淇撰

史漢駢枝一卷 〔清〕成孺撰

漢書辨疑二十二卷 〔清〕錢大昭撰 以上五種一册一函 DS748.Z26 1899

人表考九卷〔清〕梁玉繩撰

後漢書補表八卷〔清〕錢大昭撰 以上二種一册一函 DS748.P38 L426 1899

補續漢書藝文志一卷〔清〕錢大昭撰

後漢郡國令長考一卷 〔清〕錢大昭撰

後漢書辨疑十一卷 〔清〕錢大昭撰

續漢書辨疑九卷 〔清〕錢大昭撰

後漢書注補正八卷 〔清〕周壽昌撰

後漢書注又補一卷 〔清〕沈銘彝撰

後漢書補注續一卷 〔清〕侯康撰 以上七種一册一函 Z3102.P29 Q426 1899

漢書注校補五十六卷 〔清〕周壽昌撰 二册一函 DS748.P38 Z68 1899

二集二十七種:

三史拾遺五卷 〔清〕錢大昕撰

諸史拾遺五卷 〔清〕錢大昕撰

諸史考異十八卷　〔清〕洪頤煊撰

讀史舉正八卷　〔清〕張燫撰　以上四種一册一函　DS734.7 Q425 1899

補三國疆域志二卷　〔清〕洪亮吉撰

補三國藝文志四卷　〔清〕侯康撰

三國志職官表三卷　〔清〕洪飴孫撰

三國志辨疑三卷　〔清〕錢大昭撰

三國志考證八卷　〔清〕潘眉撰　以上五種一册一函　DS748.C45 H65 1899

新舊唐書互證二十卷　〔清〕趙紹祖撰

補五代史藝文志一卷　〔清〕顧櫰三撰

宋史藝文志補一卷　〔清〕黃虞稷　倪燦撰　〔清〕盧文弨録

宋遼金元四史朔閏考一卷　〔清〕錢大昕撰　〔清〕錢侗增補

補遼金元藝文志一卷　〔清〕倪燦撰　〔清〕盧文弨録

補三史藝文志一卷　〔清〕金門詔撰　以上六種一册一函　DS749.3 Z26 1899

三國志旁證三十卷　〔清〕梁章鉅撰

三國志補注續一卷　〔清〕侯康撰　以上二種一册一函　DS748.2 C424 L5 1899

補晉兵志一卷　〔清〕錢儀吉撰

東晉疆域志四卷　〔清〕洪亮吉撰

十六國疆域志十六卷　〔清〕洪亮吉撰　以上三種一册一函　DS748.4 Q426 1899

晉書校勘記五卷　〔清〕周家禄撰

晉宋書故一卷　〔清〕郝懿行撰

補宋書刑法志一卷　〔清〕郝懿行撰

補宋書食貨志一卷　〔清〕郝懿行撰

宋州郡志校勘記一卷　〔清〕成孺撰

補梁疆域志四卷　〔清〕洪齮孫撰

魏書校勘記一卷　〔清〕王先謙輯　以上七種一册一函　DS748.4 Z68 1899

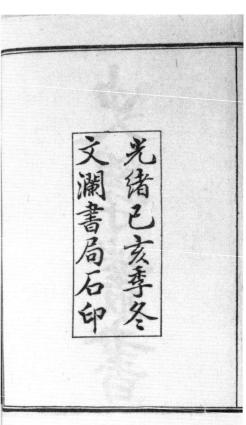

表十
書八
世家三十
列傳七十　凡百三十篇

案總目在篇目之後舊本如是與自序傳及司馬遷傳合各
本多謬刻總目于前而踳駮雜出有作帝紀年表者秦紀項
紀未嘗爲帝世表月表不越以年也有作卷十二卷十一之類
者則是第十二卷第十卷也卽作十二卷十一卷亦非蕤史記
無卷數安得犁一篇爲一卷稱百三十卷邪凡百三十篇湖
本作以上共一百三十篇促甚

史記志疑卷一

五帝本紀第一

仁和梁玉繩撰

黃帝者

案孔子刪書肇于唐虞繫易起于包炎史公作史每祖述仲
尼則本紀稱首不從尙書之防一帝卽從易辭之敍五帝庶
爲允當而乃以黃帝顓嚳堯舜爲五何邪于是謂其略三皇
者有之謂其遺羲農者有之謂其缺少昊者有之夫三皇不
可也缺少昊可也而遺羲農不可也葢先儒舉三皇之名不
一或以天皇地皇泰皇〔人皇〕爲三皇或以羲農黃帝爲三皇或以
女媧或疑人或祝融或共工合羲農黃帝爲三皇或以
統爲三皇或以羲農黃帝爲天皇地皇人皇而來羅泌路史
前紀復有初三皇中三皇凡斯眾說半歸誕謾總以年代悠
遐莫由詳定自應剙而不記故曰略三皇可也少昊顓嚳二
君僅持其世未有制作觀顓嚳兩紀皆稱頌語非有行事可
放則少昊類是矣余方議史公之以顓嚳入五帝更何論少
昊且繫辭孔氏之言而不及少昊史之無可考也
裁故曰缺少昊可也若羲農國與黃帝堯舜五帝安得遺
之繫辭而外如左傳國語記月令漢書律麻志均號羲農
爲帝封禪書泰伏羲改足表先秦未嘗以羲農黃帝之者殊未確
與黃帝堯舜爲五帝有疑繫辭統皇與帝言之者殊未確後
漢書張衡傳術表奏司馬遷所紘不合事請專據舊辭牲錄

傳記類

119.高僧傳初集十五卷 〔南朝梁〕釋慧皎撰 BQ634.H84 1884

清光緒十年（1884）金陵刻經處刻本 四册一函

半葉十行二十字，小字雙行字同，黑口，左右雙邊，無魚尾，半框高17.2釐米，寬13釐米。版心中鎸書名及卷次、卷名、葉碼，下鎸千字文編號（"俠五"至"俠十"、"槐一"至"槐十"）。

外封題"高僧傳初集"。

卷端題"高僧傳初集，梁會稽嘉祥寺沙門慧皎撰"。

卷首有"高僧傳初集序"，署"梁會稽嘉祥寺沙門慧皎撰"；次有楊文會按語，署"光緒十年夏六月後學楊文會謹識"。

卷末列"施資姓氏"，曰"共刻此集連圈計字十五萬六千三百二十七個"，署"光緒十年冬十二月金陵刻經處識"。

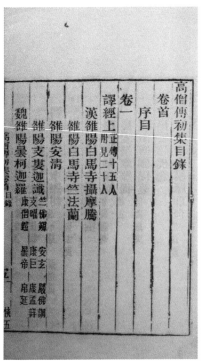

高僧傳初集卷第一

梁會稽嘉祥寺沙門慧皎撰

譯經上

漢雒陽白馬寺攝摩騰

攝摩騰本中天竺人善風儀解大小乘經常遊化為
任昔經往天竺附庸小國講金光明經會敵國侵境
騰惟曰經云能說此法為地神所護使所居安樂今
鋒鏑方始曾是為益乎乃誓以忘身躬往和勸遂二
國交歡由是顯譽逮漢永平中明皇帝夜夢金人飛
空而至乃大集羣臣以占所夢通人傅毅奉答臣聞

120.高僧傳二集四十卷　　〔唐〕釋道宣撰　　　　　BQ634.H842 1890

清光緒十六年(1890)江北刻經處刻本　十册二函

半葉十行二十字,小字雙行字同,黑口,左右雙邊,無魚尾,半框高17.8釐米,寬
13.1釐米。版心中鎸書名及卷次、葉碼,下鎸千字文編號(卿、户、封、八)。

外封題"續高僧傳二集"。

卷端題"高僧傳二集"。卷二卷端題"高僧傳二集,唐釋道宣撰"。

卷首有"高僧傳二集序",署"唐釋道宣撰"。

卷末列"高僧傳第二集功德人名",署"光緒十六年春二月江北刻經處識"。

高僧傳二集卷第一

譯經篇初　本傳六人附
　　　見二十七人

梁楊都正觀寺扶南國沙門僧伽婆羅傳一

僧法羅　木道賢
道命

梁楊都莊嚴寺金陵沙門釋寶唱傳二

梁武帝　梁簡文帝
僧朗　僧紹

魏北臺石窟寺恆安沙門釋曇曜傳三　曇靖

魏南臺永寧寺北天竺沙門菩提流支傳四

常景　李廓　寶意　覺定　法場　法希
楊衒之　曇顯　智賢　藏稱　智希

陳南海郡西天竺沙門拘那羅陀傳五

121.高僧傳三集三十卷　　〔宋〕釋贊寧等撰　　　　　BL1460.Z36 1887

清光緒十三年（1887）江北刻經處刻本　八册一函

　　半葉十行二十字，小字雙行字同，黑口，左右雙邊，無魚尾，半框高16.8釐米，寬13.1釐米。版心中鎸書名及卷次、葉碼，下鎸千字文編號（"縣""家""給"等）。

　　卷端題"高僧傳三集，宋左街天壽寺通慧大師賜紫沙門贊寧等奉敕撰"。

　　卷首依次有"進高僧傳三集表，端拱元年十月日左街天壽寺通慧大師賜紫臣僧贊寧上表"；"高僧傳三集序"，署"端拱元年乾明節臣僧贊寧等謹上"。

　　卷末列"刻高僧傳第三集功德名"，署"光緒十三年秋江北刻經處識"。

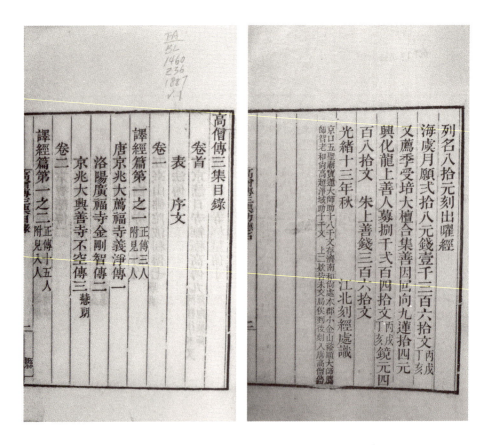

高僧傳三集卷第一

宋左街天壽寺通慧大師賜紫沙門贊寧等

奉敕撰

譯經篇第一之一 正傳三人
　　　　　　附見十人

唐京兆大薦福寺義淨傳

釋義淨字文明姓張氏范陽人也髫齓之時辭親落
髮徧詢名匠廣探羣籍内外閑習今古博通年十有
五便萌其志欲遊西域仰法顯之雅操慕玄奘之高
風加以勤無棄時手不釋卷弱冠登具愈堅貞志咸
亨二年年三十有七方遂發足初至番禺得同志數

政書類

122.通典二百卷　　〔唐〕杜佑撰　　　　　　　　DS741.3 D88 1871

清同治十年（1871）學海堂刻本　四十册五函

半葉十行二十一字，小字雙行字同，白口，左右雙邊，單黑魚尾，半框高22.1釐米，寬15.2釐米。版心中鐫書名、卷名及葉碼。

內封題"武英殿本，通典，同治十年學海堂重刊"。

卷端題"通典，唐京兆杜佑君卿纂"。

卷首有"御製重刻通典序"，署"乾隆丁卯冬十二月，經筵講官户部尚書臣梁詩正奉敕敬書"。次有"通典總目""奉旨開列校刻通典諸臣職名"。後鐫"粤東省城西湖街富文齋承接重□"。"通典原序"，署"左補闕李翰序"。

每卷末署"番禺劉昌齡初校、南海廖廷相覆校"。

通典卷第一

唐　京　兆　杜　佑　君　卿　纂

佑少嘗讀書而性且蒙固不達術數之藝不好章句之
學所纂通典實采羣言徵諸人事將施有政夫理道之
先在乎行教化教化之本在乎足衣食易稱聚人曰財
洪範八政一曰食二曰貨管子曰倉廩實知禮節衣食
足知榮辱夫子曰既富而教斯之謂矣夫行教化在乎
設職官設職官在乎審官才審官才在乎精選舉制禮
以端其俗立樂以和其心此先哲王致治之大方也故
職官設然後與禮樂焉教化隳然後用刑罰焉列州郡

〔通典二食貨一〕　　　一

123.杜氏通典二百卷附欽定通典考證一卷　　　〔唐〕杜佑撰　　DS741.3.D88 1901

清光緒二十七年（1901）上海圖書集成局石印本　十六冊合訂九冊二函

半葉十六行四十三字，小字雙行字同，白口，四周單邊，雙黑魚尾，半框高16.8釐米，寬11.9釐米。版心上鐫"通典"，中鐫卷次及卷名，下鐫葉碼。朱筆圈點眉批。

內封題"杜氏通典"。

牌記題"光緒二十七年八月上海圖書集成局遵武英殿聚珍版校印"。

卷端題"通典，唐京兆杜佑君卿纂"。

卷首有"通典原序"，署"左補闕李翰序"；"御製重刻通典序"，署"乾隆丁卯冬十二月"。次有"奉旨開列校核通典諸臣職名""通典總目"。

附欽定通典考證一卷，卷端題"欽定通典考證"。

通典卷一

唐 京兆 杜佑 君卿 纂

佑少嘗讀書而性且蒙固不達術數之藝不好章句之學所纂通典實采羣言徵諸人事將施有政夫理道之先在乎行教化教化之本在乎足衣食易稱聚人曰財洪範八政一曰食二曰貨管子曰倉廩實知禮節衣食足知榮辱夫子曰既富而教斯之謂矣夫行教化在乎設職官設職官在乎審官才審官才在乎精選舉制禮以端其俗立樂以和其心此先哲王致治之大方也故職官設然後興禮樂禮樂興然後用刑罰列州郡俾分領焉置邊防遏戎狄爲是以食貨爲之首（卷十二）選舉次之（卷六）職官又次之（卷二十）禮又次之（卷百）樂又次之（卷七）刑又次之（卷大）其次五刑八卷州郡又次之（卷十四）邊防末之（卷十六）或覽之者庶知篇第之旨也用甲兵十五卷

本初纂錄止於天寶之末其有要須議論者亦便及以後之事

通典卷一食貨

124.文獻通考二十四卷　　〔元〕馬端臨撰　　　　　DS735.M24 1885
清光緒十一年（1885）上海點石齋石印本　二十册四函

半葉二十二行四十二字，小字雙行字同，白口，四周單邊，單黑魚尾，半框高12.2釐米，寬8.8釐米。版心上鎸書名，中鎸卷次及卷名，下鎸葉碼，墨筆圈點。

內封題"文獻通考，元和共之沈錦垣署"。

牌記題"光緒十有弍年秋七月上海點石齋石印"。

卷端題"文獻通考，鄱陽馬端臨貴與著"。

卷首依次有清乾隆十三年（1748）"御製重刻文獻通考序"，署"乾隆戊辰冬十二月經筵講官兵部尚書臣梁詩正奉敕敬書"；"奉旨開列校刻文獻通考諸臣職名"；"抄白"，署"至治二年六月日"；"進文獻通考表"，署"延祐六年四月日弘文輔道粹德真人臣王壽衍上表"；元馬端臨"文獻通考自序"；"文獻通考總目録"。

鈐"門有通德家承賜書"朱文長方印、"行素"朱文橢圓印。

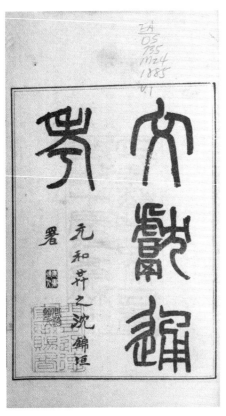

文獻通考卷第一

　　　　　　　　　鄱陽馬端臨貴與著

田賦考一

　歷代田賦之制

堯遭洪水天下分絕使禹平水土別九州冀州厥土白壤〔無塊〕厥田惟中中〔田第五〕厥賦上上錯〔出第一錯謂雜〕

兗州厥土黑墳〔色黑而墳起〕厥田惟中下〔第六〕厥賦貞〔正也九州第九作十有三載乃同賦法與他州同〕青州厥土

白墳厥田惟上下〔第三〕厥賦中上徐州厥土赤埴墳〔土黏曰埴墳起〕厥田惟上中〔第二〕厥賦中中揚州厥土惟塗泥〔地泉〕

厥田惟下下〔第九〕厥賦下上上錯〔出第七雜出第六〕荊州厥土惟塗泥厥田惟下中〔第八〕厥賦上下三〔豫州厥土惟壤下土墳壚〕

壚〔疏也者壤高者壚下者〕厥田惟中上〔第四〕厥賦錯上中〔錯出第七〕雍州厥土黃壤厥田惟上上〔第一〕厥賦中下〔六出第九〕梁州厥土青黎〔色青黑沃壤起〕厥田惟下上〔七第

雜出三等九三第七〕九州之地定墾者九百一十萬八千二十頃

孔氏曰田下而賦上者人功修也田上而賦下者人功少也

三山林氏曰三代取於民之法不同而皆不出什一之數既不出什一之數不可以田之高下而準之計其所入之總數而多寡

地有廣狹民有多寡賦稅所入之總數自有不同不同則乃有九等之差者蓋九州

比較有此九等之賦比九州為最多故為上上兗州之賦比九州為最少故為下下其餘七州皆然

非取於民之賦有此九等之輕重也

唐虞法制簡略不可得而詳其見於書者如此

五百里甸服

百里賦納總〔禾本全〕二百里納銍〔刈禾全〕

三百里納秸服〔秸之外又使之服輸將之事也納總鉅〕四百里

粟五百里〔米納總鉅〕

夏后氏五十而貢殷人七十而助

朱子集註曰夏時一夫受田五十畝而每夫計其五畝之入以為貢商人始為井田之制以六百三十

〔畝〕之地畫為九區區七十畝中為公田其外八家各授一區但借其力以助耕公田而不復稅其私田

周文王在岐〔山〕……今扶風郡用丁土之法以為治人之道地著為本安土……故建司馬法六尺為步步百為畝畝百

125.欽定續通典一百五十卷　　〔清〕嵆璜等撰　〔清〕紀昀等校訂

清光緒二十八年(1902)貫吾齋石印本　六冊一函

三節板,半葉每節九行二十一字,小字雙行字同,白口,左右雙邊,單黑魚尾,半框高17.1釐米,寬11.7釐米。版心上鎸書名,中鎸卷次、卷名及葉碼。

內封題"欽定續通典"。

牌記題"光緒壬寅年孟冬貫吾齋石印"。

卷端題"欽定續通典"。

卷首有"職名",題"三通館總裁,經筵日講起居注官大學士兼翰林院掌院學士臣嵆璜、經筵講官吏部尚書管理國子監事務臣劉墉等"。

後依次有"武英殿修書處刊刻續三通諸臣職名""欽定續通典凡例十四則""欽定續通典總目",署"乾隆四十八年十二月恭校上,總纂官兵部侍郎臣紀昀、大理寺卿臣陸錫熊"。

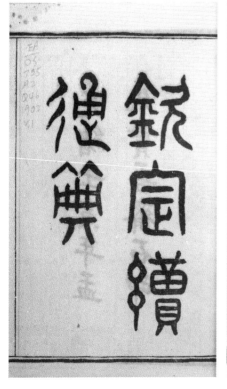

欽定續通典卷一

食貨

臣等謹按杜佑作食貨典以穀為人之所仰地為
穀之所生人為君之所治三者相資於政尤切故
其述田制水利屯田所以經地鄉黨版籍戶口所
以科人而賦稅錢幣市糴諸條則皆所以治穀也
第歷朝制度互有詳略舉其大要而於唐制加詳
其意敘述自隋以前率舉其大要而於唐制加詳
又其意敘述欲推而行之卓然近於可用故其序次

食貨

田制上　唐上　五代　宋

之閒凡詔令章疏有詞旨開明敕陳婉切者具見
探錄而一時通達治體曉時事學士大夫居恆
論著之文亦開援其處可謂勤已今悉準其例以
所引開元天下之田五尺為步二百四十步
為畝百畝為頃凡給田之制有差（按續唐書食貨）
有此載在六典者為斷其自肅宗代宗而後至元
明季瓶以次纂輯又杜典分注三代以上文出程
傳者往往詮釋意旨三代以下文有繁復未可遽
刪則大書旁注意存互見亦勢然也哉於注文詮

於前而旁推詳說分注於下蓋宋元以來事繁
棵無多而旁推詳說分注於昔無取疏解云

食貨

唐代宗廣德二年敕如有浮客顧額逃入物業
者便準式據丁口給授如二年以上種未成業者
雖有人承佃亦不在收限本主到不在剗還物業
本主不在仍還先賣田業盡者委本州縣制逃戶復業
給復二年百姓先賣田業盡者委本州縣制逃死戶
田宅量丁口充給德宗貞元中陸贄言曰古者業田有恆
鎔一夫授田不過百畝欲使人不廢業家為私貯
耕今富者萬畝貧者無容足之居食租稅京畿百畝
者盧不充坐食租稅京畿畿

五升而私家收租畝一石官取一私取十積者安得不
食宜為占條限裁租價損有餘優不足此安富恤窮之
善經田水旱兵荒流離死絕見在桑田如無親承佃委
姓或因水旱兵荒流離死絕見在桑田如無親承佃委
本道觀察使於官健中取無莊田有丁者給散多少給
付便與公驗任充永佃承佃逃亡田地如已經五年須承前敕
道州府百姓健仍借種稼放三年租稅繁宗咸通十一年敕諸
文便為佃主不在論理之限仍令所司准此處分先是宗

不得有夫元額租課其軍牛用屋舍亦許召主各宜賜

在無額主空荒地一任百姓開佃候及三年
外卽勒納稅如荒蕪量地收稅繁宗文應諸道管內百
催文縣郭莊宅務職名額並割還本部營田司賞其
周太祖廣順二年敕應諸處有營田戶並取佃戶租
除京兆府莊宅務驛軍莊外其餘並割屬州縣所管租
姓一切停廢其客戶元佃係省莊田桑土舍宇便令充
員一切停廢其客戶元佃係省莊田桑土舍宇便令充
稅課利官中祇管戶部營田戶部營田職稅

有所被逃戶田並許見佃人承佃三年內並不在收之限
慶雍顧國家平蜀欲十年課績三戶方
葉期于富庶方開創正切施行往日雖嘗指揮慮恐
廢墮富在申勸誘期業於豐穰宜令逐處長更
下管內應是荒田有主者一任本主開耕無主者一任
百姓請射佃種三年內並不在收稅之限三年六月以
年檢照所開種頃畝歲納一半租稅敕見田雖開彼往三
萊期于富庶頃畝開創正切施行往日雖嘗指揮

晉高祖天福二年以杜籲奏言荒田一任百姓開種三
具頃畝歲多少仍以五家為保凡自供手狀送
後唐明宗天成四年詔曰今年夏苗委人戶自供手狀
本州本州縣縣令帳送省州縣不得委差人戶隱
欽許令佃內陳告其田並令長典二年秋凡置營田
比召浮客耆舊識戶實業常規如有浮客召浮客
還本縣既敷遠近其官吏主佃當行重斷懲帝應
此後若敷遠近籍沒田宅並投名名戶部除賜功臣外禁請射
順元年諸處籍沒田宅並屬戶部除賜功臣外禁請射

大中山逃戶桑田秋八代納要折逃成稅計納
勸逃縣任人佃納五年不復佃人主主者後有敕
後唐明宗天成四年詔曰今年夏苗委人戶自供手狀
具頃畝歲多少仍以五家為保凡自供手狀送
本州本州縣縣令帳送省州縣不得委差人戶隱
欽許令佃內陳告其田並令長典二年秋凡置營田

126.欽定續通志六百四十卷　　〔清〕嵇璜等撰　〔清〕紀昀等校訂

清末石印本　四十冊四函

半葉二十二行四十八字，小字雙行字同，白口，四周單邊，單黑魚尾，半框高16.5釐米，寬12釐米。版心上鐫書名，中鐫卷次、卷名及葉碼。

內封題"欽定續通志，秀水王樹敏"。

卷端題"欽定續通志"。

卷首依次有"欽定續通志凡例二十則""職名""武英殿修書處刊刻續三通諸臣職名""欽定續通志總目"，署"乾隆五十年十月恭校上，總纂官左都御史臣紀昀、大理寺卿臣陸錫熊"。

其中"職名"題"三通館總裁，經筵日講起居注官大學士兼翰林院掌院學士臣嵇璜、經筵講官吏部尚書管理國子監事務臣劉墉；纂修兼總校官，日講起居注官翰林院侍講學士臣曹仁虎"。

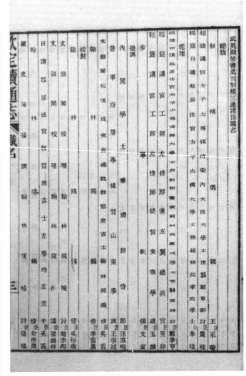

欽定續通志卷一

唐紀

臣等謹案自班固已後斷代為史而會通之義不著宋臣鄭樵作通志乃始搜纂綴輯上下數千載綜其行事粲然成一

家之言厥功偉矣顧以唐書五代史為本朝大臣所修不敢輕議故紀傳斷限逮隋而止今臣等奉

命續纂是書爰始有唐迄於元君臣流別紀傳犖分大率皆取衷於鄭氏然鄭氏論次本紀三皇已降開宋寧兩漢而還

全鈔舊史頁以規模粗定亟於成書參考異同有所未暇亦以馬班陳范史家鉅手辭本紀簡嚴無可更易故或失之太簡且與劉昫

唐書辭居正五代史大抵冗蔓無法而本紀尤歐陽修新修二史裁斷取舍仰師春秋顧其中亦失之太簡且多與

傳不合降而既彙萃成編者不得不裁定義類以著一書之通體故凡一王受命其祖宗之積累皆朵附帝紀元老拜罷必

相沿襲今既薈萃成編者不得不裁定義類以著一書之通體故凡一王受命其祖宗之積累皆朵附帝紀而如金史之前

列世紀後列世紀補著無取也一時詔令有關於當日之治忽者閒收存一二其或踵常常故多師略句與直書口語者必

不繹也日食必書而星變地震之屬別詳於災祥之略君辜必書而視疾蹕喪之屬自其於諸臣之傳輔臣元老拜罷必

書而庶官之遷秩不期其備雄藩重鎮移徙必書而節使之遙領或從其略朝覲聘問非素所難致者仍不書而斅其要振

使命往來必識也恩澤赦宥非出自曠典者皆不書而災荒歲之給復振恤必著也其他瓦所錄皆綜其略而斅其要振

事直書詞無予奪訓者既非徑庭討論亦滋瑣屑茲則開為標識錄或闕

無可强合則亦詳為夾注用示傳疑惟諸書紀載月日往往不符事迹既非徑庭討論亦滋瑣屑茲則開為標識錄或闕

如定著本紀凡七十卷要以詞的義該例明事備一洗原紀之疵纇而歸於簡核以斷有當於事增文省之義云爾

高祖

高祖皇帝姓李氏諱淵字叔德隴西成紀人七世祖暠當晉末據涼州以自王是為涼武昭王暠生歆為沮渠蒙遜所滅歆生

重耳仕魏為弘農太守重耳生熙為金門鎮將成於武川因留家焉熙生天賜舊唐書為幢主天賜生虎西魏時賜姓大野氏

官至太尉與周文帝及太保李弼等皆為柱國當時號八柱國家問關帝受魏禪虎已平乃追錄其佐命功封唐國公謚曰襄

襄公生昞襲封唐公安州總管柱國大將軍卒謚曰仁高祖仁公子也七歲襲封唐公陷文帝獨孤皇后高祖之從母也以故

文帝與高祖相親愛文帝相周復高祖姓李氏以為千牛備身隋為譙隴二州刺史大業中歷岐州刺史榮賜樓頗二郡太

127.欽定續文獻通考二百五十卷　　〔清〕嵇璜等撰　〔清〕紀昀等校訂

清末石印本　二十四册三函

　　半葉二十二行四十八字, 小字雙行字同, 白口, 四周單邊, 單黑魚尾, 半框高16.6
釐米, 寬12.2釐米。版心上鎸書名"欽定續文獻通考", 中鎸卷次、卷名及葉碼。

　　內封題"欽定續文獻通考, 秀水王樹敏"。

　　卷端題"欽定續文獻通考"。

　　卷首有"欽定續文獻通考凡例八則"。次有"職名", 題"三通館總裁, 經筵日講
起居注官大學士兼翰林院掌院學士臣嵇璜、經筵講官吏部尚書管理國子監事務臣劉
墉; 纂修兼總校官, 日講起居注官翰林院侍講學士臣曹仁虎"。後依次有"武英殿修
書處刊刻續三通諸臣職名"及"欽定續文獻通考總目", 署"乾隆四十九年十二月恭
校上, 總纂官左都御史臣紀昀、大理寺卿臣陸錫熊"。

臣等謹案宋馬端臨文獻通考田賦考載唐虞以來至宋寧宗歷代田賦之制而附以水利田屯田官田凡七卷明王圻
作續考於馬氏原目外復增入黃河三卷太湖三江一卷河渠三卷夫河瀆江湖本以作地險通漕輸爲大雖實有資於
灌溉而美利之在天下非特田賦已也王氏以其有關於田賦遂別增名目凡經流之境通塞之故一切闌入按之體例
殊爲未安今謹依馬氏舊式自宋寧宗以後逮於有明詳稽史籍輯爲續文獻通考田賦考六卷王氏所增各卷有與田
賦相涉者則摘載水利目內其餘槩行刪去以臨簡當云

歷代田賦之制

宋寧宗嘉定二年三月禁兩淮官吏私買民田
七月命兩淮轉運司給諸州民麥種十月命兩淮轉運司給諸路民稻種○先是孝宗乾道七年十月司馬倓請勸民種麥爲
來春計於是詔江東西湖南北淮東西路帥漕官爲借種并諭大姓借貸依振濟格推賞仍上已種頃畝議賞罰淳熙六年
十一月臣僚奏比令諸路帥漕督守令勸諭種麥歲上所增頃畝歉然土有宜否湖南一路惟衡永等數郡宜麥餘皆文具望
止諭民以時播種免其歲上增種之數庶得勸課之實七年復詔兩浙江淮湖南京西路帥漕臣督守令勸民種麥務要增
廣自是每歲如之八年十一月輔臣奏田世雄言民有麥田雖墾無種若貸與貧民猶可種春麥臣僚亦言江浙旱田雖已
耕亦無麥種於是詔諸路帥漕常平司以常平麥貸之至是復有是詔

四年四月以吳曦沒官田租代除關外四州旱傷秋稅○時袁甫知衢州西安龍游常山三邑積著預借甫爲代輸三萬五千
緡蠲放四萬七千緡黃疇若知廬陵縣州常以六月督畸零稅疇若念民方艱食取任內縣用錢爲民代輸兩年後知成都
府爲民代輸六年布估錢計二十四萬二千緡又別立庫儲二十五萬三千緡期於異日接續代輸至理宗平初趙以
夫知漳州時丁米錢久爲漳泉與化民患以夫請以廢寺租爲民代輸詔可其奏福建轉運判官袁甫捐三郡歲釋本司
錢二萬七千貫助之嘉熙三年杜範知嚴國府始至倉庫多空未幾米餘十萬斛錢亦數萬悉以代民輸下戶糧寶祐中吳潛
判慶元府以積錢百四十七萬三千八百有奇代民輸帛以代民輸度宗時常穊知廣德軍故事郡守秋苗例可得米千石林以代屬縣大農
一萬二千石舊逋一百萬官庫餘羨悉以代民輸度宗時常穊知廣德軍故事郡守秋苗例可得米千石林以代屬縣大農

一

128.皇朝通典一百卷　　〔清〕嵇璜等撰　　　　　　　DS754.H825 1902

清光緒二十八年（1902）上海鴻寶書局石印本　八册一函

半葉二十二行四十八字，小字雙行字同，白口，四周單邊，單黑魚尾，半框高16.5釐米，寬12釐米。版心上鐫書名，中鐫卷次、卷名及葉碼。

內封題"皇朝通典，秀水王樹敏"。

牌記題"光緒二十八年仲春上海鴻寶書局石印"。

卷端題"皇朝通典"。

卷首有"皇朝通典凡例""皇朝通典總目"；次有"武英殿修書處刊刻皇朝三通諸臣職名"；題"三通館總裁，經筵日講起居注官大學士兼翰林院掌院學士臣嵇璜、經筵講官吏部尚書管理國子監事務臣劉墉；纂修兼總校，日講起居注官翰林院侍講學士臣曹仁虎"。

皇朝通典卷一

食貨一

食貨一

田制

臣等謹按田賦之制九等列於夏書九賦詳於周禮誠以國本在農民天惟食我○國家首重農桑牧民稼穡○○○定

鼎之初分遣御史徧視土田定正賦役全書除前明之苛賦禁墨吏之浮徵履畝清量徹田定賦其有無主荒田則募民

墾種視則升科遺之錢鏹之資授爲閭閻衣食計者至詳且盡矣至八旗王公勳戚大臣以至官員兵

丁均設立莊屯惲羣策羣力之士皆得世有田土而奔走擁衛之材所以爲閭閻衣食計者

矣若夫官田之名見於載師自漢唐至宋而有其說始詳明則又有皇莊牧馬廠地圍陵墳地諸王公主勳戚大

臣內監寺觀○賜莊田百官職田邊臣養廉田軍民商屯田通爲官田其時民田輸賦官田輸租官租淨於民賦遂至貿

民田以爲官田不改舊而租加至數倍此官田之爲民累也我○朝削除故明宗室勳田令與民田一例起科其廢田

田產號爲更名地者皆給於民而薄其徵歛至於駐防官莊悉新闢萊之地游牧芻蕘咸得遊擇閒曠之場此外如籍田

聖賢後裔田學田○文廟祠墓田部寺公田俱除其租總一遇災荒得與民田一例邀免若屯田之政原所以給兵餉而

息轉輸也今面夏窴諸邊宴安無事輓運之勞故內地衞所屯田止留爲屯政之用其無運衞所悉行裁革幷歸州縣

以益民田至駐防官兵雖提以屯地然既列爲官莊則不得專目爲屯政突惟是底定新疆版圖式廓二萬餘里由巴里

坤以至伊犂前後墾闢無慮十餘萬頃村堡臺站城池倉廩以及溝渠水道佈種先後之宜無不講求盡制迄今駐劄官

兵招徠民眾暨佃種回民之歌樂土而亭盈竈者十餘萬戶此屯政之善誠從古所未聞者也兹纂通典於田制列爲四

等首民田次官莊次駐防官莊及官田次屯田新疆屯田附紀其始末釐爲四卷以彰○昭代隆規定典則而垂萬世爲

田制
民田

國家民田之目直隷有更名田農桑地蒿草籽粒地葦課地歸幷衞地河淤地○盛京有退圈地山東有歸幷衞所地更名

田竈地江南江蘇有山蕩淤灘地安徽有草地江西有山塘等地浙江有山蕩塘湖桑茶竈地等地陝西有更名地廣東

有泥溝湖車汕地廣西有猺田獐田狼田貴州有苗田甘肅有熱田蘿地皆爲民田均相其肥瘠爲科則

崇德二年令各屯該管官勸飭農事任土宜以樹藝○○○誠王貝勒大臣勿許入踐民禾

129.皇朝通志一百二十六卷　　〔清〕嵇璜等撰　　　　DS754.H826 1902

清光緒二十八年（1902）貫吾齋石印本　五冊一函

　　三節板，半葉每節九行二十一字，小字雙行字同，白口，左右雙邊，單黑魚尾，半框高17.1釐米，寬11.5釐米。版心上鎸書名，中鎸卷次、卷名及葉碼。

　　內封題"皇朝通志"。

　　牌記題"光緒壬寅年孟冬貫吾齋石印"。

　　卷端題"皇朝通志"。

　　卷首有"職名"，題"三通館總裁經筵日講起居注官大學士兼翰林院掌院學士臣嵇璜、經筵講官吏部尚書管理國子監事務臣劉墉；纂修兼總校日講起居注官翰林院侍講學士臣曹仁虎"。後依次有"武英殿修書處刊刻續三通諸臣職名""皇朝通志凡例十二則""皇朝通志總目""實錄"。

皇朝通志卷一

氏族略一

氏族略謹按

臣等竊攷鄭志氏族畧以三十二類攷得姓受氏
之原附以四聲殿以總論勞羅古今蓁弇耳博雜
姟多聞而賡附會在所不免然伊古姓氏已備見
於此矣恭惟我

國家肇興東土受姓白

大帝統飫尊

皇支益衍諝謚

國姓於卷首以昭億兆萬年之鴻業至
國初時蒼龍附鳳之衆弆走先後或荷屬狼或衆
族內附首編滿洲八旗次列蒙古八旗建師設長
制度蔚然有條不紊迤

皇上御極之初懲念念族姓日繁不有成書將無以知世
德所自叅

命廷臣編輯八旗氏族通譜表以地系以名官階勳統
與八旗列傳相爲表裏於是名位世系昭然可考

今以通譜所攷考諸往史滿洲氏族見於金史者
什之二蒙古氏族見於元史者什之一蓋閱世旣
遠以姓爲氏者或數典未忘而以地爲氏者往往
堤清莫辨故通譜於瓜爾佳民著某與其同族凡
二十餘條訣於網州氏著別族某元著某今載
黃軍而爲一謹暨詳晰疑譜牒藏篇中若夫記載
之譌前襲五朝續誌於金元分部姓二姓今通
譜中之以地以姓著首多寡懸殊難以分載免
通譜犬序編分卷帙約存其略其部姓之見於金

氏族略

元古加案聲明絫以滿洲旗分內滿麗尼堪尼
堪撫順尼堪等姓其漢人希姓依五朝氏族例補
者補

昭代人名而以總論綴於其末凡

賜氏改氏等分爲八類以仍前志之例卜伏讀

聖製八旗氏族通譜序諭語迸有云前之人旣以忠

實勤勞覆幬幬其後嗣凡敦食齊德而屠先疇者其何
以無斁厥緒大哉

王言益曉然於氏族之普闕係世德溝風者非淺鮮也

愛新覺羅氏

國姓

朝之族窪以備一代之典章寫書凡十卷云

我

朝先世發祥於長白山山之東有布庫哩山下有池
日布勒瑚里相傳有天女三浴於池俗果有神鵲
銜朱果置季女衣奔女取而吞之遂有身尋產一
男生而能言體貌奇異及長母告之故命日以

愛新覺羅爲姓天生汝以定亂國其往恰之汝順
流即其地也與小舠乘之母凌空去子乘舠順
流至河步登岸端坐其上時有三姓某碹長日搆
兵薶殺有取水何步者見而異之歸語泉泉走觀
異而命且曰我天女所主定亂戎等
門所自號名也乃交手昇之歸三
姓逢以女奪之棄爲國主自定於是居長白
山東鄂里城國號滿洲傳至

肇祖原皇帝居呼蘭哈達山下赫圖阿拉地一傳至

景祖

昌祖

太祖

肇祖原皇帝瓜紕倣行本支貴著道

朝龍興東土每歲四藏劇坬書稱

皇龍郎利大皇帝瓜綿綿蕚言妙言旨也爲呂滿珠之

聖製相承創建帝基亞億萬年無疆之統云

瑪珠復以後没懷懣昌歷

聖祖光復以後没懷懣昌歷

臣等謹按

愛新覺羅氏

國語以金爲愛新覺羅乃姓也滿洲係滿珠之轉音

水滸曼殊

天聳而

肇祖原皇帝

景祖以及

太祖高皇帝瓜綿倣行本支貴著道

太宗文皇帝天聰八年

詔宗人目

詔

太祖庶子楠阿哥

太祖後免其猺役九年

六傳位四子

葉赫直皇帝六傳位四子
景祖翼皇帝居赫圖阿拉地稱寧古塔貝勒子五傳位
顯祖宣皇帝爲第四子初

景祖才智過人兼長子禮教英男靈收五傳東蘇克珊
河西二百里內話部由此屯滋再傳至

太祖高皇帝

太宗文皇帝

臣等謹按

130.皇朝文獻通考三百卷　　〔清〕嵇璜等撰　　　　DS754.H827 1902

清光緒二十八年（1902）貫吾齋石印本　　二十册二函

　　三節板，半葉每節九行二十一字，小字雙行字同，白口，左右雙邊，單黑魚尾，半框高17.3釐米，寬11.7釐米。版心上鎸書名，中鎸卷次、卷名及葉碼。

　　內封題"皇朝文獻通考"。

　　牌記題"光緒壬寅年孟冬貫吾齋石印"。

　　卷端題"皇朝文獻通考"。

　　卷首有"武英殿修書處刊刻續三通諸臣職名"；"職名"，題"三通館總裁經筵日講起居注官大學士兼翰林院掌院學士臣嵇璜、經筵講官吏部尚書管理國子監事務臣劉墉；纂修兼總校日講起居注官翰林院侍講學士臣曹仁虎"。後依次有"皇朝文獻通考凡例""皇朝文獻通考總目"。

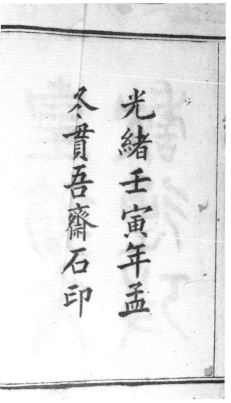

皇朝文獻通考卷

田賦考

昭代之徵規若夫

列宗貽我

皇上御極以來視民如傷痛咨疾苦復除之令屢下振

貸之澤有加此則恩施於常額之外叠見於編

用考舊今首列正課次八旗田制次水利田屯田

田賦之制凡十二卷

臣等謹按周禮六官皆以體國經野著於卷端而

九賦之制首載於天官冢宰蓋減省以民惟邦本食爲

民天度地以居民徹田而定賦因民之所利而利

之惟厚其生而安其衆故公私有濟王

者代天子民求衣不以民生國計爲本務吝馬端

臨文獻通考二十四門以田賦之制上溯唐虞述於

大旭今考其所載歷代田賦之制上溯唐虞迄於

宋寧宗而止於宋事元詳所述四京二十八路墾田

蠲夏秋一稅見催額敷以及支移折變貸代輸

受糴稅隱之法不畧備又別有水利田屯田官

田諸門戶等承

詔續編自宋寧宗嘉定以後及遼金元明葢襲其例洪

惟我

朝賦一中外版圖之遠度逈絕古昔土定賦之規

多仍明舊而其隨宜損益者皆因時度地而前諏

乎中

列聖相承勸恤民隱蠲浮賦以絲藏眂惧以杜愚占

所定科則至詳至當雖寰廛離官九等

之制廢以前蔑矣加以地利日興汙萊漸闢墾虎

召佃傳爲世業無壖土無浮民咸安其居樂事

勒功洞法民而登美地至八旗王公以下各有莊

屯田土其圖籍之綱載在會典具大備

以彰

世祖初併宇内即除明季加派私增之獎訂定賦役全書

頒行天下洪疏

直隸民賦田每畝科銀八釐一毫至一錢三分等

官田凡十二卷

不等每米一升至一斗不等豆九合八抄至四升不

等更名田屬軍糧稅占田每畝科銀五釐多一

五釐至七釐二分五毫零一毫至一錢多

二絲至七分九釐三毫三毫米八合九勺七抄

等五升七合七抄每豆零四合三勺零三升每

六合不等草一分束一抄束一分每

一毫七毫零不等河淤地每畝科銀一分九釐至

二錢五分六釐五毫五釐八毫零不等每科銀一分

至一錢六分七釐零八毫零不等小麥粟每升一升

奉天民賦田每畝科銀一分三釐不等米一斗

八勺至七升五合零一升四合七勺至一斗九升

三分不等豆四升三合至一斗不等

江南江蘇民賦田每畝科銀九釐至一錢四分一

釐一毫至三分四釐七升八勺至一斗五升

山西民賦田每畝科銀一釐至一錢多不等

粳一合五勺至二升四釐零不等糙一升八勺至一斗

四合一勺零不等

九合零不等地每畝料銀三合至一斗五升

二抄零至二升三合零不等

安徽民賦田每畝科銀一分五釐至七釐不等

塘地每畝科銀一錢五分不等

科銀八釐九毫至一錢九分七釐零八毫零

八分零不等七釐至六釐三分零不等米四

至五升九合九勺零不等米七合九勺

塘地每畝料銀一分七釐九釐至一錢九勺至

五升九合至一錢九分四釐桑絲每畝

等草山每里科銀八分二釐桑絲折銀三分

九釐多一錢料銀九釐零一錢一釐四分至

米一升一斗四合七勺至一斗六勺零零不等

至三勺零不等米豆五升零不等

斗一升一錢多三勺至四毫零不等米豆五勺至

藍一釐一毫三毫多一毫一釐一錢料銀

至三勺零不等米豆五合四毫零不等山

米一合二勺至一合零不等

九釐至二錢二分三毫三毫零不等米豆七合三勺至

四升一升三合起零不等一抄至八藍零不等山

蕩淤灘每畝料銀九釐至一錢四分五毫零不等

二釐不等

131.大元聖政國朝典章六十卷　　〔元〕佚名撰　　　　DS752.D2 1908

清光緒三十四年（1908）刻本　十册一函

半葉十三行二十四字，白口，左右雙邊，單黑魚尾，半框高19釐米，寬14.1釐米。
版心中鐫“典章”及卷名、葉碼。有表。

内封題“大元聖政國朝典章前集六十卷附新集”。

牌記題“光緒戊申槧刊”。

目録端題“大元聖政國朝典章”，卷端題“詔令，典章”。

卷首依次有序，署“庚申至日松里小隱吳城記”；“大元聖政國朝典章綱目”；
“大元聖政國朝典章目録”。

存二十四卷：卷一至三、七至二十七。

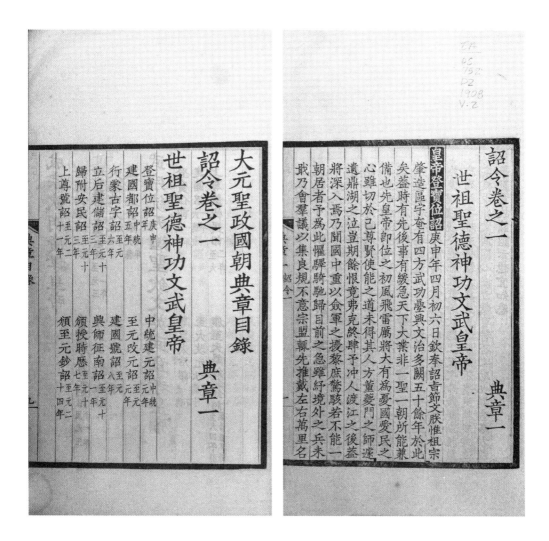

詔令卷之一
世祖聖德神功文武皇帝　典章一

皇帝登寶位詔 庚申年四月初六日欽奉詔旨節文朕惟祖宗
肇造區宇奄有四方武功疊興文治多闕五十餘年於此
矣蓋時有先後事有緩急天下大業非一聖一朝所能兼
備也先皇帝即位之初風飛雷厲將大有為憂國愛民之
心雖切於已尊賢使能之道未得其人方董夔門之師遽
遺鼎湖之泣豈期餘恨竟弗克終緬予冲人渡江之後蓋
將深入焉乃聞國中重以饋餉之擾黎庶驚駭若不能一
朝居者予爲此懼驛騎馳歸目前之急雖紓境外之兵未
戢乃會羣議以集良規不意宗盟輒先推戴在右萬里名

132.大元聖政典章新集至治條例不分卷　　〔元〕佚名撰　　DS752.Y826 1908

清光緒三十四年（1908）修訂法律館刻本　四冊一函

半葉十三行二十三字，小字雙行字同，白口，左右雙邊，單黑魚尾，半框高18.6釐米，寬14.2釐米。版心中鐫“典章新集”及卷名、葉碼。有表。

內封題“重校元典章六十卷附新集二冊,曹廣權書首”。

牌記題“光緒戊申夏修訂法律館以杭州丁氏藏本重校付梓”。

卷端題“大元聖政典章新集至治條例,至治二年新集”。

卷首依次有“都省通例”；“大元聖政典章新集至治條例綱目”；“大元聖政典章新集至治條例大全目錄”，署“至治二年以後新例候有頒降隨類編入梓行,不以刻板已成而靳於附益也。至治二年六月日謹咨”。

卷末有錢大昕跋,署“竹汀居士錢大昕記”。

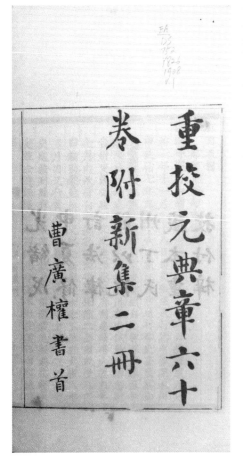
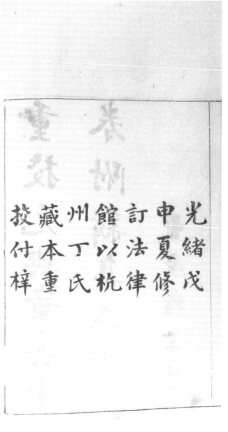

大元聖政典章新集至治條例（附其典）的古

至治二年新集

詔令

國典

今上皇帝登寶位詔　延祐七年三月十一日上天眷命皇帝

聖旨洪惟太祖皇帝膺期撫運肇開帝業世祖皇帝神機

睿畧統一四海以聖繼聖迨我先皇帝至仁厚德涵濡羣

生君臨萬國十年於茲以社稷之遠圖定天下之大本協

謀宗親授于册寶方春官之奧政遽昭考之賓天諸王貴

133.司馬氏書儀十卷　　〔宋〕司馬光撰　　　　　　　　DS723.S78 1868

清同治七年（1868）江蘇書局刻本　一册一函

半葉十一行十九字，小字雙行字同，白口，左右雙邊，單黑魚尾，半框高18.5釐米，寬13.3釐米。版心上鐫刻字數，中鐫書名及卷次、葉碼。

內封題"書儀"。

牌記題"同治七年夏四月，江蘇書局將覆刊司馬文正資治通鑑胡注興文署本，刊手雜募，不能別良拙，乃以文正書儀歸安汪氏仿宋本各試刊一葉，第其去留，未帀月而工完"。

卷端題"司馬氏書儀"。

卷首有清雍正元年（1723）汪亮采序，署"雍正元年冬十月朔日後學汪亮采謹序"；次有序，署"時歲子菊月圓日序于傅桂"，末有"傅棳書堂"陰文墨方印和"稚川世家"陽文墨方印。後有"司馬氏書儀目錄"，目錄後跋，署"雍正元年季冬中澣後學汪郊謹跋"。

卷末有清雍正二年（1724）汪郊跋，署"雍正甲辰二月朔日後學汪郊謹書"；汪祁跋，署"雍正甲辰上巳日後學汪祁謹跋"。

每卷末署"後學汪郊校訂"。

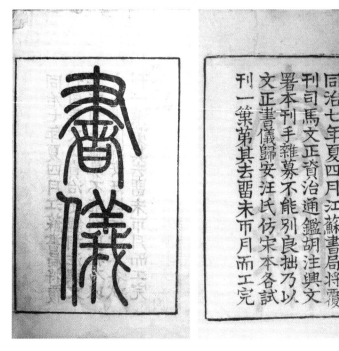

司馬氏書儀卷第一

〇表奏、公文、私書、家書

表奏

所修到公式令節文

元豐四年十一月十二日中書劄子據詳定官制

表式

臣某言云云臣某誠惶誠懼賀則云誠懼誠
首辭云云謹奉表稱　謝以　聞稱賀同其辭免恩命
准　此臣某誠惶誠懼頓首頓首謹言後辭末准此頓首頓
年月　日具位臣姓　名　上表及陳乞不用狀者亦

右臣下奏陳皆用此式上東宮牋亦傚此但易

134.春明退朝錄三卷　　〔宋〕宋敏求撰　　　　　DS751.S65 1879

清光緒（1875—1908）定州王氏刻本　一冊一函

半葉十行二十二字，小字雙行字同，黑口，四周單邊，無魚尾，半框高17.1 釐米，寬12.3釐米。版心中鐫書名及卷次、葉碼。

卷端題"春明退朝錄，宋平棘宋敏求撰，畿輔叢書"。

卷首有"欽定四庫全書提要"。

首卷卷端有宋敏求自序，曰"熙寧三年予以諫議大夫奉朝請"，署"十一月晦常山宋敏求述"。

鈐"九鐘精舍藏書"朱文長方印、"吳公察"白朱文方印。

所屬叢書：《畿輔叢書》。

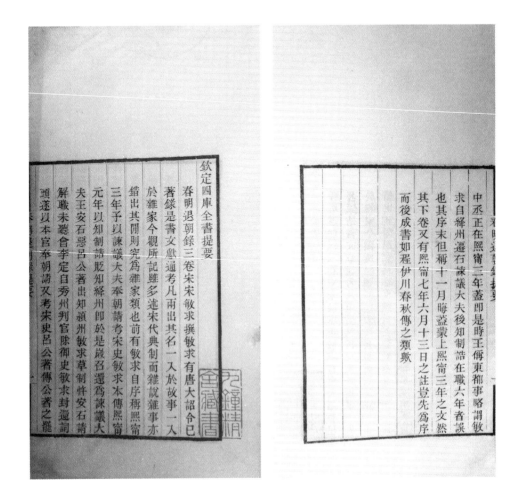

春明退朝錄卷上　　　　　　畿輔叢書

　　　　　　　　宋平棘宋敏求撰

熙甯三年予以諫議大夫奉朝請每退食觀唐人泊本
朝名輩撰著以補史遺者因纂所聞見繼之先廬在春
明里題爲春明退朝錄云十一月晦常山宋敏求述

國朝宰相盧相文潞公四十三登庸寇萊公四十四
國朝宰相趙令盧相文潞公四十三登庸寇萊公四十四
王沂公四十五賈魏公四十八
樞密副使趙令三十九寇萊公三十一晏元獻公三十五
韓魏公三十六
參知政事蘇侍郞易簡三十六王沂公三十九

135.熙朝紀政六卷　　〔清〕王慶雲撰　　　　　　　　　DS754.W35 1898

清光緒二十四年（1898）石印本　六冊一函

半葉十行二十二字，小字雙行字同，無行格，白口，左右雙邊，單黑魚尾，半框高13.8釐米，寬10.3釐米。版心上鎸書名，中鎸卷次及葉碼。有表。

內封題"熙朝紀政"。

牌記題"光緒戊戌重校縮印"。

卷端題"熙朝紀政，閩縣王慶雲敬述"。

卷首依次有清光緒二十四年許葉芬序，署"光緒廿四年六月宛平許葉芬謹識時由翰林出守江南"；"熙朝紀政目錄"。

每卷末署"宛平陳炳華、許葉珍仝校"。

熙朝紀政卷一

　　　　　　　　　　閩縣王慶雲敬述

紀節儉

我

　朝起自東陲尊尚樸質歷傳以來繼序不忘用能宮

府服御無侈飾無冗費昭儉德以示子孫謹案順治八年

以督催織造官役騷擾驛遞罷之停陝西織造弑羯粧蟒

卻江西造進龍盌十一年以江浙連年水旱停織造二年

聖祖常論本朝自入關以來外廷軍國之費與明代略

相仿彿至宮中服用則以各官計之尚不及當時妃嬪一

宮之數三十六年之間尚不及當時一年所用之數康熙

136.救荒備覽四卷　　　〔清〕勞潼撰　　　　　　　　HV555.C6 L36 1850

清道光三十年（1850）南海伍氏粤雅堂刻本　一册一函

半葉十一行二十二字，小字雙行字同，黑口，四周單邊，雙黑魚尾，半框高18.9釐米，寬14釐米。版心中鐫書名及卷次、葉碼，下鐫“粤雅堂校刊”。

内封題“救荒備覽四卷”。

牌記題“道光三十年春二月南海伍氏開雕”。

卷端題“救荒備覽，南海勞潼潤之撰，嶺南遺書”。

卷首有“救荒備覽序”，署“乾隆五十九年歲在甲寅立秋前三日南海勞潼謹序於羊城書舍”。

卷末有清道光二十九年（1849）伍崇曜跋，言其刻書事，署“道光己酉穀雨令節後學伍崇曜謹跋”。

所屬叢書：《嶺南遺書》。

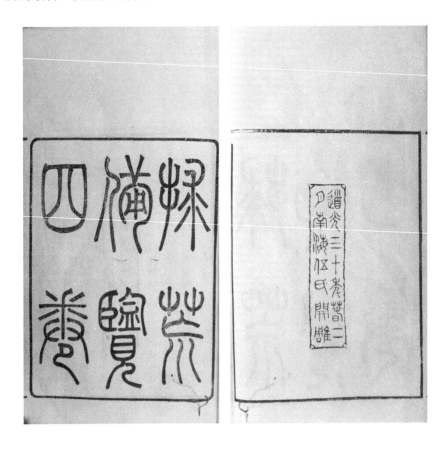

救荒備覽卷之一

南海　勞　潼　潤之　撰　　嶺南遺書

錄王汝南賑恤纂要

天災流行聖世不免是以周禮大司徒以荒政十有二聚
萬民一曰散利貸民種食也二曰薄征輕其租稅也三曰緩刑歲凶
犯法者多故輕之四曰弛力少故息之舍禁舍山澤之禁與民同
利也五曰舍禁禁之
也六曰去幾去門關之譏七日眚禮吉禮之中減八日
殺哀凶禮之中殺九日蕃樂閉藏樂器而不作也十日多昏殺婚禮
及時也十一日索鬼神而祠祀之以祈民休也十二
日除盜賊荒年災禍易起搜索鬼神十二
以治荒非待荒也古稱荒政貴不治之治而治荒尚無
使男女十一曰索鬼神而祠祀之以祈民休也
可謂仁之至義之盡矣然

粵雅堂校刊

地理類

137.輿地廣記三十八卷 〔宋〕歐陽忞撰

校勘輿地廣記札記二卷 〔清〕黃丕烈校勘　　　　　　　　DS706.5 O8 1880

　　清光緒六年（1880）南京金陵書局刻本　四册一函

　　半葉十三行二十四字，小字雙行字同，白口，四周單邊，單黑魚尾，半框高18.5釐米，寬12.5 釐米。版心中鎸"地"及卷次、卷次名、葉碼，卷一至二下鎸"宋闕鈔補"，共二十二葉，卷三十二、三十八下鎸"宋刻重修本補"，共十四葉。

　　内封題"輿地廣記"。

　　牌記題"金陵書局校刊光緒六年工竣"。

　　卷端題"輿地廣記"。

　　卷首有"輿地廣記序"，署"政和年三月日廬陵歐陽忞"；"重雕曝書亭藏宋刻初本輿地廣記緣起"，署"嘉慶壬申季夏士禮居主人黃丕烈識"。

　　每卷末署"淳祐庚戌郡守朱申重修"。

　　卷末有清嘉慶十七年（1812）黃丕烈跋，署"嘉慶壬申十月五日吳縣黃丕烈識"。

　　附校勘輿地廣記札記二卷。卷端題"校勘輿地廣記札記"。卷首有清嘉慶十七年黃丕烈序，署"嘉慶壬申十月五日吳縣黃丕烈識"。

博物廣記

地記

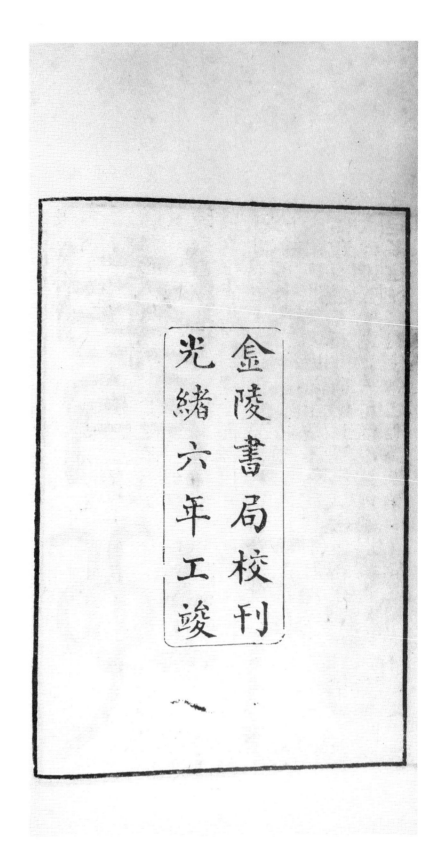

輿地廣記卷第一

禹貢九州

晉　絳　慈　隰　河中　解　太原　遠
威勝　平定　汾　忻　代　嵐　石　憲
澤　潞　岢嵐　寧化　火山　保德　真定　中山
趙　深　冀　河間　祁　保　莫　雄
霸　信安　永寧　順安　保定　安肅　廣信　相
磁　邢　洺　懷　衛　晉寧　雲　應
新　寰　儒　毅　蔚　朔　幽　涿
易　檀　薊　嬀　平　營　安北都護
鎮北都護　單于都護

右古冀州地。按冀州禹貢不言封界，蓋堯都所在，以餘州見之，疆域尤廣。〔禹貢九州，中夏惟冀州最大，夷梁豫中，境宇雖退遠，而雜以山東之人……〕

138. 新斠注地里志十六卷　　〔清〕錢坫撰　　　　DS706.5. Q53 1900

清嘉慶二年（1797）刻本　六册一函

半葉十一行二十二字，白口，四周單邊，雙黑魚尾，半框高21釐米，寬15.2釐米。版心中鎸“志”及卷次、葉碼。朱筆圈點。

卷端題“新斠注地里志，嘉定錢坫學”。

卷首有清乾隆五十七年（1792）錢坫“新斠注地里志目録叙”，提及“始于乾隆四十三年戊戌之歲，以五十七年壬子之歲漢青”，署“是歲之正月十有六日錢坫記”。

卷末有跋，署“乾隆五十七年壬子歲正月卟譔，嘉慶二年丁巳歲六月開雕”。

鈐“黃凌翔”朱文方印。

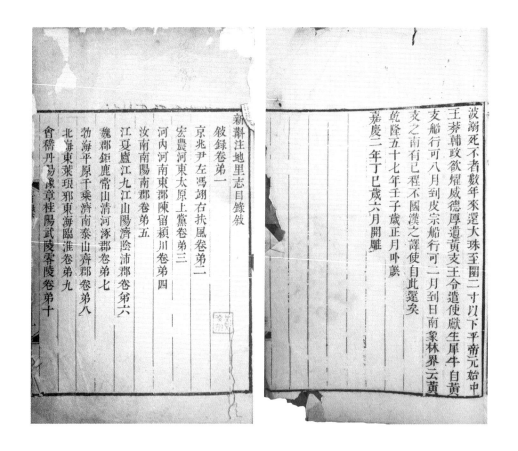

新斠注地里志卷弟一

嘉定錢坫學

昔在黃帝作舟車已濟不逼旁行天下方制萬里畫壄分

州得百里之國萬區是故易稱先王已建萬國親諸侯書

云協和萬國此之謂也堯遭洪水

許春說文解字洪澤水也澤水不遵道也史記作鴻水

字逼也

襄山襄陵

襄古正字

天下分絕爲十二州使禹治之

九州之名禹貢周官而下又有爾雅冀州之外有幽州

以青州爲營州無梁州郭璞以爲是殷制說茫以營州

139.晉書地理志新補正五卷 〔清〕畢沅撰 DS706.5 B48 1892

清光緒十八年（1892）思賢講舍刻本 一册

半葉十一行二十四字，小字雙行字同，黑口，左右雙邊，單黑魚尾，半框高18釐米，寬13.7釐米。版心中鎸“晉書地理志”及卷次、葉碼。

内封題“晉書地理志新補正”。

牌記題“光緒壬辰年孟秋思賢講舍刊”。

卷端題“晉書地理志新補正，兵部侍郎兼都察院右副都御史巡撫陝西西安等處地方贊理軍務兼理糧餉欽賜一品頂帶畢沅撰”。

卷一首并序，署“乾隆四十六年歲在辛丑孟冬月十五日”。卷五末有“後序”，署“乾隆四十八年歲在癸卯三月十八日陽湖後學洪亮吉書於西安使院之曉華齋”。

每卷末署“思賢講舍校刊”。

鈐“黃麟書印”朱文方印。

晉書地理志新補正卷一并序

兵部侍郎兼都察院右副都御史巡撫陝西西安等處地方贊理軍務兼理糧餉　欽賜一品頂帶畢沅撰

晉書地理志二卷案新舊唐書爲房元齡等二十八人所撰今核

其書大要以晉武帝太始太康中爲定自惠帝時已略焉至東

晉則尤略蓋唐初諸儒於地理之學非所研究故顏師古注前

漢書以京兆南陵爲今盩厔國府南陵縣章懷太子注後漢書以

九江當塗爲今太平府當塗縣案之樂史太平寰宇記漢南陵

縣故城在萬年縣東南二十四里白鹿原上當塗縣故城在鍾

離縣西一百十七里皆無緣至江左二人蓋誤以東晉僑縣爲

漢舊縣也此類尙多非可詳矣夫晉世冊籍可據者如太康地

志元康定戶晉世起居注等見於沈約宋書撰晉書者王隱虞

140. ﹝熙寧﹞長安志二十卷　　　〔宋〕宋敏求纂　　附長安志圖三卷　　　〔元〕李
好文撰　〔清〕畢沅校　　　　　　　　　　　　DS797.68.X536 C43 1891
清光緒十七年(1891)思賢講舍刻本　五册一函

半葉十一行二十四字，小字雙行字同，黑口，左右雙邊，單黑魚尾，半框高18.1釐
米，寬13.7釐米。版心中鐫書名及卷次、葉碼。有圖。

内封題"長安志二十卷附長安志圖三卷"。

牌記題"光緒辛卯孟秋思賢講舍用靈巖山館本重雕"。

卷端題"長安志，龍圖閣直學士右諫議大夫修國史特贈尚書禮部侍郎常山侯宋
敏求撰，兵部侍郎兼都察院右副都御史巡撫陝西西安等處地方贊理軍務兼理糧餉
欽賜一品頂帶畢沅新校正"。

卷首依次有"長安志序，太常博士充集賢校理崇文院檢討同知丞事趙彦若撰"，
署"熙寧九年二月五日謹序"；清乾隆五十二年(1787)王鳴盛"新校正長安志序"，署
"乾隆五十有二年歲次丁未季秋之月嘉定王鳴盛西莊氏再拜謹撰時年六十有六"。

每卷末署"思賢講舍校刊"。

附長安志圖三卷。卷端題"長安志圖，河濱漁者編類圖説，前進士頻陽張敏同校
正，兵部侍郎兼都察院右副都御史巡撫陝西西安等處地方贊理軍務兼理糧餉欽賜
一品頂帶畢沅新校正"。

鈐"湘潭韓氏藏書"朱文方印。

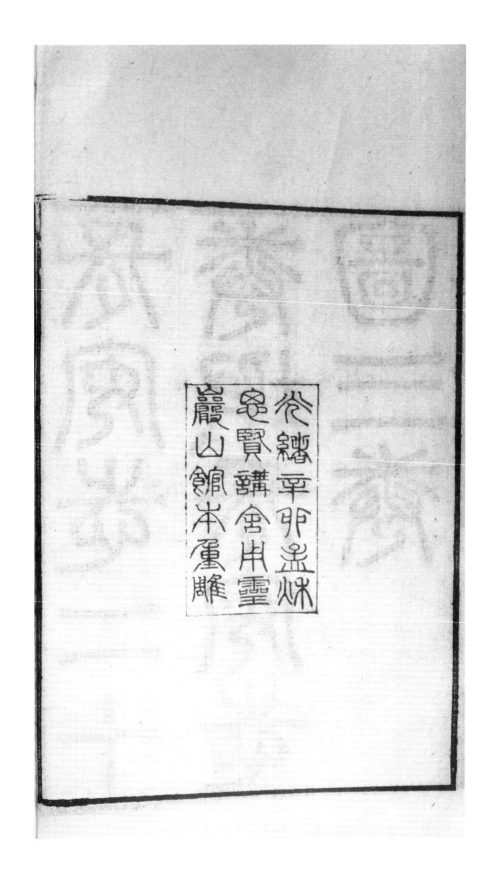

長安志卷第一

龍圖閣直學士右諫議大夫修國史特贈尚書禮部侍郎常山侯宋敏求撰

兵部侍郎兼都察院右副都御史巡撫陝西西安等處地方贊理軍務兼理糧餉　欽賜品頂帶畢沅新校正

總敘

分野　土產

管縣戶口　雜制

土貢　風俗　四至

總敘

京兆府　治萬年長安二縣

京兆府　尚書禹貢雍州之域舜置十二牧雍其一也

又古豐鎬之地周文武之所都毛詩曰作邑於豐又曰宅是鎬

京水之西鎬京在豐京　漢書曰文王作豐師古曰今長安西北靈

京豐邑在豐水之西鎬京在豐京之東武王作邑在鎬京　師古曰今昆明

臺鄉豐鎬　武王治鎬池北鎬陂是

水上是　世本曰武王在豐鄗氏傳注

141.歷代帝王宅京記二十卷　　〔清〕顧炎武撰　　　　DS723.G82 1888

清光緒十四年（1888）吳縣朱氏家刻本　四册一函

半葉十一行二十一字，小字雙行字同，黑口，左右雙邊，單黑魚尾，半框高16.6釐米，寬12.5釐米。版心中鎸書名及卷次、葉碼，下鎸“朱氏槐廬校刊”。朱筆批校。

内封題“歷代帝王宅京記，光緒戊子冬校刊，何長治題”。

卷端題“歷代帝王宅京記，崑山顧炎武著，吳縣朱記榮校刊，槐廬叢書”。

卷首有“歷代帝王宅京記序”，署“崑山徐元文謹序”。

卷一至四、九至十六、十九至二十卷末署“光緒歲在著雍困敦春月吳縣朱記榮槐廬家塾校刊”（卷十三末署“歷代帝王宅京記卷十五終”，卷十七末署“歷代帝王宅京記卷十八終”，應爲誤）。

鈐“朱氏槐廬審定”朱文方印。

所屬叢書:《槐廬叢書》。

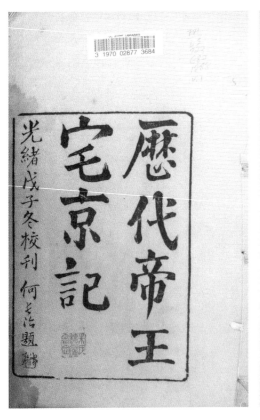

歷代帝王宅京記卷一　　　　槐廬叢書

崑山顧炎武著　　　　吳縣朱記榮校刊

總序上

伏羲氏都于陳　今河南開封府陳州有太昊陵

春秋傳曰陳太昊之虛也

神農氏初都陳後居曲阜　司馬貞三皇本紀註曰按今淮陽有神農井又左傳曾有

大庭氏之庫是也　今
山東兗州府曲阜縣

水經注曰陳城故陳國也伏羲神農並都之城東北

三十許里猶有羲城實中

黃帝居軒轅之邱　山海經曰在窮山之際西射之南　邑于涿鹿之阿　直今

安州保遷徙往來無常處以師兵爲營衞
隸州

142.新疆賦一卷　　〔清〕徐松撰　　　　　　　　DS793.S62 X86 1824

清刻本　一册

半葉十一行二十七字，小字雙行字同，黑口，左右雙邊，單黑魚尾，半框高22釐米，寬14.9釐米。版心中鎸書名及葉碼。

卷端題"新疆賦，大興徐松撰"。

卷首有清孫馨祖序，署"萬載孫馨祖序"。

卷末有清道光四年（1824）彭邦疇跋，署"道光甲申冬日年愚弟彭邦疇拜讀一過書此數語以歸之"。

新疆賦

大興徐松撰

賦序

粵徵西域爰始班書孟堅奉使於私渠定遠揚威於疏勒語其翔實必

在經行走以嘉慶壬申之年西出嘉峪關由巴里坤達伊犁歷四千八

百九十里越乙亥于役回疆度木素爾嶺由阿克蘇葉爾羌達喀什噶

爾歷三千二百里其明年還伊犁所經者英吉沙爾葉爾羌阿克蘇庫

車哈喇沙爾吐魯番烏嚕木齊歷七千一百六十八里既覽其山川城

邑考其建官設屯旁及和闐烏什塔爾巴哈台諸城之興圖阨部哈薩

克布嚕特種八之流派又徵之有司伏觀典籍仰見

高宗純皇帝自始禡師首稽故實乾隆二十年二月諭曰漢時

部落皆曾屯戍有爲內屬者唐初開都護府擴地及西北邊今遺址久

湮著傳諭鄂容安此次進兵几準噶爾所屬之地阨子部落內伊所知

西陲塞地極廣烏嚕木齊及阨子諸

143.朔方備乘六十八卷首十二卷附中俄交界圖一幅俄羅斯

國全國圖一幅　〔清〕何秋濤撰　〔清〕黃彭年補　〔清〕

黃國瑾繪圖　　　　　　　　DS740.5.R9 H67 1881

　清光緒(1875—1908)石印本　八册一函附圖二幅

　　半葉十六行三十九字,小字雙行字同,無行格,白口,四
周單邊,單黑魚尾,半框高14.5釐米,寬10.3釐米。版心上鐫
書名,中鐫卷次及葉碼。有圖表。少量朱筆圈點。

　　內封題"賜名朔方備乘"。

　　卷端題"朔方備乘"。

　　卷首有咸豐帝御賜書名詔書,次有"朔方備乘叙,誥授
光禄大夫太子太保文華殿大學士直隸總督北洋欽差大臣一
等肅毅伯前翰林院編修李鴻章撰",言其囑黃彭年及畿輔志
局補綴及刻書事。

　　每卷末有校書人員名。

　　全書卷末有清光緒七年(1881)黃彭年跋,并曰"命子
編修國瑾先繪成俄國全國圖及中俄分界圖,與是書相輔而
行",署"光緒七年八月翰林院編修黃彭年謹跋"。

　　附中俄交界圖一幅,俄羅斯國全國圖一幅,署"光緒七
年正月蓮池居士記"(按,蓮池居士,黃彭年,時爲蓮池書院
主講)。

　　鈐"翔閣"朱文方印。

朔方備乘卷第一

聖武述略一

東海諸部內屬述略敘○臣秋濤謹案東海諸部今屬吉林省統轄地周二萬餘里古鞅鞨諸國境也○前代朔漠未賓幅幀不廣以鞅鞨蒙古爲我○聖朝○德教覃敷○天威遠震舉凡鞅鞨蒙古悉屬內地以俄羅斯爲北徼恭查○盛京通志載○盛京統部北至俄羅斯界五千一百餘里然○盛京北距吉林實不與俄羅斯相接惟吉林東北隅三姓之地與俄羅斯密邇三姓所屬打牲採捕諸部落卽舊時東海諸部慕○德嚮○化久爲編氓是則爲○盛京屛障者吉林也爲吉林根本者東海諸部也康熙年間羅刹侵擾至恒滋等地卽吉林所屬東海諸部舊疆此可見論北徼邊防不可不留意於東海炎欷惟我○朝○列聖柔遠殁民開疆益地凡最強最大之部落如蒙古塔部岡部皆隸○聨懷設官往治其事昭著惟東海諸部止設姓長鄉長未立專官是以○列朝戡定撫綏之偉績罕有知者異時道員臣趙翼撰○皇朝武功紀盛自康熙中征討三藩之役以後悉有述略而東海之事闕焉願後知州臣魏源撰○聖武記於征東海諸部事亦祇附見而未有紀之爲篇○臣秋濤不揣固陋敬考羣書以述其略誠知○大烈耿光昭垂億禩卽欲縋天賦海末由形似萬一輒以紀述○聖德自附於淸廟逋頌揚○神功追揚於車攻常武之什斯則歎忻抃舞之懷所不能自己者爾○東海諸部皆在長白山以東兵日山爲我○朝發祥之地松花江出爲北流至○神京古肅愼渤海文吉林又北轉東流合黑水爲混同江還霄古塔三姓以入東海水勢環抱拱橋○

朔方備乘　卷一　東海諸部內屬述略敘

二

144.西域水道記五卷　　　〔清〕徐松撰　　　　　　GB1338.S5 X87 1823

清刻本　五冊一函

半葉十一行二十八字，小字雙行字同，黑口，左右雙邊，單黑魚尾，半框高21.9釐米，寬15.3釐米。版心中鎸書名及卷次、葉碼。有圖。

內封題"西域水道記五卷"。

卷端題"西域水道記"。

卷首依次有"西域水道記序，賜進士出身榮禄大夫總督兩廣等處地方前編修國史館總纂鄧廷楨撰"；清道光三年（1823）龍萬育序，署"道光三年錦里龍萬育叙"；清道光元年（1821）徐松序，署"道光初元日南至郪徐松撰"；吉林英和、歸安葉紹本、南昌彭邦疇"題詞"。

西域水道記卷一

　羅布淖爾所受水上

羅布淖爾者黃河初源所停滀也

爾雅曰河出崑崙虛色白河圖始開曰崑崙之墟河水出四維崑崙者
岡底斯也里又國語謂雪為呢蟒依西番語謂之岡底斯底斯
此合西番語以名之也以下一統志西藏有岡底斯山在阿里地
凡言山者皆質言山不用方言
國語曰阿林蒙古語曰鄂拉问語曰塔克西番語曰
極西地名之達克喇城東北三百十里直陝西西寧府西南五千五百九十
餘里其山高五百五十餘丈周一百四十餘里四面峯巒陡絕高出平
衆山者百餘丈積雪如懸崖皓然潔白頂上百泉流注至山麓卽伏流
地下前後環繞諸山皆巉巖峭峻奇峯拱列卽阿耨達山也按辨機西
域記云瞻部洲之中地者阿那婆荅多池也在香山之南大雪山之北周八百里
注云阿那婆荅多池唐言無熱惱舊曰阿耨達池訛然則阿耨達山亦

　　　　　　　　　　西域水道記卷一　　　一

145.長春真人西游記二卷　　〔元〕李志常編　　　　DS707.L52 1847

清道光二十七年（1847）靈石楊氏刻本　一册一函

半葉十行二十三字，小字雙行字同，白口，四周單邊，單黑魚尾，半框高10.9釐米，寬7.6釐米。版心上鐫"西遊記"，中鐫卷次及葉碼，下鐫"靈石楊氏刊連筠簃叢書"。

内封題"長春真人西游記"。

牌記題"道光廿七年春靈石楊氏刊本道州何紹基題"。

卷端題"長春真人西遊記，門人真常子李志常述"。

卷首有"長春真人西游記序"，署"戊子秋後二日西溪居士孫錫序"。

卷上署"張穆校"，卷下署"何秋濤校"。

卷末有跋，署"乙卯閏二月辛亥晦竹汀居士錢大昕書""甲子十一月十八日硯北居士段玉裁識"；跋，署"道光二年四月大興徐松跋距長春真人歸抵金山之歲凡十一壬午矣"；跋，署"道光壬午秋七月桐鄉程同文"；跋，署"道光二年六月十三日陽湖董祐誠跋""道光二十七年四月十五日平定張穆記"。

所屬叢書:《連筠簃叢書》。

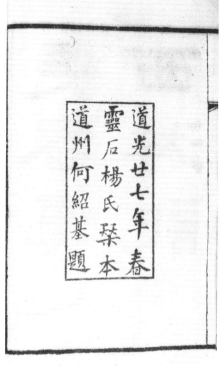

長春眞人西遊記卷上

門人眞常子李志常述

父師眞人長春子姓邱氏名處機字通密登州棲霞人未冠

出家師事重陽眞人而住磻溪龍門十有三年眞積力久學

道乃成暮年還海上戊寅歲之前師在登州河南屢欲遣使

徵聘事有齟齬遂巳明年住萊州昊天觀夏四月河南提控

邊鄙使至邀師同往師不可使者攜所書詩頌歸繼而復有

使自大梁來道聞山東爲宋人所據乃還其年八月江南大

師李公　全彭公　斌來請不赴爾後隨處往邀請萊之主者
　　　　義　　　斌

難其事師乃言曰我之行止天也非若輩所及知當有留不

146.凝香室鴻雪因緣圖記三集六卷　　　〔清〕麟慶撰　　　DS507.L46 1900z

清光緒十年（1884）上海點石齋石印本　六册一函

半葉二十行三十六字,小字雙行字同,無行格,白口,四周雙邊,單黑魚尾,半框高13.7釐米,寬10.4釐米。版心上鎸"鴻雪因緣圖記",中鎸卷名及葉碼,下鎸集次。有圖。

內封題"鴻雪因緣,見亭先生命題,戈載"。

牌記題"光緒十年暮春上海點石齋印,申報館申昌書画室發兌"。

目錄端題"凝香室鴻雪因緣圖記,長白麟慶見亭氏著"。

卷首依次有潘世恩序,署"道光二十九年秋八月吳縣潘世恩序";許乃普"序",署"道光己酉春正月年侍愚弟許乃普頓首拜序";阮元"鴻雪因緣圖記序",署"道光十九年十二月臘日通家侍生揚州阮元序";祁寯藻"鴻雪因緣圖記序",署"道光己亥八月愚弟祁寯藻拜撰";郎葆辰序,署"道光己亥歲仲夏受業郎葆辰拜撰";鍾世耀"鴻雪因緣圖記序",署"道光十九年己亥立夏日仁和鍾世耀謹序";王國佐"鴻雪因緣圖記後跋",署"道光十有八年仲冬之月受業王國佐拜撰"。

是書分三集。

一集。內封題"鴻雪因緣圖記弌集上,元和共之氏沈錦垣題""鴻雪因緣圖記弌集下,光緒甲申春王正月間潮館主人署"。

二集。內封題"鴻雪因緣圖記弌集上,共之沈錦垣署""鴻雪因緣圖記弌集下,吳下沈錦垣篆"。卷首依次有金安瀾"鴻雪因緣第二圖記序",署"道光辛丑秋八月年家子金安瀾拜撰";龔自珍序,署"道光二十一年歲次重光赤奮若孟秋上旬三日內閣後進仁和龔自珍頓首拜篆";趙廷熙序,末署"受業趙廷熙謹序"。

三集。內封題"鴻雪因緣圖記三集上,吳下沈錦垣題""鴻雪因緣圖記三集下,元穌學稼署"。卷首依次有阮亨"鴻雪因緣圖記三册序",署"道光二十九年秋八月世教弟阮亨謹撰";李肇增"鴻雪因緣第三集序",署"受業甘泉李肇增謹撰"。

全書卷末列"各處發售點石齋書籍圖畫碑帖及申報館書籍地址"。

鈐"馮稼"朱文方印、"太原"朱文圓印、"百越溫郎"白文方印。

鴻雪因緣

見亭先生　命題

戈載

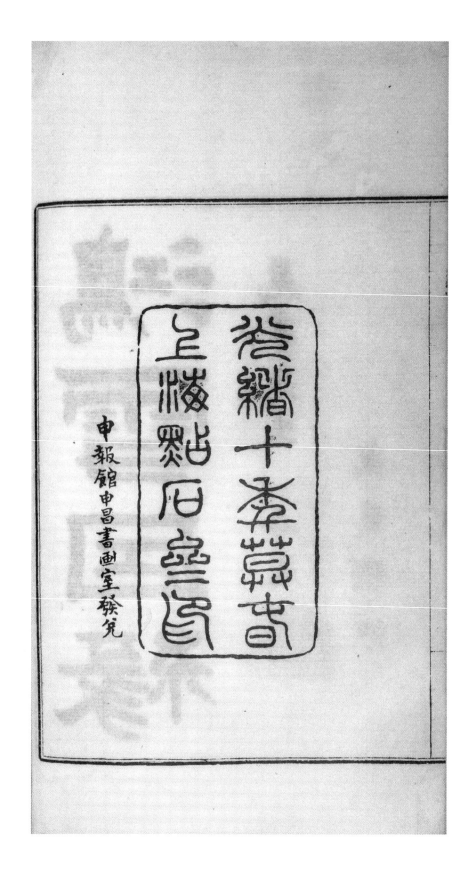

序

鴻雪因緣圖記者　前輩見亭先生之所撰也先生大定華胄
不咸世家挺淵角之殊姿曜山庭之異表游思六籍走筆千言
入驪窟而探珠取龍梭而織字凡經仁緯義之旨離堅合異之
談金版玉匱之藏辨河辨峯之輿靡不尋源委致遠鉤深故
其隨侍四方服官三紀游必有記記必有圖洵可補輿志之遺
訂山經之謬矣方　泰安公之官于浙也先生陟禹穴窺蘭亭
振衣於赤壁之霞浣筆於石梁之水江中孤嶼間釃仙舟湖上
六橋俱成畫本及　泰安公之官山左也先生搨經石峪鼓枻
明湖摩角端於孔林展犧象於闕里靈巖曉坐長嘯萬松之間
日觀宵躋高步扶桑之表既而策名省闥載筆華軒作循吏於
丹陽獲休徵於白嶽移官汴水重尋蕉葉之踪持節祥軻爭奉
椰瓢之酒嶽惟癸己開府南河謳生佛者萬家報安瀾者九稔

147.漢西域圖考七卷首一卷　　〔清〕李光廷撰　〔清〕潘平章繪　〔清〕李承緒重繪

DS7.L44 1882

清光緒八年（1882）陽湖趙氏壽諼草堂活字本　四册一函

半葉九行二十一字，小字雙行字同，白口，四周單邊，單黑魚尾，半框高17.6釐米，寬13.1釐米。版心上鐫書名，中鐫卷次及葉碼，下鐫“陽湖趙氏壽諼草堂”。有圖。墨筆圈點。

内封題“漢西域圖考，庚午九月陳澧篆”。

卷端題“漢西域圖考，番禺李光廷恢垣撰”“漢西域圖，番禺潘平章璧東繪，李承緒菱州重繪”。

卷首有清同治九年（1870）陳澧“漢西域圖考序”，署“同治庚午八月陳澧序”。次有“漢西域圖考目錄”。

首一卷爲“漢西域圖考凡例”“漢西域圖”“地球全圖”，末有清同治八年（1869）李光廷序，署“同治八年二月番禺李光廷并志”。

卷末有清光緒八年趙登詥跋，曰“爰命聚珍版重校刊之”，署“光緒壬午十二月陽湖趙登詥識”。

鈐“黃麟書印”白文方印。

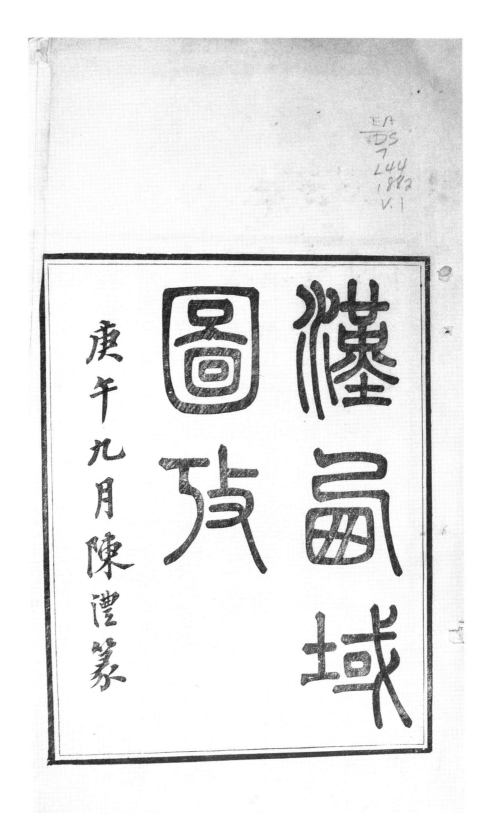

漢疆域圖攷

庚午九月　陳澧篆

漢西域圖考　目錄　　　一　陽湖祖氏

漢西域圖考卷之一

番禺李光廷恢垣撰

圖說

西域自漢孝武世始通中國張騫鑿空而後票騎將軍

破匈奴右部貳師將軍伐大宛聲威所及亭障開焉東

漢閉關絕使後因屢請都護自建武至延光之世三絕

三通蔥嶺而東疆里猶昔也其地初爲三十六國後稍

分爲五十餘皆在匈奴之西烏孫之南南北有大山中

央有河合注蒲昌海東接玉門陽關西限蔥嶺東西六

148.皇清地理圖不分卷 　　　〔清〕董祐誠撰　〔清〕胡錫燕補　〔清〕俞守義重補

清同治十年（1871）廣州萃文堂刻本　一冊一函

半葉十一行二十八字，無行格，白口，左右雙邊，單黑魚尾，半框高21.6釐米，寬14.5釐米。版心上鐫書名，中鐫卷次名及葉碼。有圖。

内封題"皇清地理圖"。

卷端題"皇清地理圖"。

卷末題"粤東省城龍藏街萃文堂刊刷"。

卷末有清咸豐六年（1856）胡錫燕跋，署"咸豐六年三月長沙胡錫燕伯薊識於廣州寓舍"；清同治十年（1871）俞守義跋，言重刻書事，署"同治十年十月番禺俞守義謹識"。

鈐"黄麟書印"白文方印。

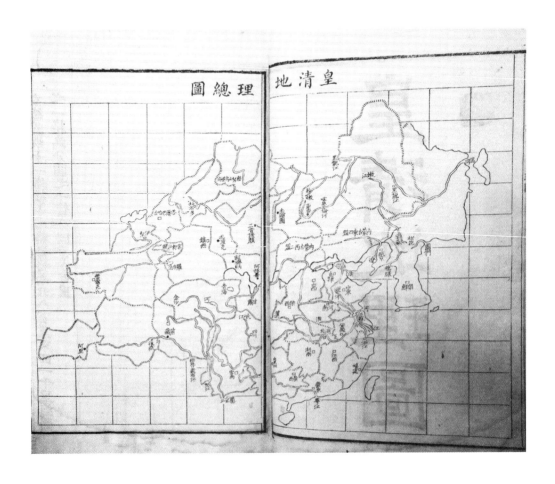

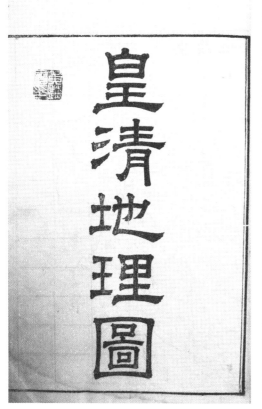

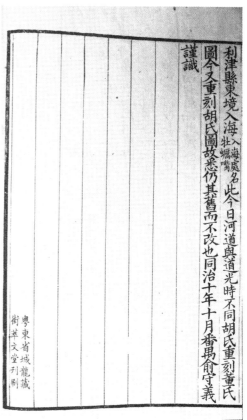

利津縣東境入海入海處名此今日河道與道光時不同胡氏重刻董氏

圖今又重刻胡氏圖故悉仍其舊而不改也同治十年十月番禺俞守義

謹識

粵東省城龍藏
街萃文堂刊刷

149.瀛環志略十卷 〔清〕徐繼畬撰 〔清〕陳俠君校訂 **續集四卷末一卷**

（英國）慕維廉纂 **補遺一卷** 題薛氏撰 〔清〕陳俠君校正 G115.X85 1898

清光緒二十四年（1898）老掃葉山房石印本 八册一函

半葉十八行四十四字, 小字雙行, 無行格, 白口, 四周單邊, 雙黑魚尾, 半框高16.8釐米, 寬11.7釐米。版心上鐫書名, 中鐫卷次及卷名, 下鐫葉碼及"掃葉山房"。有圖。

內封題"重校訂本, 瀛環志略, 壽州孫家鼐題"。

牌記題"光緒戊戌年秋月老掃葉山房石印"。

目錄端題"瀛環志略"。

卷首依次有"瀛環志略序", 署"道光己酉夏四月汶上年愚弟劉韻珂拜撰"; "序", 署"道光二十八年歲在著雍涒灘長洲愚弟彭蘊章拜撰"; "序", 署"道光二十八年歲次戊申秋七月福山鹿澤長謹序"。

卷末有陳慶偕"跋", 署"道光戊申秋八月會稽陳慶偕謹跋"; 徐繼畬跋, 署"道光戊申秋八月五臺徐繼畬識"。

附瀛環志略續集四卷末一卷補遺一卷。內封題"瀛環志略續編, 孫家鼐題"。牌記題"光緒戊戌年秋月老掃葉山房校印"。卷端題"瀛環志略續集""瀛環志略續集補遺, 薛氏原本, 陳氏校正"。卷首有"瀛環志略續集序", 署"光緒二十三年歲次丁酉清和月游五大洲人重識"。

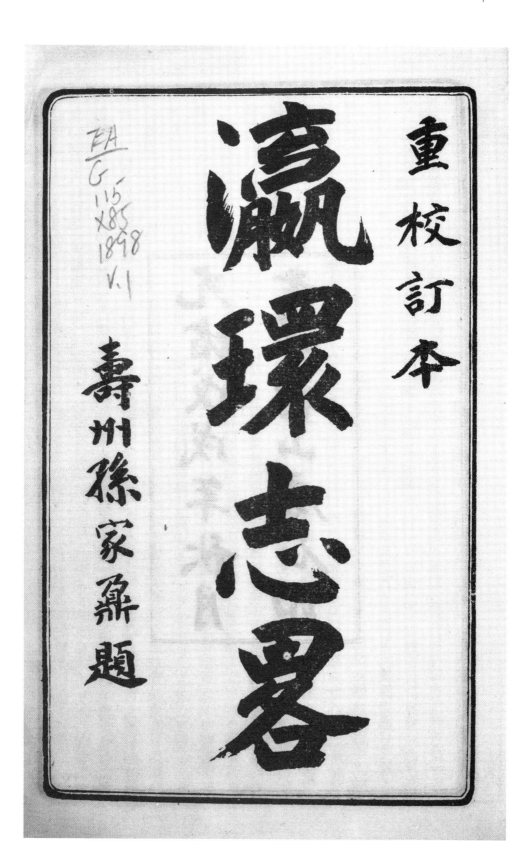

重校訂本

瀛環志畧

壽州孫家鼐題

光緒戊戌年秋月
老掃葉山房石印

150. 海國圖志一百卷　　〔清〕魏源撰　　**續集二十五卷首一卷**　　（英國）麥高

爾撰　（美國）林樂知等譯　〔清〕鄧鏗撰　　　　　　　　G141.W45 1895

清光緒二十一年（1895）上海積山書局石印本　十六册二函

　　半葉二十三行四十二字, 小字雙行字同, 無行格, 白口, 四周雙邊, 單黑魚尾, 半
框高16.8釐米, 寬12.2釐米。版心上鎸書名, 中鎸卷次、卷名及葉碼。有圖。

　　內封題“海國圖志一百卷, 錢塘洪葆榮書於海上”。

　　牌記題“光緒乙未季冬上海積山書局石印”。

　　卷端題“海國圖志, 邵陽魏源撰”。

　　卷首依次有“海國圖志原叙”, 署“道光二十有二載歲在壬寅嘉平月內閣中書邵
陽魏源叙于揚州”;“海國圖志後叙”, 署“咸豐二年邵陽魏源叙於高郵州”;“重刻
海國圖志叙”, 署“光緒元年歲在乙亥長至日湘陰左宗棠撰”。

　　附海國圖志續集二十五卷首一卷。內封題“海國圖志續集”。牌記題“光緒乙
未冬月上海書局石印”。卷首有清光緒二十年（1894）林樂知“序”, 署“光緒念年歲
次甲午春二月林樂知序”。卷端題“海國圖志續集卷首, 高麗洋關稅務司鄧鏗著,
一千八百八十九年”“海國圖志續集, 英國麥高爾輯著, 美國林樂知、寶山翟昂來
同譯”。

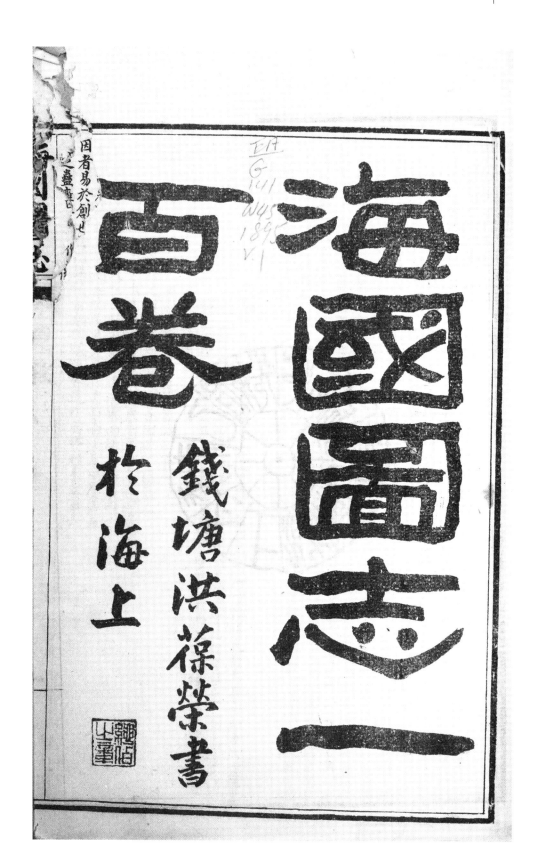

海國圖志一百卷

錢塘洪葆榮書

於海上

海國圖志卷之一

籌海篇一議守

邵陽魏源撰

自夷變以來悖幰所嘗畺埸所經營非戰即款即戰未有專主守者未有善言守者不
能守何以戰何以款以守為戰而後外夷服我調度是謂以夷攻夷以夷款夷自
守之第二一曰守外洋不如守海口守海口不如守內河二曰調客兵不如練土兵調水師不如練水勇攻夷
之策二曰調夷之仇國以攻夷師夷之長技以制夷款夷之策曰聽互市各國以款夷持鴉片初約二以通市

今議防堵者莫不曰禦諸內河不若禦諸海口禦諸海口不若禦諸外洋不知此適得其反也制敵者必使敵
失其所長夷所長者外洋乎內河乎吾之所禦者禦之海口者不過二端一曰礮擊一曰火攻夷之兵船大者長十丈
闊數丈聯以堅木澆以厚鉛旁列大礮二層我礮若僅中其艙旁則船在大洋乘水力活不過掁盪不破
不沉必中其桅與頭鼻方不能行駛即有火輪舟牽往別港連夜修治惟中其火藥艙始轟發翻沉絕無泅底
鑿沉之說其實難一若以火舟出洋焚之則底質堅厚焚不能然必以火箭噴筒鎔其帆索油薪火藥蟲其柁尾
頭鼻而夷船柁在船後我火舟未至早已舉棹駛避其二鹹遁則斬鎈彙樁而邀夷船
三五為帮分泊深洋四面棋布並非連檣排列我火船攻其一船則各船之礮皆可環擊并分遣杉船小舟救
援縱使晦夜乘潮突傷其一二終不能使之大創而我海岸礮臺長處處防其闖突則我勞賊逸合我分其
難三海戰在乘上風如使風潮皆順則催闉廣之大桅船大來艘外襲糟包亦可得勝鄭成功之破荷蘭明
汪鋐之破佛郎機皆偶乘風潮出其不意若久與交戰則海洋極家闒夷船善駛往往轉下風為上風我舟
即不能敵即水勇火雷亦止能泅攻內河淺水不能泅攻鹹洋其勢難四觀於安南兩次創夷底不返皆誘其
深入內河而後一面先擇淺狹要隘沉舟絙筏以過其前沙坦大礮以守其後而備下游椿筏以斷其後而後乘風
止禦上游一面駕火舟首尾而攻之齟齬蹉跎港中所造西洋水雷黑夜泅送船夷底出其不意一舉
而轟裂之夷船尚能如大洋之隨意駛避互相救應乎偏夷分兵登陸繞我後路則預掘暗溝以截其前層伏

151.新釋地理備考全書十卷　　（葡萄牙）瑪吉士輯譯　　　　G115.M26 1847

清道光二十七年（1847）刻本　六冊一函

半葉九行二十一字，小字雙行字同，無行格，黑口，左右雙邊，無魚尾，半框高
12.5釐米，寬9.7釐米。版心中鐫書名及卷次、葉碼，下鐫"海山仙館叢書"。有圖。

內封題"道光丁未鐫，外國地理備考，海山仙館叢書"。

卷端題"新釋地理備考全書，大西洋瑪吉士輯譯"。

鈐"謝剛國印"白文方印、"竹粉盦"朱文方印。

所屬叢書：《海山仙館叢書》。

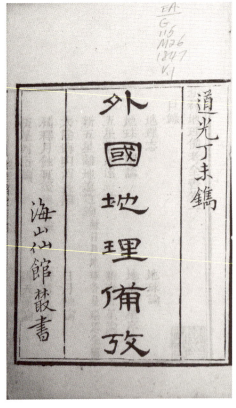
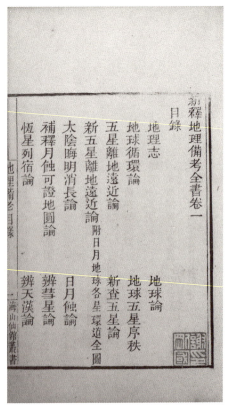

新釋地理備考全書卷一

大西洋瑪吉士輯譯

地理志

夫地理者地之理也蓋講釋天下各國之地式山川河
海之名目分爲文質政三等其文者則以南北二極南
北二帶南圜北圜二線平行上午二線赤寒溫熱四道
直經橫緯各度指示於人也其質者則以江湖河海山
川田土洲島灣峽內外各洋指示於人也其政者則以
各邦各國省府州縣村鎮鄉里政事制度丁口數目其

金石類

152.匋齋藏石記四十四卷首一卷匋齋藏甎記二卷　　〔清〕端方撰　　PL2447.T26 1908

清宣統元年（1909）上海商務印書館石印本　十二册二函

半葉十行二十五字，小字雙行字同，無行格，白口，四周單邊，單黑魚尾，半框高20釐米，寬12.8釐米。版心上鎸書名，中鎸卷次及葉碼。有圖。

內封題"陶齋藏石記"。

牌記題"宣統元年十月刊行"。

卷端題"匋齋藏石記"。

卷首依次有清宣統元年端方"陶齋藏石記序"，署"宣統元年十月涇陽端方書"；清龔錫齡序，署"宣統元年十月門下士湘陰龔錫齡謹識於上海商務印書館"。

附陶齋藏甎記二卷，內封題"陶齋藏甎記"，牌記題"宣統元年十月刊行"，卷端題"匋齋藏甎記"。卷首有清端方序，署"涇陽端方"。卷末有清龔錫齡跋，署"龔錫齡附記"。

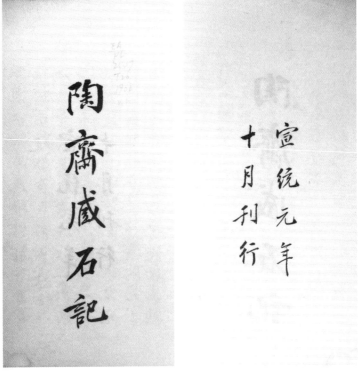

匋齋臧石記卷一

漢一　新莽坿

本始甄泉笵　以下西漢

殘甄高四寸二分寬六寸二分字徑二分彊二行分書陽文反
寫傳形下有五銖泉式三枚一戤左下角面穿上有一橫畫其
二枚竝戤大半一戤存五字一戤存銖字

本始三秊九月甲子造

申工長壽　兩行竝反寫

右本始甄泉笵文曰申工長壽曰申工者當是工人申姓鎣
書言府弩機銘有郭工鍛賢見積古齋申工猶言郭工而長
壽其名也鎣書食貨志自孝武元狩五秊三官初鑄五銖錢

153.昭陵碑録三卷附校録札記一卷　　〔清〕羅振玉輯　　PL2448.L864 1908

清宣統元年(1909)番禺沈氏刻本　二册一函

半葉十一行二十一字,小字雙行字同,黑口,四周單邊,無魚尾,半框高13.1釐米,寬10.2釐米。版心中鐫"昭"及卷名、葉碼,下鐫"晨風閣"。附録有表。

内封題"昭陵碑録三卷附録一卷"。

卷端題"昭陵碑録,上虞羅振玉校録"。

卷首有清光緒三十四年(1908)羅振玉"序目",署"光緒戊申九月上虞羅振玉"。

附校録札記一卷。

鈐"艮成"朱文方印。

所屬叢書:《晨風閣叢書》。

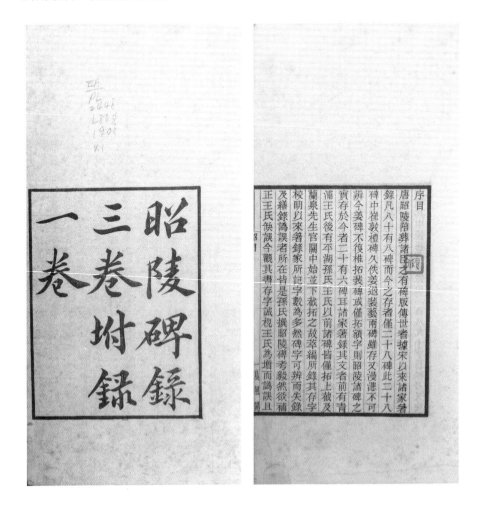

昭陵碑錄卷上

　　　　　　　　上虞　羅振玉　校錄

溫彥博碑

碑三十六行行七十七字正書額題唐故特進尚書
右僕射虞恭公溫公之碑十六字篆書在醴泉縣此
二十五里烟霞洞
西昭陵南十里

唐故特進尚書右僕射上柱國虞恭公溫公碑原空十
格接

人銜名　　　　　　　　　　　　　　　　　書撰

中書侍郎騎都尉江陵縣開國子岑文本□
銀青光祿大夫□□□□□□□□渤海縣男歐陽詢

　書

昔者帝媯升廡九官奮其庸有周誕命六卿揚其職國
〔二〕溫彥博碑　　　　　　　　　　　　　　一晨風閣

目錄類

154. 子略四卷目一卷 〔宋〕高似孫撰 〔清〕張海鵬訂 Z3106.G26 1804
清末刻本 一冊

半葉九行二十一字，小字雙行字同，黑口，左右雙邊，無魚尾，半框高19.2釐米，寬13.8釐米。版心中鎸書名及卷次、葉碼，下鎸"照曠閣"。有表。

內封題"子略"。

卷端題"子略，高氏似孫續古"。

卷首依次有"欽定四庫全書提要"及"子略序"。附子略目一卷，卷端題"子略目，宋高似孫續古撰，昭文張海鵬若雲訂"。

卷末有清嘉慶九年（1804）張海鵬跋，署"嘉慶甲子夏五張海鵬跋"。

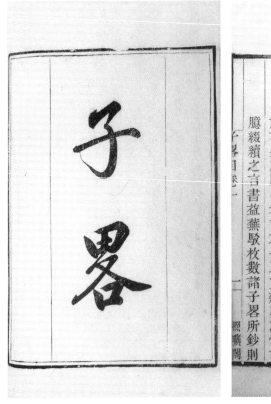

子畧卷一

高氏　似孫　續古

黃帝陰符經

觀天之道執天之行盡矣故天有五賊見之者昌五賊

在心施行於天宇宙在乎手萬化生乎身天性人也人

心機也立天之道以定人也天發殺機日月星辰地發

殺機龍蛇起陸人發殺機天地反覆天人合發萬變定

基性有巧拙可以伏藏九竅之邪在乎三要可以動靜

火生於木禍發必尅姦生於國時動必潰知之修練謂

155.藏書紀事詩六卷　　〔清〕葉昌熾撰　　　　　　　　Z988.Y4 1897

清光緒二十三年（1897）江標刻朱印本　六冊一函

半葉十一行二十三字，小字雙行字同，紅口，左右雙邊，單紅魚尾，半框高15.9釐米，寬12.2釐米。版心中鐫"藏書"及卷次、葉碼。

外封題"藏書紀事詩，元和江氏刻本"。

內封題"藏書紀事詩，弟子江標謹校刻"。

牌記題"丁酉十一月刊成于長沙學使署"。

卷端題"藏書紀事詩，長洲葉昌熾"。

卷首依次有江標序，署"光緒二十三年丁酉十月受業江標謹記於長沙使院之萱圃"；王頌蔚"序"，署"光緒辛卯孟陬同邑王頌蔚撰"。

卷末有劉肇隅跋，署"丁酉十月湘潭劉肇隅謹識于學院廣學海堂"。

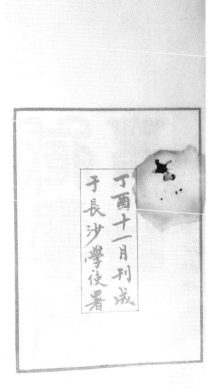

藏書紀事詩卷一

長洲葉昌熾

蜀本九經最先出後來孳乳到長興蒲津毋氏家鏹造海內

通行價倍增　毋昭裔守素

宋史毋守素性好藏書在成都令門人句中正孫逢吉書

文選初學記白氏六帖鏤版守素齋至中朝行於世焦

氏筆乘唐末益州始有墨版多術數字學小書而已蜀毋

昭裔請刻版印九經蜀主從之自是始用木版摹刻六經

景德中又摹印司馬班范諸史竝傳於世　又云蜀相毋

公蒲津人先為布衣嘗從人借文選初學記多有難色公

歎曰恨余貧不能力致他日稍達願刻板印之庶及天下

學者後公果顯於蜀乃曰今可以酬宿願矣因命工日夜

藏書一

子部

儒家類

156. 帝範四卷　　〔唐〕太宗李世民撰　　　　　　JC381 .T24 1900

清抄本　一冊一函

半葉十行二十一字，小字雙行字同，無邊框行格。版心上題書名，中題卷次，下題葉碼。

外封題"帝範，全部四卷"。

卷端題"帝範，唐太宗文皇帝撰"。

卷首有"帝範提要"，署"乾隆三十八年四月恭校上，總纂官編修臣紀昀、郎中臣陸錫熊、纂修官編修臣林澍蕃"。次有"帝範序"，題"唐太宗文皇帝撰"。

帝範卷一

唐太宗文皇帝撰

帝者，天之一名也。以形體謂之天，以主宰謂之帝，以通遠舉事謂之帝。

審諦也，帝既謂天之帝，又名察以道者。三皇帝居先，是皇五，何優於帝。

或曰諦也。帝既言之天之帝，一名而以道者，但以不能以為優過天，何則以帝、以五帝、何有三皇為優。

過於天，三皇以不能以為優過天，何則以帝、以五帝、何以有三皇為，故知人皇但。

優而同也。或曰三皇與帝無為，名以不為優過天，以有為何則以帝、以五帝、何以為人皇但故。

而同，天曰天皇，抑劣不同得帝，以有為何則以帝、以五帝、何有三皇為，故知人皇但故。

謂之道，既為王道盡故不隱也。外禮隨時運，親日即大之王，與帝總三而論之，順以帝逐實跡為聖人，故名也。

内謂之道，既為王道盡故不隱也。外禮隨時運親，日即大之王，與帝總三而論之，順以帝逐實跡為聖人，故名也。但

優以遂而三同，日天皇王無為，抑劣而不同得道之盡。其行三聖用王下，雖為實逐之跡，即則帝名也。

大道之，既為王道，各其名號謂之美也，即帝與帝總三而論之，順以帝逐實跡為聖人，故名也。

不同，故不隱也。各親其運，親日即大之道與帝總三而論之，順以帝逐實跡為聖人故名也。

則正謂之，故天不得其名號，然謂之王者，大也。王者總三而論天地人，以帝一以貫其

中謂盡道，既隱外禮隨運，親日即大之王，與帝總三而論之，順以帝逐實跡為聖人故名也。

三範法也，言可以為帝王之法式，故名之帝範以

157.寶顏堂訂正省心録一卷　　〔宋〕林逋撰　　〔明〕陳繼儒　陳天保校　**附漁樵**

對問一卷　　〔宋〕邵雍撰　　　　　　　　　　　BJ1595.L56 1843

日本天保十四年（1843）爰止居刻本　一册一函

半葉九行二十字，無行格，白口，四周單邊，無魚尾，半框高19.3釐米，寬15釐米。版心上鎸"省心録""漁樵對問"，中鎸葉碼，下鎸"爰止居藏"。

外封題"林和靖省心録邵康節漁樵對問合刻"。

内封題"天保癸卯新刻，林和靖省心録、邵雍漁樵對問，平安爰止居藏"。

卷末牌記題"發行書林，江户須原屋茂兵衛、山城屋佐兵衛、岡田屋嘉七，尾州永樂屋東四郎、菱屋藤兵衛、美濃屋伊六，大坂河内屋喜兵衛、秋田屋太右衛門、河内屋茂兵衛、敦賀屋彦七，京大文字屋勝助、堺屋仁兵衛、林芳兵衛"。

卷端題"寶顏堂訂正省心録，宋林逋君復著，明陳繼儒仲醇、陳天保定之校"。

卷首依次有日本天保十三年（1842）"序"，言刻書事，署"天保壬寅十月上浣尾張宇津木益夫識"；明嘉靖十二年（1533）"省心録序"，署"嘉靖癸巳秋七月吉海寧許相卿叙"。

卷末有桑世海撰林逋傳。

漁樵對問卷首有日本天保十四年序，言合刻書事，署"天保癸卯正月上浣尾張宇津木益夫識"。次有邵雍傳。

鈐"金田氏圖書記"朱文方印。

天保癸卯新刻

林味清省心錄

邵雍漁樵對問

平安

爰止居藏

發行書林

江戸　尾州　大坂　京

須原屋茂兵衛
山城屋佐兵衛
岡田屋嘉七

永樂屋東四郎
菱屋藤兵衛
美濃屋伊六

河内屋喜兵衛
秋田屋太右衛門
河内屋茂七
敦賀屋彦七

大文字屋勝助
林堺屋芳兵衛
仁兵衛

寶顏堂訂正省心錄

宋　林逋君復著

明　陳繼儒仲醇校

　　陳天保定之

聞善言則拜告有過則喜有聖賢之氣象

坐密室如通衢馭寸心如六馬可以免過

心不清則無以見道志不確則無以立功

天下有甚於饑渴飲食之道而世或以名稱己或以

為能事哀哉臣之忠子之孝弟之悌是也孔子以文

省心錄

一一　文上呂咸

158.三字經注解備要二卷　　　〔宋〕王應麟撰　　〔清〕賀興思注

清刻本　一册一函

半葉九行二十一字, 白口, 四周雙邊, 單黑魚尾, 半框高17釐米, 寬11.9釐米。版心上鎸書名, 中鎸卷次, 下鎸葉碼。

卷端題 "三字經注解備要, 俊儀王應麟伯厚先生手著, 衡陽晚學賀興思先生注解, 岳門朗軒氏較正"。

卷首有序, 不題撰者; 次有 "原序", 署 "同治十年歲次辛未季春之月至善社主人識"。

存一卷: 卷一。

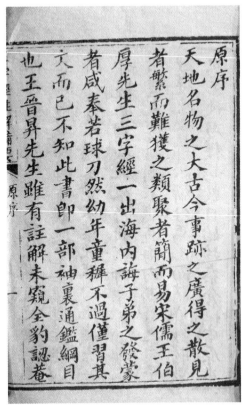
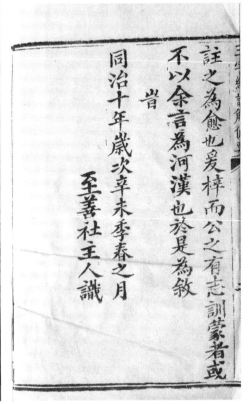

三字經註解備要　上卷

俊儀王應麟伯厚先生手著

衡陽晚學賀興思先生註解

岳門朗軒氏較正

人之初　性本善

註 人汎指眾人也初是有生之初性是性理之性與下性情性字不同此兩句乃立教之初發端之始也蓋天以陰陽五行化生萬物氣以成形而理即賦焉是

道家類

159.玄學三書九卷　　　〔宋〕李道純等注　　　　　BL1900.H7 1910
清抄本　一册一函

半葉十四行二十四字, 小字雙行字同, 無邊框行格。

外封題 "玄學三書"。

卷一卷端題 "玄學三書清静一, 常清静經, 太上著, 都梁參學清庵瑩蟾子李道純注"。

卷二卷端題 "玄學三書清静二, 靈寶定觀經, 太上著, 第九洞天妙谷中和子趙一始輯"。

卷三卷端題 "玄學三書清静三, 赤文洞古經, 太上著, 龜山長笙子注"。

卷四卷端題 "玄學三書清静四, 太上大通經, 太上著, 都梁參學清庵瑩蟾子李道純注"。

卷五卷端題 "玄學三書清静五, 無上玉皇心印經, 無上玉皇著, 宜春參學弟子臣李簡易注"。

卷六卷端題 "玄學三書清静六, 胎息經, 高上玉皇著, 唐幻真先生注"。

卷九卷端題 "玄學三書清静九, 入藥鏡, 至一真人崔公希範著, 第九洞天妙谷趙一始集注"。

存七卷: 卷一至六、九。

書名據外封題。

玄學三書

玄學三書清靜一

常清靜經

太上著　　　　　　　都梁泰學清庵瑩蟾子李道純註

老君曰、大道無形、生育天地、大道無情、運行日月、大道無名、長

養萬物、吾不知名其強名曰道、

總言可道即非常道、既不可道、何以名道噫只這道之一字、

己道了也、視之不足見、聽之不足聞、摶之不可得、用之不可

既惟惚惟恍、不屬聲聞、曰希曰夷、無有空體、若作聲聞會不

足以成道、若作定體會求、不足以應變、道雖無形因天地生

育其形可見、道雖無情推日月運行、其情可察、道雖無名窮

萬物長養其名可立、易繫云、在天成象、在地成形、變化見矣、

非道之形乎、又曰鼓之以雷霆、潤之以風雨、日月運行一寒

一暑非道之情乎、又曰乾道成男坤道成女非道之名乎道

本無名聖人強名道者通天天下之萬變歸天下之殊途坦平

玄學三書清靜二

靈寶定觀經

太上著

第九洞天妙谷中和子趙一始輯

靈者、神也。在天曰靈寶者、珍也。在地曰宝天有靈化神用不

測則廣覆無边。地有象宝。游養群品則厚載萬物、言此徑如

天如地能覆載有靈有宝功德無窮證得此心、故曰靈宝。

定者心定也。如地不動觀者、慧觀也。如天常照定体無念慧

照無边定慧等修故名定觀。

天尊告左玄真人曰

左者定心玄者深妙也真者純也。一而無雜人者通理達性

之人也。曰者語辞也。

夫欲修道、

進趣之心、名為修道。

先能捨事、

兵家類

160. **素書一卷** 〔漢〕黃石公撰 〔宋〕張商英注 U101.H825 C43 1910

清抄本 一冊一函

半葉十行二十七字，小字雙行字同，無邊框行格。版心中題書名及葉碼。

外封題"黃石公素書一卷"。

卷端題"素書，漢黃石公撰，宋張商英注"。

卷首有宋張商英"素書序"，署"宋張商英天覺撰"。

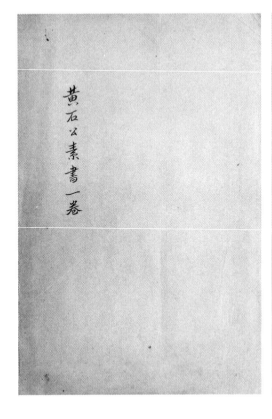

素書　漢黃石公撰　　　　　　宋張商英注

原始章第一

夫道德仁義禮五者一體也　離而用之則有五合而渾之則為一一所以貫五五所以衍一

道者人之所蹈使萬物不知其所由　道之衣被萬物廣矣大矣一動息一出處一飲食大而八絃紘之表小而芒芥之內何適而非道也仁不足以名故仁者見之謂之仁智不足以盡故智者見之謂之智百姓不足以見故曰用而不知也

德者人之所得使萬物各得其所欲　欲有求之謂欲欲而不得非德之至也求於規矩者得方圓而已矣求於權衡者得輕重而已矣求於德者無所欲而不得君臣父子得之以為君臣父子昆蟲草木得之以為昆蟲草木大得以成大小得以成小邇之一身遠之萬物無所欲而不得也

仁者人之所親有慈惠惻隱之心以遂其生成　仁之為體如天天無不覆如海海無不容如雨露無不潤慈惠惻隱所以用仁者也非親於天下而天下自親之無一夫不獲其所無一物不獲其生書曰鳥獸魚鼈咸若敷彼行葦牛羊勿踐履其仁之至也

義者人之所宜賞善罰惡以立功立事　理之所在謂之義順理而決斷所以行義賞善罰惡義之理也立功立事義之斷也

禮者人之所履夙興夜寐以成人倫之序　禮履也朝夕之所履踐而不失其序者皆禮也言動視聽造次必於是放辟邪侈從何而生乎

農家農學類

161.御製耕織圖二卷 〔清〕焦秉貞繪 〔清〕聖祖玄燁題詩

S471.C6 Q426 1900z

清末石印本 二册一函

半葉七行二十二字, 小字雙行字同, 無行格, 白口, 四周雙邊, 單黑魚尾, 半框高19.8釐米, 寬12.8釐米。版心上鐫書名, 中鐫卷次、卷名, 下鐫葉碼。有圖。

目録端題 "御製耕織圖"。

卷首有清康熙三十五年(1696) "御製耕織圖序", 署 "康熙三十五年春二月社日題"; 含 "耕目" 二十三圖、 "織目" 二十三圖。

鈐 "閒檢時文" 白文橢圓印。

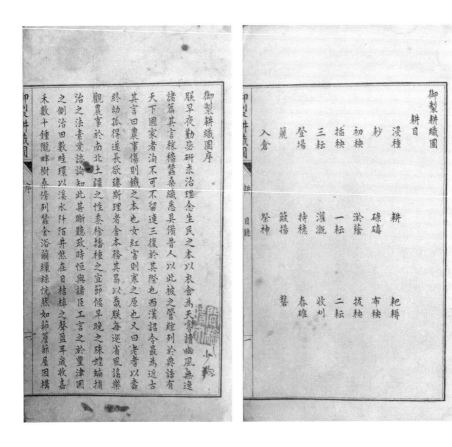

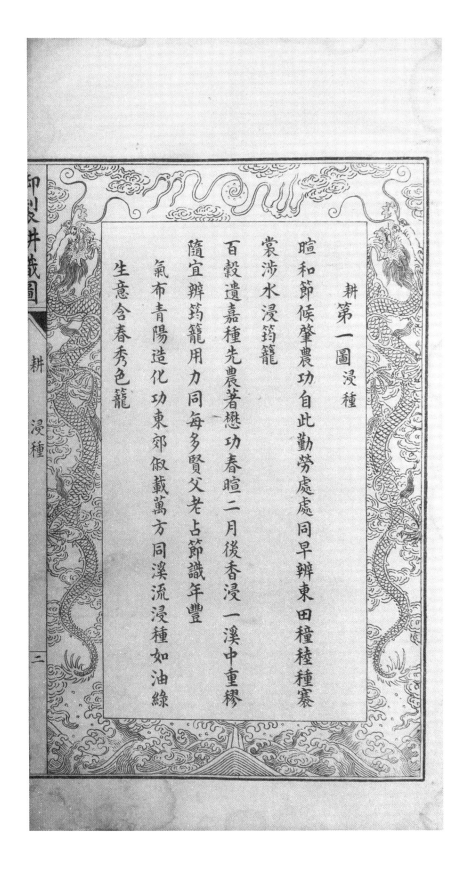

耕　第一圖　浸種

暄和節候肇農功　自此勤勞處處同　早辦東田種種蓑

裳涉水浸筠籠

百穀遺嘉種先農著懋功　春暄二月後香浸　一溪中重穆

隨宜辦筠籠用力同　每多賢父老占節識年豐

氣布青陽造化功東郊俶載萬方同　溪流浸種如油綠

生意含春秀色籠

耕

浸種

二

162.蘭蕙同心録二卷　　〔清〕許鼐龢撰　　　　　　SB409.X8 1891

清光緒十七年（1891）竟芳仙館石印本　二册一函

行字不等，無邊框行格。有圖。

内封題"光緒十七年春景修，蘭蕙同心録，竟芳仙館藏"。

卷端題"蘭蕙同心録，秀水羹梅許鼐龢著"。

卷首有"蘭蕙同心録序"，署"光緒十有六年歲在庚寅孟夏菖蒲生日日廣州許應鑅序於後樂園紉秋室"；"蘭蕙同心録叙"，署"歲在著雍攝提格月在則且嘉興文谿叟書於魏塘寓廬"；序，署"光緒六年歲在庚辰暮春之初，愚小弟沈亮和拜手"；"自序"，署"同治四年百花生日新塍柿林鄉小蓬萊吟花逸史羹梅許鼐龢書於竟芳仙館"。後有"凡例"；"許韻琴先生像，潘振節畫"，署"咸豐乙卯長夏姻愚弟殷壽彭書於嶺南學署，辛卯正月孫壬培敬沐縮摹"。

卷末有清光緒十六年（1890）"跋"，署"光緒庚寅春暮愚弟沅陵吳文元書於虎林之湖墅寓齋"；清光緒十七年（1891）跋，署"光緒十有七年春王正月男階蘭謹識，乙卯春二月俊薌李鎬敬録"。

鈐"張瑞京"白文方印、"瑞京戊子前所得"朱文方印。

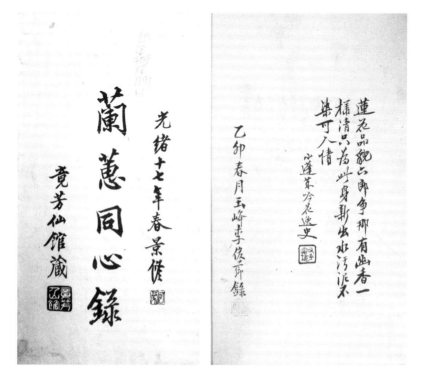

蘭蕙同心錄序

彭澤思歸靜賞籬邊之趣襄易高隱閉尋
雲裡之梅曰詠寓畫詠摩詰之芒葉即景
於利祿名滾之場奇天涯杪曠境或阻
懷人對靈宇豈必畸人或耽於琴詞
梅酒性之所近情不能移則有霽樓茂才
吾家卅重當世汝南系山高陽家居橋李
好古獨沒味道得脾番皆庫序之聲風擅

蘭蕙同心錄

　　　　　秣陵吳梅許飛繡著

耕花宜

蘭蕙當階生家庭有餘慶灌溉勤護於藉此可养性頭
形爻八桎品題摩嘉名此中賞音者相對自怡情

玩花宜

小閣疏窗開和風局瑤琴得意自怡言亭午日靜坐有
宴訪同嗜春來與獨酌竟芳論契合茗碗佐清談

養花忌

雜家類

163.子華子二卷　　　　（周）程本撰　　　　　　　　　B126.P35163 1747

日本延享四年（1747）浦衛興刻本　　二册一函

　　半葉九行十八字，白口，四周雙邊，單黑魚尾，半框高19.9釐米，寬14.8釐米。版心上鎸書名，中鎸卷次，下鎸葉碼。書眉鎸評。

　　内封題"子華子，浪華書房，文榮堂藏"。

　　卷端題"子華子"。

　　卷首依次有日本延享四年"重刻子華子序"，言其刻書事，署"延享丁卯二月石陽浦衛興淳夫撰"；漢劉向"子華子序"。

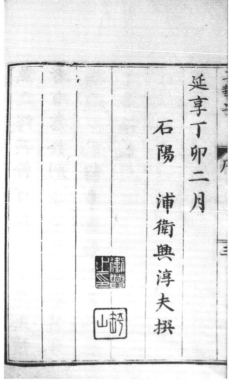

子華子上卷

陽城胥渠第一

陽城胥渠因北宮子以見子華子曰胥渠願有
所謁也夫太初胚胎萬有權與風轉三二
六六誰究誰使夫子聞諸故記者審矣其有以
識也胥渠願承其餘子子華子曰噫嘻本何足以
識之請以嘗試言之而子亦嘗試而聽之夫混
茫之中是名太初寶生三氣上氣曰始中氣曰
元下氣曰玄玄資於元元資於始始資於初太

雜著類

164.意林五卷　　〔唐〕馬總撰　　**補遺一卷**　　〔清〕張海鵬撰　　AC149.M23 1877
清光緒三年（1877）湖北崇文書局刻本　二冊一函

半葉十二行二十四字，小字雙行字同，黑口，四周雙邊，雙黑魚尾，半框高19.2釐米，寬15釐米。版心中鎸卷次及書名、葉碼。

內封題"意林"。

牌記題"光緒三年三月湖北崇文書局開雕"。

卷端題"意林，唐馬總撰"。

卷首有"欽定四庫全書提要"。次有唐戴叔倫、柳伯存"原序二首"，分別署"貞元二十年五月二十一日也撫州刺史戴叔倫撰""貞元丁卯歲夏之晦文廢廋河東柳伯存重述"。

附意林補遺一卷。卷端題"意林補遺，說郛本錄出，昭文張海鵬增訂"。

卷末有清嘉慶九年（1804）張海鵬"跋"，署"嘉慶甲子冬抄虞山張海鵬識"。

鈐"頌平"白文長方印、"小字牛奴"朱文方印、"王牛之印"白文方印。

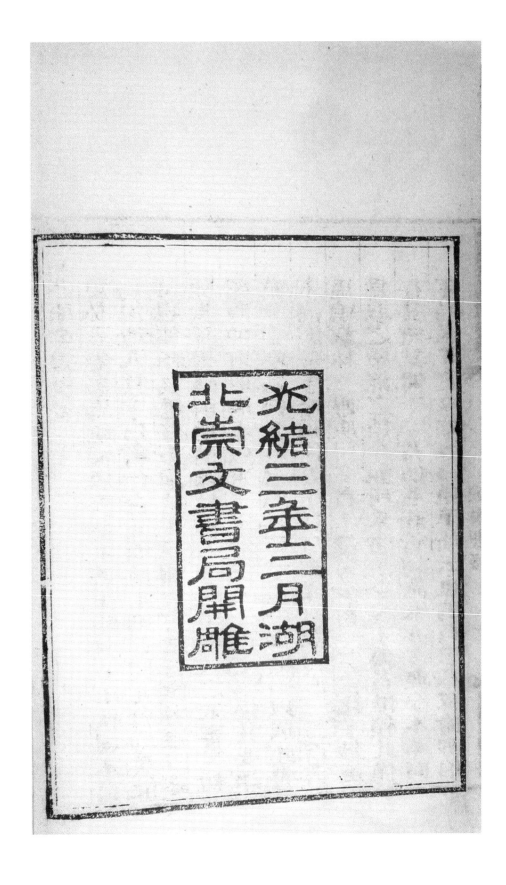

意林卷一

唐　馬　總　撰

鬻子一卷藝文志云名熊著子二十二篇今一卷六篇

發政施令為天下福謂之道上下相親謂之和不求而得謂之
信除天下之害謂之仁信而能和者帝王之器聖王在位百里
有一士猶無有也王道衰千里一士則猶比肩也

知善不信謂之狂知惡不改謂之惑

昔文王見鬻子年九十文王曰嘻老矣鬻子曰若使臣捕虎逐
麋臣已老矣坐策國事臣年尚少

太公金匱二卷

武王問太公曰殷已亡其三人今可伐乎太公曰臣聞之知天
者不怨天知己者不怨人先謀後事者昌先事後謀者亡且天

165.日知録集釋三十二卷刊誤二卷續刊誤二卷　　　〔清〕顧炎武撰　〔清〕黃汝成

集釋　　　　　　　　　　　　　　　　　　　　　　AC150.K833 H83 1869

清同治八年（1869）廣州述古堂刻本　十六册二函

半葉十一行二十二字，小字雙行字同，黑口，左右雙邊，雙黑魚尾，半框高18.4釐

米，寬13.1釐米。版心中鐫“日釋”及卷次、葉碼。

內封題“日知録集釋三十二卷”。

牌記題“同治八年冬廣州述古堂重刊”。

卷端題“日知録集釋，崑山顧炎武著，嘉定後學黃汝成集釋”。

卷首依次有“欽定四庫全書提要”；清道光十四年（1834）黃汝成序，署“道光

十四年五月嘉定後學黃汝成叙録”；清康熙三十四年（1695）潘耒“原序”，署“康

熙乙亥仲秋門人潘耒拜述”；“先生初刻日知録自序”。目録前有自序，署“東吳顧炎

武”。卷一末署“金陵劉漢州鐫”。

附日知録刊誤二卷。內封題“日知録刊誤二卷”。牌記題“同治八年冬廣州述古

堂重刊”。卷端題“日知録刊誤，嘉定黃汝成潛夫氏撰”。卷首有“日知録刊誤序”，署

“道光十五年二月望日嘉定黃汝成潛夫氏書于西谿草廬東之袖海樓”。

附日知録續刊誤二卷。內封題“日知録續刊誤二卷”。牌記題“同治八年冬廣州

述古堂重刊”。卷端題“日知録續刊誤，嘉定黃汝成潛夫氏撰”。卷首有“日知録續刊

誤序”，署“道光十六年九月朔日嘉定黃汝成潛夫氏書于西谿之袖海樓”。卷末有跋，

署“番禺陳璞”。

鈐“肥城張氏珍藏”朱文方印、“郝”白文方印、“利塘字曰子垣”朱文長方印。

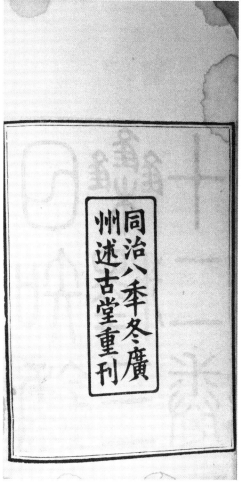

日知錄集釋卷一

崑山顧炎武著

嘉定後學黃汝成集釋

三易

夫子言包羲氏始畫八卦不言作易而曰易之興也其於中古乎又曰易之興也其當殷之末世周之盛德邪當文王與紂之事邪是文王所作之辭始名爲易而周官大卜掌三易之法一曰連山二曰歸藏三曰周易連山歸藏非易也而云三易者後人因易之名以名之也〔雷氏曰伏羲畫卦自兩儀生四象而四象生八卦而萬物之理悉自四象而進左旋而位于西南于是震之象以立又以乾元用九消息之而十二辟卦之象也神農詳于伏羲氏之所以爲易者也連山者神農氏之易也

函自八卦而重之相錯相盪陽動而右轉首而位于西南北而動而四時帝出平震兌正于東西坎離正于西北正陰消

易也而云三易者後人因易之名以名之也

息之所以爲易者也連山之象以成六十四卦之象也神農詳于伏羲氏之辨

日知錄栞誤卷上　　　　　　嘉定黃汝成潛夫氏譔

目次

卷之一

成有渝无咎罔孚裕无咎无諸本並誤无裕並誤裕今

改

卷之三

何彼穠矣穠諸本並誤禮　王欲玉女女諸本並作汝

今改

卷之四

王子虎卒卒諸本並脫今補

166.群書拾補初編三十七卷　　〔清〕盧文弨撰　　　　　PL2261.L88 1887

清光緒十三年（1887）上海蜚英館石印本　七册一函

　　半葉十行二十一字，小字雙行字同，白口，左右雙邊，單黑魚尾，半框高15.3釐米，寬10.9釐米。版心上鎸叢書名"群書拾補"，中鎸子目書名及卷次、葉碼，下鎸"抱經堂本"。有表。

　　内封題"群書拾補，孟悔高邑書於小逍遥館"。

　　牌記題"光緒丁亥十月朔上海蜚英館石印"。

　　目錄端題"群書拾補初編"。

　　卷首依次有清乾隆五十五年（1790）錢大昕序，署"庚戌五月同館後學嘉定錢大昕書"；清乾隆五十二年（1787）盧文弨"群書拾補小引"，署"乾隆五十二年八月丁巳杭東里人盧文弨書於鍾山書院時年七十有一"；"群書拾補初編目錄"；"群書拾補審定善本姓氏"，署"長男慶詒再培、姪孫登俊良士同校"；

　　序文後鎸"江寧劉文奎鎸"。

羣書拾補

目錄

一

抱經堂本

167.靈徵録二卷　　　〔清〕劉毓奇　趙蔭萱輯　　　　RS73.L58 L5 1894

清光緒二十年（1894）毘陵何氏刻本　一册一函

半葉九行二十一字，小字雙行字同，白口，左右雙邊，單黑魚尾，半框高16.6釐米，寬12.5釐米。版心上鎸書名，中鎸卷次名，下鎸葉碼。有圖。

内封題"光緒甲午春月，靈徵録，毘陵何氏敬刊"。

牌記題"常州陽邑廟神醫殿藏板"。

目録端題"靈徵録，陽湖劉毓奇秀峰、武進趙蔭萱蔚庭同編輯"。

卷首依次有"序"，署"時在光緒十九年歲次昭陽大荒落秋九月鎮浙將軍蘇完吉和書於藹然軒"；"序"，署"光緒歲次癸巳中秋上浣知常州府事長白子霈桐澤"；"序"，署"光緒癸巳冬十二月先立春一日無錫鮮民劉繼增"；"序"，署"光緒十九年小陽之月陽湖朱儀訓謹序"；"序"，署"時在光緒十有九年十月陽湖張鶴齡謹序"；"序"，署"光緒十九年季秋陽湖劉毓奇謹序於白雲溪上雙桂書屋"。

卷末有"跋"，署"光緒甲午中秋武進趙蔭元謹跋"。

靈徵錄目錄

陽湖劉毓奇秀峯

武進趙蔭萱蔚庭　同編輯

靈徵錄　目錄

一

168.步天歌一卷輿地略一卷括地略一卷讀史論略一卷　　　〔清〕佚名撰

DS706.P8 1900

清刻本　一冊一函

半葉十一行二十四字，小字雙行字同，黑口，左右雙邊，雙黑魚尾，半框高18.4釐米，寬13.9釐米。版心中鐫書名及葉碼。有圖。

卷端分別題"步天歌""輿地略""括地略""讀史論略"。

外封題識"步天謌、輿地略、括地略、讀史論略，右書四種童蒙可讀之書，乙亥歲暮德化李少微記"。

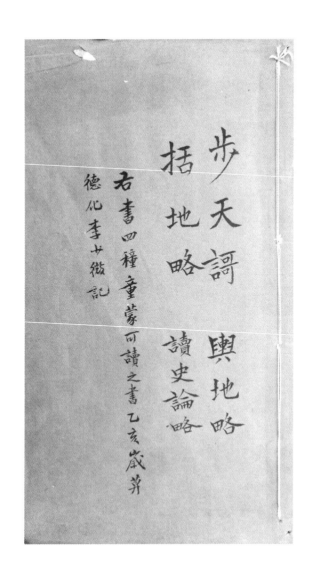

括地畧

大地全體圓轉如球球之兩端謂之南北極中腰大圓謂之赤
道以赤道勻析三百六十謂之經度自赤道至南極至北極勻析九十
謂之北緯度自赤道至南之緯度循赤道
一周有七萬二千三百里地球之面有水十二萬一千二百四
十六萬方里有土四萬三千四百八十一萬方里近北極處為
北冰海近南極處為南冰海其土皆環繞北冰海披離下垂形
如肺葉參錯不齊或附以奥旋尼加而稱之為五大洲亞細亞歐羅巴洲亞
美利加洲或附以奥旋尼加而稱之為五大洲亞細亞洲亞非利加洲亞
北冰海東盡東海南盡南洋及印度海西括諸回部及黑海
中國在其東南我

步天歌

紫微垣
紫微垣墻應庭闕北極珠聯五座依
一為太子亦呈輝庶子居三四后宮五名北極辰之
位無星座近著勾陳兩界中六數勾連曲折陳大星近極體惟
貞天皇大帝勾陳裏天柱南御女四斜方柱惟
之南女史廟南列尚書分五位迤西六足是天牀兩星陰德極
之西大理偏南數亦齊四輔微勾當極上北瞻六甲數堆稽勾
陳正北五珠圓五帝稱内座聯二十五星營衞列兩樞左右
最居先右樞少尉位居西上輔之南之西少輔北迤為少衞
上丞居右北門栖左樞上少宰星連上弼彊東少弼彊上少衞
星仍按次少丞亦蒞北門邊北門中處七成章華蓋為名象好

讀史論略

朱子因司馬氏通鑑作綱目上起戰國下終五代凡三百六
十有二年起周威烈王二十三年終周世宗顯德六年
八十有五年明末又六百
一統者八曰秦曰兩漢曰晉曰隋曰唐曰宋曰元曰明偏安者
十有二曰蜀漢曰東晉曰宋曰齊曰梁曰陳曰後梁曰後唐
後漢後周曰南宋割據者三十六蜀曰魏曰吳晉曰
漢後周秦曰
五涼前趙後趙
曰四燕
曰三秦
曰夏曰成

輿地畧

國家德威暢訏文軌大同幅員之盛亙古未有　京師居天下
之中其南曰直隷是為畿輔其東曰　盛京　盛京之北曰吉
林又北曰黑龍江是為東三省畿輔之南為兩江其一曰江南
西曰河南山東省之南為兩江其二曰江蘇曰江南
之安總曰江西兩江之東南為閩浙其省二曰浙江曰河
南省之西南為湖廣其省二曰湖北曰湖南山西省之西為陝
甘其省二曰甘肅陝西曰陝西
南省之南為兩廣其省二曰廣東曰廣西山西省之西曰四川
其省二曰雲南貴州曰甘肅省之西為青海四川省之西為雲貴
藏長城之外　盛京奧直隷山西陝西省之北為内蒙古六盟

天文曆算類

169.天算捷表二卷　　　〔清〕蔡家駒撰　　　　　　　QB17.T73 1892

清光緒十八年（1892）刻朱印本　一冊一函

　　半葉十一行二十二字，小字雙行字同，紅口，左右雙邊，雙紅魚尾，半框高18.7釐米，寬13.7釐米。版心中鎸書名及卷次、葉碼。有表。

　　内封題"天算捷表"。

　　卷端題"天算捷表，高要蔡家駒爰諏算述"。

　　卷首有清光緒十八年黎佩蘭"天算捷表序"，言刻書事，署"光緒壬辰日在井十五度高要黎佩蘭序於志陶軒"。

天算捷表卷一

高要蔡家駒爰諏算述

170.算經十書十種附刻一種　　〔清〕孔繼涵輯　　　　QA27.C5 S82 1896

清光緒二十二年（1896）上海鴻寶齋石印本　八冊一函

半葉十六行三十四字，小字雙行字同，無行格，白口，四周雙邊，單黑魚尾，半框高13.6釐米，寬9.4釐米。版心上鐫子目書名，中鐫卷次及葉碼。有圖表。

內封題"算經十書"。

牌記題"周髀算經、周髀算經音義、九章算術、九章算術補圖、九章音義、策算、海島算經、孫子算經、五曹算經、夏侯陽算經、張邱建算經、五經算術、綴術（原闕）、緝古算經、數術記遺、句股割圜記，上海鴻寶齋石印"。

各子目牌記題"光緒丙申秋八月，仿刊微波榭原本，上海鴻寶齋石印"。

卷首有清孔繼涵"算經十書序"，署"曲阜孔繼涵"。

子目：

周髀算經二卷附音義一卷　　〔漢〕趙君卿注　〔北周〕甄鸞重述　〔唐〕李淳風等釋　〔宋〕李籍音義

內封題"周髀算經附音義"。

卷端題"周髀算經，趙君卿注，甄鸞重述，唐朝議大夫行太史令上輕車都尉臣李淳風等奉敕注釋"；"周髀算經音義，假承務郎秘書省鉤考算經文字臣李籍撰"。

卷首有"周髀算經序，趙君卿撰"。

卷末有"跋"，署"嘉定六年癸酉十一月一日丁卯冬至承議郎權知汀州軍州兼管內勸農事主管坑冶括蒼鮑澣之仲祺謹書"。

九章算術九卷附音義一卷　　〔三國魏〕劉徽注　〔唐〕李淳風等注釋　〔宋〕李籍音義

內封題"九經算術附音義策算"。

卷端題"九章算術，魏劉徽注，唐朝議大夫行太史令上輕車都尉臣李淳風等奉敕注釋"。

卷首有"劉徽九章算術注原叙"。卷五末有"九章算術卷五訂訛"。卷末有跋，署"乾隆癸巳闕里孔繼涵識於京師壽雲簹之敏事齋"。

附九章算術音義一卷。卷端題"九章算術音義，假承務郎秘書省鉤考算經文字臣李籍撰"。

策算一卷　　〔清〕戴震撰并補圖

卷端題"策試"。

卷首有序,署"乾隆甲子長至日東原氏戴震叙"。

海島算經一卷　　〔三國魏〕劉徽撰　〔唐〕李淳風等注釋

內封題"海島算經"。

卷端題"海島算經,魏劉徽撰,唐朝議大夫行太史令上輕車都尉臣李淳風等奉敕注釋"。

卷末附"海島算經正僞,休寧戴震東原",并有跋,署"曲阜孔繼涵"。

孫子算經三卷　　〔唐〕李淳風等注釋

內封題"孫子算經"。

卷端題"孫子算經,唐朝議大夫行太史令上輕車都尉臣李淳風等奉敕注釋"。

卷首有"孫子算經序"。

五曹算經五卷　　〔唐〕李淳風等注釋

內封題"五曹算經"。

卷端題"五曹算經,唐朝議大夫行太史令上輕車都尉臣李淳風等奉敕注釋"。

夏侯陽算經三卷　　〔□〕夏侯陽撰

內封題"夏侯陽算經"。

卷端題"夏侯陽算經"。

卷首有"夏侯陽算經序"。

卷末有跋,署"休寧戴震"。

張邱建算經三卷　　〔北魏〕張邱建撰　〔北周〕甄鸞注　〔唐〕李淳風等注釋〔唐〕劉孝孫撰細草

內封題"張邱建算經"。

卷端題"張邱建算經,漢中郡守前司隷臣甄鸞注經,唐朝議大夫行太史令上輕車都尉臣李淳風等奉敕注釋,唐算學博士臣劉孝孫撰細草"。

卷首有"張邱建算經序",署"清河張邱建謹序"。

五經算術二卷考證一卷　　〔北周〕甄鸞撰　〔唐〕李淳風等注釋　〔清〕戴震考證

內封題"五經算術"。

卷端題“五經算術，周漢中郡守前司隸臣甄鸞撰，唐朝議大夫行太史令上輕車都尉臣李淳風等奉敕注釋”。

卷首附五經算術考證一卷，卷端題“五經算術考證，休寧戴震東原”。

緝古算經一卷　　〔唐〕王孝通撰并注

內封題“緝古算經”。

卷端題“緝古算經，唐通直郎太史丞臣王孝通撰并注”。

卷首有“上緝古算經表”。

卷末有跋，署“康熙甲子仲秋汲古後人毛扆謹識”。

數術記遺一卷　　〔漢〕徐岳撰　　〔北周〕甄鸞注

內封題“數術記遺”。

卷端題“數術記遺，漢徐岳撰，北周漢中郡守前司隸臣甄鸞注”。

卷首有“數術記遺叙”，署“嘉定五年壬申七月一日己巳立秋奉議郎守大理正新差知汀州鮑澣之仲祺謹書”。

卷末有“沈括隙積會圓二術附”。

附刻

勾股割圜記三卷　　〔清〕戴震撰　　〔清〕吳思孝注

內封題“勾股割圜記”。

卷端題“句股割圜記，戴氏七經小記四”。

卷首有序，曰“句股割圜之書三卷，余友戴君東原所撰”，署“乾隆二十三年著雝攝提格壯月歙吳思孝書於存存書屋”。

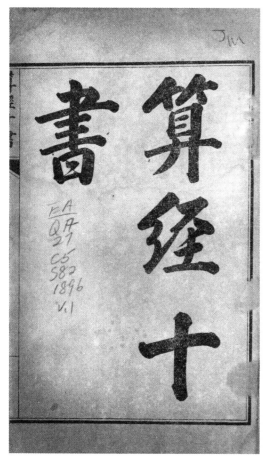

算經十書

光緒丙申秋八月
仿刋微波榭原本
上海鴻寶齋石印

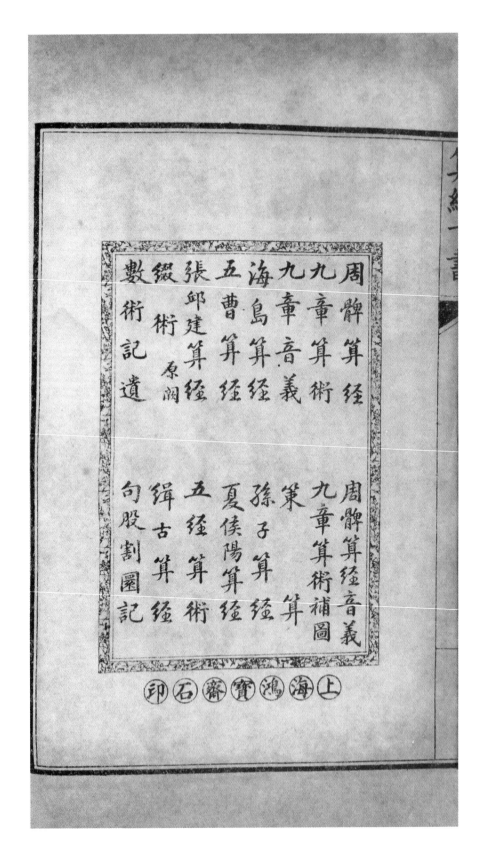

周髀算經音義
九章算術補圖
策
孫子算經
夏侯陽算經
算
五經算術
緝古算經
句股割圜記

周髀算經
九章算術
九章音義
海島算經
五曹算經
張邱建算經　原闕
綴術
數術記遺

上海鴻寶齋石印

算經十書序

禮樂射御書數周官董以司徒掌以保氏嚴後政典不修禮樂射御微鮑論喪六書九數

為民生日用所不能廢唐以明算科取士限以年九章海島共三歲周髀五經算共一歲

孫子五曹共一歲張邱建夏侯陽各二歲綴術四歲緝古三歲記遺三等數皆兼習之試

之曰九章三條海島等七部各一條十通六記遺三等數帖讀十得九為第緝者雖通六不第

是唐人為經者八綴術緝古不謂之經算經十書之名所由起也五季仳離其科既廢迨

宋而祖沖之綴術徐岳記遺董泉三等數皆亡嘉定壬申鮑澣之復錄記遺於汀州七

寶山三茅寧壽觀道藏中而唐李淳風所注於夏侯陽算取甄鸞注本今宋元豐所刊為

韓延所傳無注本則是十書中經七其一注七其二而三等數不數為齊書云祖沖之注

九章造綴術數十篇南史云其于晷之更修其父所改何承天曆於是始行隋志云宋末

南徐州從事史祖沖之更開圓率密法圓徑一億為一丈圓周盈數二丈一尺四寸一分

五釐九豪二秒七忽朒數三丈一尺四寸一分五釐九豪二秒六忽正數在盈朒二限之

間密率圓徑一百一十三圓周三百五十五約率圓徑七圓周二十二又設開差冪開差

立兼以正圓參之指要精密算氏之最者也所著之書名為綴術宋沈括云審方面勢開差

量高深遠近算家謂之專術其文象形如繩木所用墨斗也求星辰之行步氣朔消長謂

術數類

171.桐城先生點勘太玄讀本十卷　　　〔漢〕揚雄撰　〔清〕吳汝綸注

BF1770.C5 Y3683 1910

清宣統二年（1910）衍星社鉛印本　一册一函

半葉十二行二十八字，小字雙行字同，無行格，白口，四周雙邊，單黑魚尾，半框高16.5釐米，寬12.1釐米。版心上鐫"太玄"，中鐫卷次及葉碼。眉端有注。

內封題"桐城先生點勘太玄讀本，門人鄧毓怡敬題"。

卷末牌記題"宣統二年九月十五日出版，發行者衍星社"。

卷端題"太玄"。

卷末署"光緒十二年借得溫公注本於天都霓野堂所刻范望注本覆校一過八月廿六日記"。

書名據內封題。

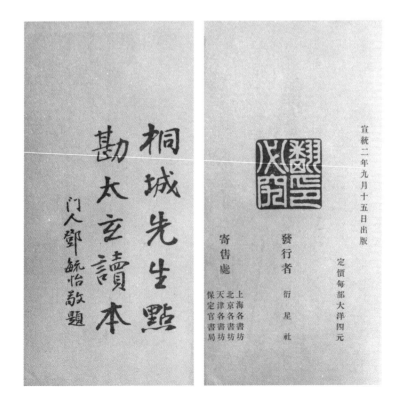

某案宋陸依揚子舊本所
列皆揚子本文當從宋陸

批陸曰當作杜

太玄卷第一

玄首

馴乎玄渾行無窮正象天·

陰陽妣參·

萬物資形·

部家三位疏成

以一陽乘一統·

方州

172.潛虛一卷　　〔宋〕司馬光撰　　**潛虛發微論一卷**　　〔宋〕張敦實撰

清乾隆至道光鮑氏知不足叢刻本　一册一函

半葉八行十六字, 黑口, 左右雙邊, 半框高12.8釐米, 寬9.7釐米。版心中鐫書名及葉碼, 下鐫 "知不足齋叢書"。有圖表。

卷端題 "潛虛, 宋太師溫國公司馬光撰, 宋本重雕"。

附潛虛發微論一卷, 卷端題 "潛虛發微論, 左朝奉郎監察御史張敦實撰"。

卷末有宋淳熙九年 (1182) 陳應行跋, 署 "淳熙壬寅孟冬朔日迪功郎充泉州州學教授陳應行謹跋"。

所屬叢書:《知不足齋叢書》。

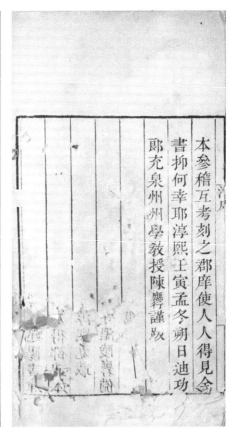

潛虛

宋太師溫國公司馬光　撰

宋本重雕

萬物皆祖於虛生於氣氣以成體體以受

性性以辨名名以立行行以俟命故虛者

物之府也氣者生之戶也體者質之具也

性者神之賦也名者事之分也行者人之

務也命者時之遇也

173.增補梅花心易二卷　　〔宋〕邵雍撰　　　　BF1773.2.C5 S532 1668

日本寬文八年（1668）刻本　　二册一函

半葉十行二十字，小字雙行字同，無行格，白口，四周雙邊，單黑魚尾，半框高20.2釐米，寬16.3釐米。版心中鐫"增補梅花"及卷次，下鐫葉碼。

卷端題"增補梅花心易"。

卷首依次有"邵康節先生心易梅花數序"，署"大明景泰甲戌仲冬日南至屏山後人京兆劉剡書"；"家傳邵康節先生心易卦數序"。

卷末鐫"寬文八戊申年仲秋吉祥日"。

增補梅花心易

右、易觀梅之學、寓至精之變、至微之理、非庸卜俗
卜可比論也、得此道者至誠取應無不神效、不可
具之以淺近而輕忽也

周易卦數乾一兌二離三震四巽五坎六艮七坤八
起卦以八除之、皆不用數目多少、如不滿八即以作
卦、如一八除不盡、無除二八三八盡除盡八數以零
作卦、如得八數整、即是坤卦也、更不必除起多以八
除之、謂用重卦總數、以八除之以零作又如不滿六
止用此數爲爻、不必無除、如過六數、則以六除之以

174.新板改正梅花心易一卷　　〔宋〕邵雍撰

BF1773.2.C5 S53 1690

日本元禄三年（1690）井筒屋六兵衛刻本　　一冊一函

半葉十二行二十字，無行格，白口，四周單邊，雙黑魚尾，半框高20.1釐米，寬15.4釐米。版心中鎸“心易”，下鎸葉碼。有圖。

外封題“新板改正梅花心易”。

卷端題“第一，卦數起例”。

卷首依次有明景泰五年（1454）“邵康節先生心易梅花數序”，署“大明景泰甲戌仲冬日南至屏山後人京兆劉剡書”；“目錄”；“家傳邵康節先生心易卦數序”。

卷末牌記題“元禄庚午曆，洛陽二條通清明町，井筒屋六兵衛板”。

書名據外封題。

邵康節先生心易梅花數序

荊山之璞天下之寶也晦於石中不知其幾何年
遇和氏而後顯於世豐城之劍天下之寶也晦於
地中不知幾何年遇雷氏而後顯於時物之顯晦
固各有時亦所遇之人何如耳一物且然況聖經
賢傳天下古今至實者乎有宋康節邵子之學直
上擢明伏羲先天生卦之法與文王後天八卦之
用專用其卦不用其著立為推步之添大而天地
之運化微而萬物之生殖遠而上下古今之世變

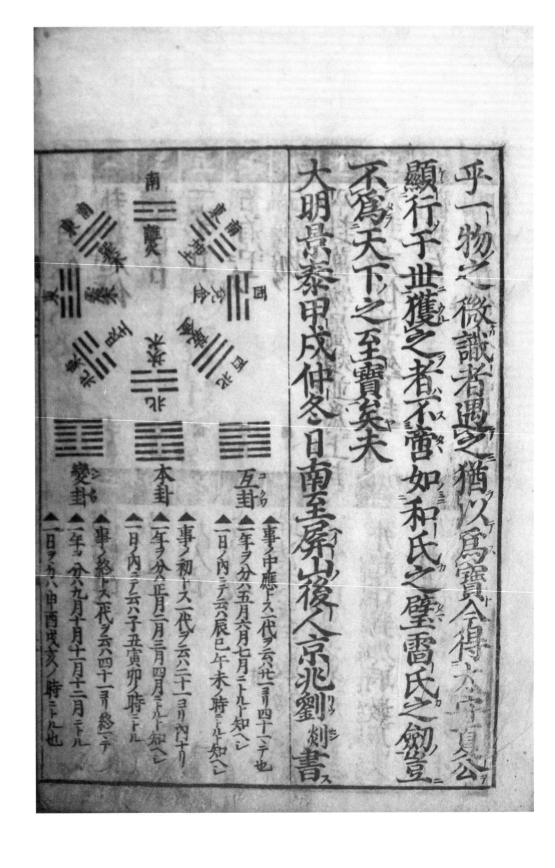

剋用者巳勝人用剋體者人勝巳體生用非惟失理

或因官而有所喪用生體不止得理或因訟而有所

成體用比和官訟取其非止扶嫌之力必有和動之義

○第五十七墳墓占第十八

九占墳墓以體爲主用爲墳墓體剋用宜葬之用

剋體必葬之凶體生用葬之主冷退有損後人用生

體剋之主興進有益後嗣體用比和斯爲吉地大宜

安朶枼葬之吉昌

右體用之訣始以十八章占則以示學者爲巳法則

然族務之多豈止於此而巳特此十八占乃人事切

要者占者以類推之可也

邵康節先生心易卦歌終

元祿庚午曆

洛陽二條通麩明町

井筒屋八兵衛板

175.禹王洪範九疇不分卷　　〔清〕佚名撰　　　　B128.Y9 H8 1895

清光緒二十一年（1895）抄本　一冊一函

半葉行字不等，無邊框行格。有圖。朱筆圈點。

卷端題"禹王洪範九疇"。

卷首有序，署"潛伏子叙"。次有朱筆題識"大清光緒二十一年閏五月上弦日摹竣"。

鈐"王魁仲印"朱文方印。

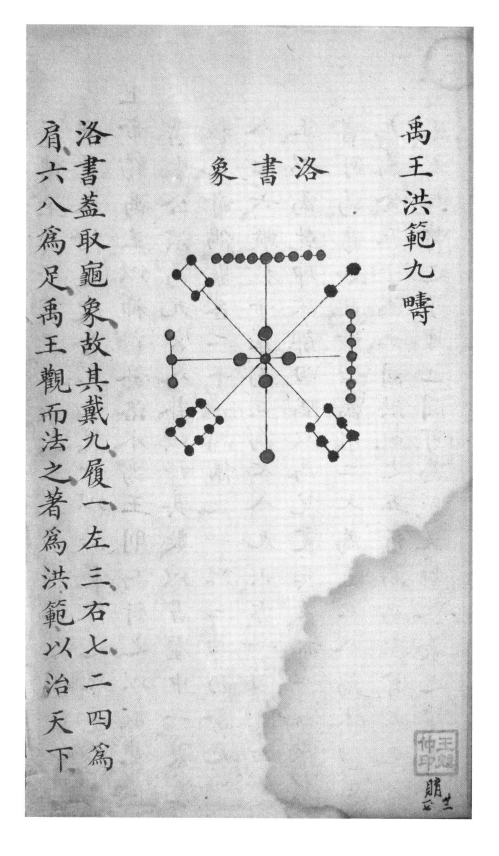

禹王洪範九疇

洛書象

洛書蓋取龜象故其戴九履一左三右七二四爲肩六八爲足禹王觀而法之著爲洪範以治天下

176.雲氣占候二卷　　〔清〕汪宗沂撰　　　　　　BF1714.C5 W34 1890

清光緒（1875—1908）桐廬袁氏漸西村舍刻本　一冊一函

半葉十行二十一字，小字雙行字同，黑口，左右雙邊，單黑魚尾，半框高19.1釐米，寬14.1釐米。版心中鎸書名及卷次，下鎸葉碼及"漸西村舍"。

卷端題"雲氣占候，新安韜廬子韻言"。

卷首有序，署"弢廬子"。

雲氣占候上篇　　　新安韶盧子韻言

雲氣占候驗於用師天示安危勝敗逆知杜佑通典引
太公兵法

分至啟閉書雲爲備變見祲氛古法具記左氏春秋清

晨日午謹察潛窺參馬登高臨事決機凡氣初出勃

勃上騰百人以上殺氣乃升通典高七八尺應五六日

史記天精之積聚必形於雲占氣知事望雲知人李荃

官書

太白陰經兩軍相敵必有雲氣兼及日暈隨方具記敵陣

之上必有氣出氣強聲強旁通於律及索隱敵東史記正義

曉望敵南日中敵西日入敵北夜從乙巳占于午卯通典
斬西村舍

177.卜法詳考四卷 　　〔清〕胡煦撰 　　　　　　　　B126.P35163 1747

清葆璞堂刻本　四册一函

半葉十行二十四字,白口,四周雙邊,單黑魚尾,半框高18.6釐米,寬14.1釐米。版心上鐫書名,中鐫卷次及葉碼,下鐫"葆璞堂"。

内封題"卜法詳考"。

卷端題"卜法詳考,禮部左侍郎胡煦輯"。

卷首依次有"欽定四庫全書卜法詳考提要";"卜法詳考序",署"雍正六年八月中秋後二日光山胡煦滄曉氏自序"。

卷末題"男季堂重校,孫鈺、鱗正字"。

卜法詳考卷一

禮部左侍郎胡煦輯

選龜

周禮龜人掌六龜之屬各有名物天龜曰靈屬地龜曰繹屬東
龜曰果屬西龜曰靁屬南龜曰獵屬北龜曰若屬各以其方之
色與其體辨之。

註龜人主治龜以待卜者屬言非一也天龜元俯者靈也地
龜黃仰者繹也東龜青前弇果也西龜白左倪靁也南龜赤
後弇獵也北龜黑右倪若也元黃青白赤是其色也俯仰前
弇後弇左倪右倪是其體也。

卜法詳考　　卷一　選龜　　一

178.黄帝五書六卷　　〔清〕孫星衍校　〔清〕顧廣圻覆校　　　AC149.H888 1807
清嘉慶十二年（1807）蘭陵孫氏刻本　一册一函

半葉十一行二十字，小字雙行字同，白口，左右雙邊，單黑魚尾，半框高16.4釐米，寬11.4釐米。版心中鐫子目題名，下鐫葉碼。

內封題“黄帝五書，龍首經上下二卷、金匱玉衡經一卷、授三子元女經一卷、廣黄帝本行記下卷、軒轅黄帝傳一卷，嘉慶丁卯刊”。

牌記題“蘭陵孫氏”。

卷端題“黄帝龍首經，賜進士及第山東等處督糧道兼管德常臨清倉事務加二級孫星衍校”“黄帝金匱玉衡經，賜進士及第山東等處督糧道兼管德常臨清倉事務加二級孫星衍校”“黄帝授三子玄女經，賜進士及第山東等處督糧道兼管德常臨清倉事務加二級孫星衍校”“廣黄帝本行記，唐閬州晉安縣主簿王瓘進”“軒轅黄帝傳”。

“黄帝龍首經”卷首有序，署“時嘉慶十年太歲乙丑月將在午日辰丙申加時在酉臨海洪頤煊書于德州節署之平津館”；次有“黄帝龍首經序”。

“廣黄帝本行記”卷首有序，署“嘉慶丁卯二月元和顧廣圻序”；卷末題“廣黄帝本行記，山東督糧道孫星衍校，元和縣學生員顧廣圻覆校，嘉慶丁卯五月刊行”。

“軒轅黄帝傳”卷首有序，署“嘉慶丁卯三月元和顧廣圻序”；卷末題“軒轅黄帝傳，山東督糧道孫星衍校，元和縣學生員顧廣圻覆校，嘉慶丁卯五月刊行”。

全書末鐫“江寧劉文楷模鐫”。

書名據內封題。

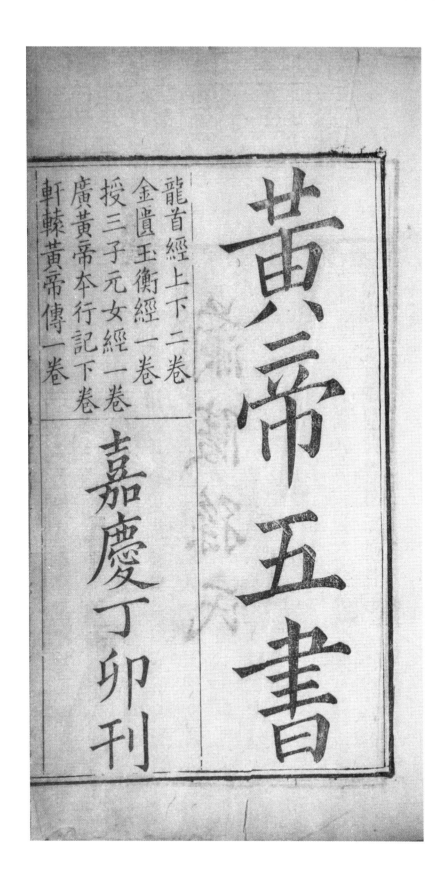

黃帝五書

龍首經上下二卷
金匱玉衡經一卷
授三子元女經一卷
廣黃帝本行記下卷
軒轅黃帝傳一卷

嘉慶丁卯刊

黃帝龍首經卷上

賜進士及第山東等處督糧道兼管德常臨清倉事務加二級孫星衍校

占歲利道吉凶法第一

陽歲以大吉臨太歲陰歲以小吉臨太歲視天上甲

庚所臨爲天道天上壬所臨爲人道魁罡所臨爲

拘檢道一云天上丙壬下天道乙辛下兵道丁癸下魁

拘檢道舉事從天道天上甲大吉利道人道次之甲庚是也

架屋起土買賣田宅入官舍使時在天道百倍在人

道十倍在拘檢道縣官大凶

假令今年太歲在寅大吉臨寅視天上甲庚臨地乙

辛爲天道天上丙壬地丁癸爲人道魁罡臨巳亥

爲拘檢魁爲拘檢罡爲檢他歲效此若歲在子午卯酉

宗教類

179.八識規矩頌略説一卷 　　〔唐〕釋玄奘輯頌 　〔明〕釋正誨略説

明萬曆二十一年（1593）刻本 　一册一函

半葉八行十七字，無行格，白口，四周單邊，單白魚尾，半框高18.6釐米，寬12.3釐米。版心中鎸"八識略説"及葉碼。

卷端題"八識規矩頌略説，三藏法師玄奘輯頌，度門釋正誨略説"。

卷首有序，署"萬曆己丑佛成道日度門釋正誨識於衡陽花藥山大藏閣中"。

卷末有跋，言辨河上人刻書事，署"萬曆癸巳歲孟秋望日檇李心一居士朱衷純謹識"。

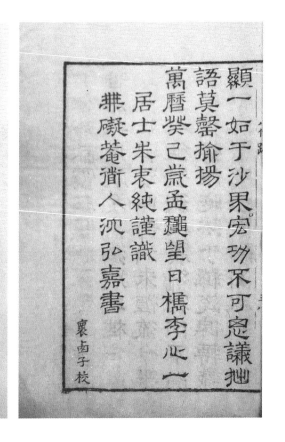

八識規矩頌略說

三藏法師　玄奘　輯頌

度門釋　亞誨　署說

頌四章，章十二句。每章前一句頌有漏識。後四句頌無漏智。

頌曰。性境現量通三性。眼耳身三二地居。徧行別境善十一。中二大八貪瞋癡。五識同依淨色根。九緣七八好相隣。合三離二觀塵世。

180.徑中徑又徑四卷　　〔清〕張師誠輯　　　　　　BQ8516.C5 1903

清光緒二十九年（1903）揚州藏經院刻本　二冊一函

半葉十行二十字，小字雙行字同，黑口，左右雙邊，無魚尾，半框高17.6釐米，寬12.9釐米。版心中鐫書名、卷次、卷名及葉碼。

卷端題"徑中徑又徑"。

卷首依次有自序，署"道光五年乙酉正月兵部侍郎巡撫江蘇等處提督軍務歸安張師誠自序"；續序，署"時在同治七年孟夏浙江錢塘菩薩戒弟子許凈中續序"。

卷末有"功德姓氏芳名列後"，署"光緒二十九年佛誕日重刊，板存揚州藏經院"。

外封題識"盧智頌敬藏恭讀"。

鈐"智頌"朱文方印。

徑中徑又徑卷一

起信法

醒迷門

浮生若夢。一切皆空，人皆知之，亦能言之，而終日營求靡已，曾不醒悟，大率以爲死後卽化，又或以爲死卽復生，不足爲慮，詎知業報無爽，得人身極難，卽得人身而依然又入夢境，輪迴六道其苦無涯。欲脫離此苦，舍淨土奚歸耶，將起其信，先破其迷，輯醒迷門，

宋王龍舒淨土文曰，人生時父母妻子屋宅田園牛

徑中徑又徑卷一　醒迷門　二

集部

別集類

181.庾子山全集十卷　　〔北周〕庾信撰　〔清〕吳顯令箋注　　PL2452 J326 1900z

清乾隆（1736—1795）吳郡寶翰樓刻本　四册一函

半葉十行二十字，小字雙行字同，白口，左右雙邊，單黑魚尾，半框高18.9釐米，寬14.2釐米。版心中鎸"庾箋"及卷次、葉碼。

内封題"吳顯令先生輯注，箋注庾開府集，吳郡寶翰樓"。

卷端題"庾子山全集，吳江吳兆宜顯令箋注"。

卷首有北周宇文逌撰"庾子山集序"，題"北周滕王宇文逌撰，吳江吳兆宜顯令注"，末鎸"婿陳沂配、姪孫其炳正字"。次有"凡例""附録諸家詩評""本傳，唐令狐德棻等撰""庾子山全集目録"。

鈐"培本"朱文圓印、"朱士楷藏書印"白文方印。

庚子山集序

北周滕王宇文逌撰

吳江吳兆宜顯令註

蓋聞五聲應調則宮徵成其文（禮記樂記五色成文而不亂注五聲配五色）行之八音克諧則絲管和其韻（書堯典八音克諧神人以和）所以周南召南之篇為風人之首（詩疏國風二南為正風二南所以用之鄉黨用之邦國而化天下所陳於天子之政皆小事也大雅所陳於天子之政皆大事也）小雅大雅之作實王政之由（小雅）復有陽春白雪之唱（郢中之曲彌高者舊傳宋玉對楚王曰歌陽春白雪朝日魚離含商吐角絕節赴曲國中唱而和之者不過數人蓋其曲彌高其和彌寡按楚世家文王始都郢換曰郢中彌高其秋風黃...）

182.王司空集一卷　　〔北周〕王褒撰　〔明〕張溥輯　　　PL2678 W26 A6 1900z

明刻本　一册一函

半葉九行十八字,白口,左右雙邊,單白魚尾,半框高21釐米,寬13.5釐米。版心上鐫書名,中鐫卷次、葉碼。

卷端題"王司空集卷全,周瑯琊王褒著,明太倉張溥閱"。

卷首有明張溥撰"後周王司空集題詞",末署"婁東張溥題";次有"王司空集卷全目錄"。卷末有"本傳"。

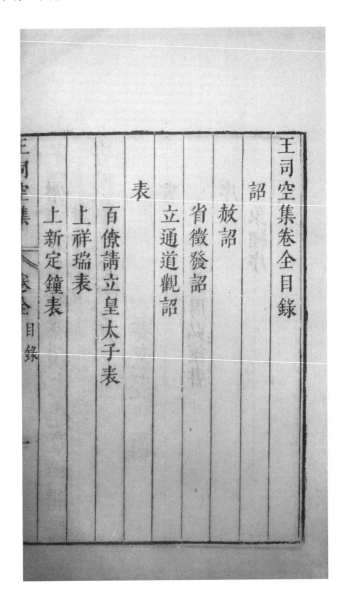

王司空集卷全

周瑯琊王　褒著

朗太倉張斐溥閱

詔

赦詔

民生而靜純懿之性本均感物而遷嗜欲之情
斯起雖復雲鳥殊世文質異時莫不限以隄防
示之禁令朕君臨萬寓覆養黎元思振頹綱納
之軌式比因人有犯與眾棄之所在羣官有懲

183.李太白全集三十六卷　　〔唐〕李白撰　〔清〕王琦輯注　　PL2671.A1 1908

清光緒三十四年（1908）上海掃葉山房石印本　二十册

半葉十行二十字，小字雙行字同，白口，四周雙邊，單黑魚尾，半框高12.5釐米，寬9.1釐米。版心上鐫書名，中鐫卷次及葉碼，下鐫“掃葉山房石印”。

内封題“王琦輯注，李太白全集，澹廬居士題”。

牌記題“光緒戊申上海掃葉山房石印”。

卷端題“李太白文集，錢塘王琦琢崖輯注，緝端臣、思謙蘊山較”。

卷首依次有杭世駿序，署“乾隆己卯閏月望後一日友弟杭世駿”；齊召南“李太白集輯注序”，署“乾隆己卯中秋天台齊召南撰，光緒戊申三月秀水楊觀光書”；趙信序，署“意林趙信拜書於平安里”；王琦序，署“乾隆二十三年歲次戊寅正月之望日王琦載菴叙”；陳震序，署“光緒三十有三年歲次丁未嘉平既望澹廬居士陳震撰并書”。

卷末有“跋五則”，并附“掃葉山房新印書籍廣告”。

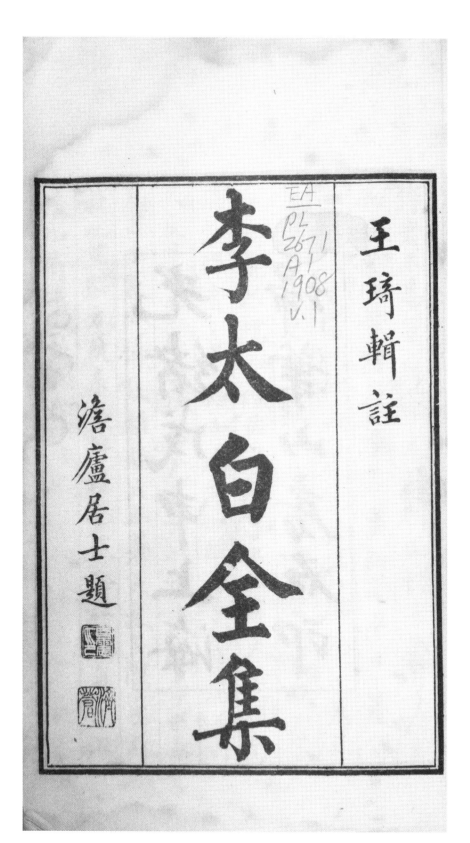

王琦輯註

李太白全集

澹廬居士題

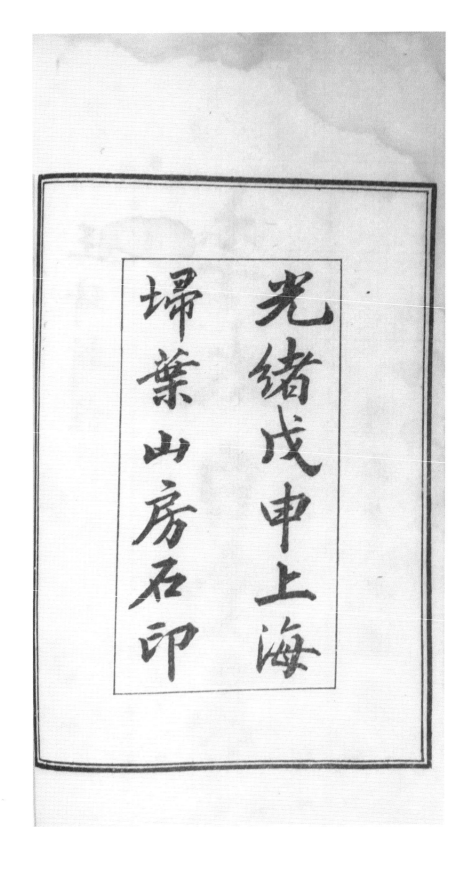

李太白文集卷之一

錢塘　王琦琢崖輯註

　　　　　　　　　　　　緝　端臣
　　　　　　　　　　　　思謙蘊山　較

古賦八首

大鵬賦 并序

　大不知其幾千里也化而為鳥其名為
鵬鵬之背不知其幾千里也怒而飛其翼若
天之雲是鳥也海運則將徙于南冥南冥者
天池也齊諧者志怪也諧之言曰鵬之徙于南
池也水擊三千里摶扶搖而上者九萬里去以
者也息者也有魚焉其名為鯤鯤之
六月息者也有魚焉其廣數千里未有知其脩
海者天池也有鳥焉其名為鵬背若泰山翼若
垂天之雲搏扶搖羊角而上者九萬里絕雲氣
者其名為鯤其名為鵬背若泰山翼若
且奚適也我騰躍而上不過數仞而下翱翔蓬
負青天然後圖南且適南冥也彼笑之曰彼

李太白全集 卷一 一 掃葉山房石印

184.重刊明成化本東坡七集一百十卷　　　〔宋〕蘇軾撰　　校記二卷　　〔清〕繆

荃孫撰　　　　　　　　　　　　　　　　　　　　　PL2685.A1 1908

清光緒三十四年至宣統元年（1908—1909）寶華盦刻本　四十八册四函

半葉十行二十字, 小字雙行字同, 黑口, 四周雙邊, 雙黑魚尾, 半框高13.8釐米,
寬8.5釐米。版心中鎸子目書名及卷次、葉碼。

外封題簽題 "陶齋尚書仿印宋本蘇東坡全集"。

内封牌記題 "重刊明成化本東坡七集一百有十卷, 光緒戊申刊, 宣統己酉成"。

各子目牌記題 "寶華盦刻"。

卷首依次有 "重刊蘇文忠公全集序", 署 "成化四年春二月朔通議大夫禮部右侍
郎國史副總裁前翰林學士兼經筵官郡人李紹序"; "宋贈蘇文忠公太師制"; "宋孝
宗御製文忠蘇軾文集贊并序", 署 "乾道九年閏正月望選德殿書賜蘇嶠"; "宋史本
傳"; "東坡先生年譜, 五羊王宗稷編"; "東坡先生墓誌銘, 潁濱先生撰"。

子目:

東坡集四十卷。内封題 "東坡集四十卷", 卷端題 "東坡集"。

東坡後集二十卷。内封題 "東坡後集二十卷", 卷端題 "東坡後集"。

東坡内制集十卷附樂語一卷。内封題 "東坡内制集十卷", 卷端題 "東坡内制集"。

東坡外制集三卷。内封題 "東坡外制集三卷", 卷端題 "東坡外制集"。

東坡應詔集十卷。内封題 "東坡應詔集十卷", 卷端題 "東坡應詔集"。

東坡奏議十五卷。内封題 "東坡奏議十五卷", 卷端題 "東坡奏議"。

東坡續集十二卷。内封題 "東坡續集十二卷", 卷端題 "東坡續集"。

附東坡集校記二卷。卷端題 "東坡集校記", 卷末有清宣統二年（1910）繆荃孫
跋, 署 "宣統庚戌上元日江陰繆荃孫校竟跋於雲自在堪"。

鎸 "黄岡陶子麟刊" "黄岡饒星舫影寫陶子麟摹鎸"。

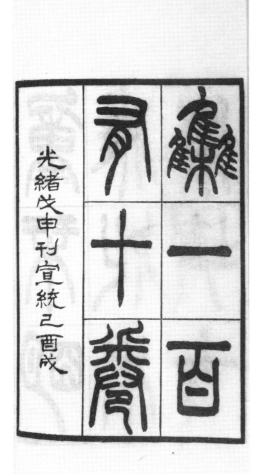

光緒戊申刊宣統己酉成

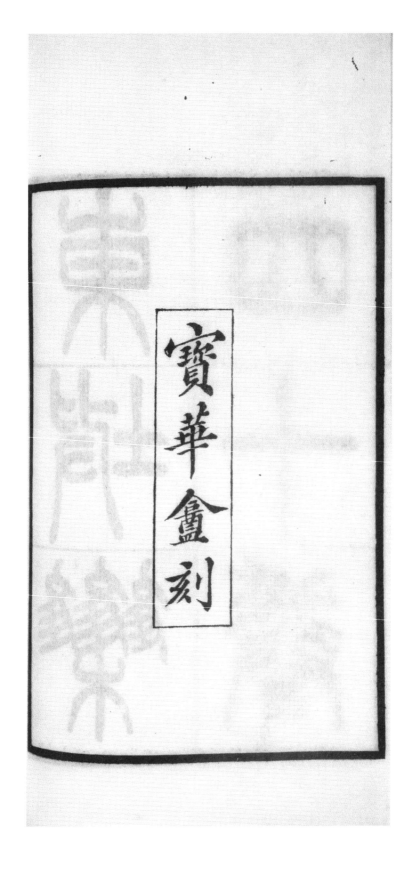

東坡集卷第一

詩四十七首

辛丑十一月十九日既與子由別於鄭州
西門之外馬上賦詩一篇寄之

不飲胡為醉兀兀此心已逐歸鞍發歸人猶自念庭
闈今我何以慰寂寞登高回首坡隴隔惟見烏帽出
復沒苦寒念爾衣裘薄獨騎瘦馬踏殘月路人行歌
居人樂僮僕怪我苦悽惻亦知人生要有別但恐歲
月去飄忽寒燈相對記疇昔昔夜雨何時聽蕭瑟君知
此意不可忘慎勿苦愛高官職當有夜雨對床之言故云爾

185.**學易集八卷** 〔宋〕劉跂撰

清刻本 二册一函

半葉九行二十一字，小字雙行字同，白口，四周雙邊，單黑魚尾，半框高18.5釐米，寬12.5釐米。版心上鎸書名，中鎸卷次，下鎸葉碼。

卷端題"學易集，宋劉跂撰"。

卷首目録端題"武英殿聚珍版"，署"乾隆四十一年二月恭校上，總纂官侍讀學士臣陸錫熊、侍講學士臣紀昀、纂修官編修臣鄒炳泰"。

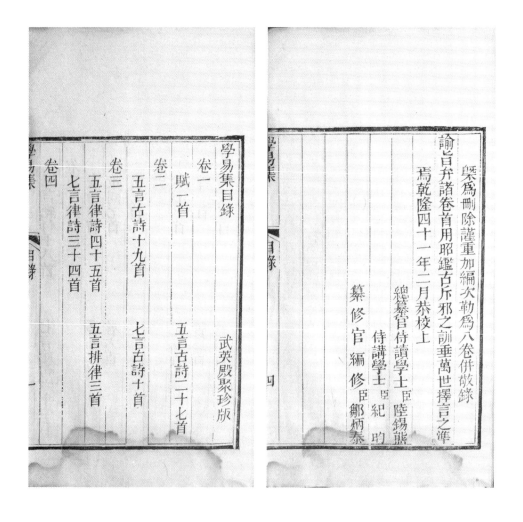

學易集卷一

宋　劉跂　撰

賦

宣防宮賦

余以事抵白馬客道漢瓠子事感其語故賦

元封天子既乾封臨決河沈璧及馬慷慨悲歌河塞築

宣防之宮燕其羣臣乃稱曰隤林竹兮揵石菑宣防塞

兮萬福來顧盼意得詔問東方大夫樂平朔進而跽曰

君王佩乾符妥坤靈封岱岳禪云亭雷行焱馳一蹕四

186.桐城吳先生詩集一卷　　　〔清〕吳汝綸撰　　　　PL2531.T862 1904

清光緒三十年（1904）桐城吳氏家刻本　一册一函

　　半葉九行二十一字，小字雙行字同，細黑口，左右雙邊，無魚尾，半框高18.3釐米，寬13.2釐米。版心中鎸"詩集"及葉碼。

　　内封題"桐城吳先生詩集，門人李嘉璧敬題"。

　　牌記題"吳氏家刻，版權所有，翻刻盜印，貽誤來兹，嚴究不貸"。

　　卷端題"桐城吳先生詩集"。

　　卷首有"詩集目次"，題"桐城吳先生全書第四種"，末鎸"光緒甲辰六月門人賀濤宋朝楨等集資刊行，男闓生謹編次"。

　　所屬叢書：《桐城吳先生全書》。

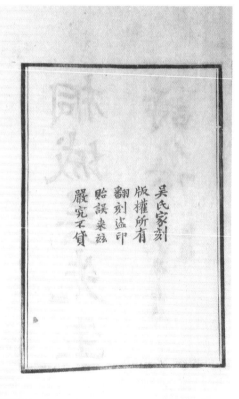

答劉省三軍門見寄　　　　桐城吳先生詩集

男兒三十成名將神勇真如掃籜風殺賊酬恩等閒事
手封京觀不言功
旌幢曜日壓淮淝平賊新歸慰夢思父老爭先迎馬首
將軍假沐豈多時
名在凌煙身在野知公勇退本良圖君王近日方嘗膽
漫載西施入五湖（公自任來詩新納一姬）
昔遊梁宋拜前旌許我能追定遠名近識孟堅初入幕
燕然佇看勒新銘

詩集

總集類

187.文選集腋二卷　　〔清〕胥斌輯　　　　　　　PL1280.W362 1894
清光緒二十年（1894）上海文盛書局石印本　一冊一函

半葉十四行四十八字，小字雙行字同，無行格，白口，四周單邊，單黑魚尾，半框高12.1釐米，寬8釐米。版心上鎸書名，中鎸卷次及葉碼。少量朱筆圈點。

內封題“文選集腋，文淵山房藏板”。

牌記題“光緒甲午暮春上海文盛書局石印”。

卷端題“文選集腋，瀘溪胥斌倚平甫纂輯”。

卷首有清道光三年（1823）胥斌“原序”，署“道光三年歲在仲春協洽余月瀘溪胥斌倚平識”；次有“凡例”“文選集腋卷目”。

文選集腋卷一

盧湘香　斌衡平甫纂輯

王化

天子受四海之圖㝷藩屏萬國之貢珍內撫諸夏外綏百蠻　班孟堅東都賦　亭惟是君臣歡康或宴且盤　張平子西京賦　眈與是從何慮何思云

爾說彼平子弘將義懷雁內化感無外　張景陽　仁風翔乎海表威靈行乎殊方　班孟堅典引　英華沉浮　楊子雲六藝引

教布彼敷賦東京洋溢八區曹天所覆莫不沾濡長楊家懷克讓之風人詠康哉之詩　和平叔景　陰陽文和庶物時序　後大潤

平之貴養僾游之望得遵遊自然之勢恬淡無為之場休徵自至壽考無疆足以雅容並拱水水萬年也　王子淵聖主得賢臣頌　大潤

唐之世皇風戴趨時聖道淳上有大我之君下有於變之民七命　原交六合時雍古通　魏魏蕩蕩為元韶韶古通　巷歌擊壤

七命勤容發音而觀著其不扑舞乎原衢謳吟乎聖世藩安仁用能敷化一時雄列千古　王元長冊文才文亦戴有廣勤庶有概乾乾清

風協於元德淳化通於自然為無為事無事　束京下舞上歌蹈德詠仁安道胡不懷化胡不柔戢賦東京延及

夏殷總八方而為之極賦束京　當于建罹惟京室宏壽清東京倭民間出水詩序　古通　海外遐方信征頤企踵回

面內嚮喁喁如也楊子雲劇秦美新　至乃同名之所分二南之所交辭趾信於關雅駒鹿應乎鵲巢西征賦潘安仁過而不蕭遺而不脫坑嗣宗勤

章三漢濱之女有翠渓同白之志中林之士有純一之德于令扑晉富王秦若天命導揚岂烈潘元茂卅魏文德鄗昭武節克宣公九錫文

膝東京興滅加乎萬國繼絕接於日世張士元永為絳兌豪生於湯火若百姓於休和草策樂業守屏稱軍水詩序

賦東京興滅加乎萬國繼絕接於日世權羅守墳八袤兄

188.八代詩選二十卷　〔清〕王闓運輯　　　　　　PL2517 W338 1900z

清刻本　八册一函

　　半葉十行二十二字，黑口，左右雙邊，單黑魚尾，半框高17.6釐米，寬13釐米。版心上鐫書名，中鐫卷次及葉碼。眉端墨筆批注。

　　内封題"八代詩選"。

　　卷端題"八代詩選，長沙湘潭王闓運撰"。

漢至晉一

四言第一　　　　　長沙湘潭王闓運撰　八代詩選一

韋孟

諷諫詩

肅肅我祖國自豕韋黼衣朱紱四牡龍旂彤弓斯征撫寧

遐荒總齊羣邦以翼大商迭彼大彭勳績惟光至於有周

歷世會同王赧聽譖寶絕我邦既絕厥政斯逸賞罰

之行非繇王室庶尹羣后靡扶靡衛五服崩離宗周以墜

我祖斯微遷於彭城在予小子勤唉厥生阨此嫚秦未耜

斯耕悠悠嫚秦上天不寧乃眷南顧授漢於京於赫有漢

189.萬首唐人絶句七十五卷　　　〔宋〕洪邁編輯　　　　　　　PL2531.W26 1900z

清德星堂刻本　十四冊三函

半葉十行二十字,小字雙行字同,白口,左右雙邊,雙白魚尾,半框高19.8釐米,寬14.7釐米。版心中鎸"唐人絶句"及卷次、葉碼,部分葉版心下鎸"德星堂"。

卷端題"萬首唐人絶句"。

存七十四卷:卷一至二十六、二十八至七十五。

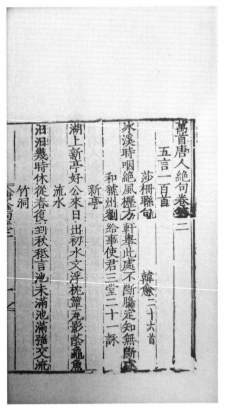
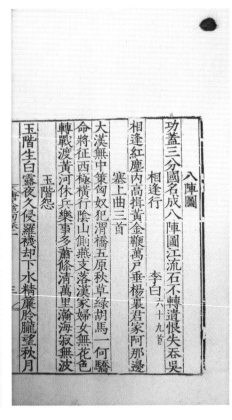

萬首唐人絕句卷第一

五言一百首

寄高彭州　杜甫三十一首

百年已過半秋至轉饑寒爲問彭州牧何時救急難

歸鴈

東方萬里客亂定幾年歸腸斷江城鴈高高正北飛

即事

百寶裝腰帶真珠絡臂韝笑時花近眼舞罷錦纏頭

絕句十二首

江邊踏青罷回首見旌旗風起春城暮高樓鼓角悲

唐絕句卷一

190.古唐詩合解十二卷附古詩四卷　　　〔清〕王堯衢輯注　　　PL2321.W33 1909

清宣統元年(1909)石印本　八册一函

半葉十一行二十一字，小字雙行四十二字，白口，四周雙邊，單黑魚尾，半框高17.1釐米，寬11.6釐米。版心上鐫書名，中鐫卷次及葉碼。

外封題簽題"改良箋注古唐詩合解新讀本，宣統元年冬月印行"。

內封題"宣統元年新校石印，吳郡王翼雲先生注，唐詩合解箋注，增附古詩四卷"。

卷端題"古唐詩合解，吳郡王堯衢翼雲注，門人李模宏遠、李桓廣心同校"。

卷首有清雍正十年(1732)王堯衢"古唐詩合解序"，署"雍正壬子季春之月長洲王堯衢序"；次有"凡例""古唐詩合解目錄"。

古唐詩合解卷一

吳郡王堯衢翼雲註

門人李　模宏遠　　桓廣心　同校

五言古

述懷　　魏徵

中原還逐鹿投筆事戎軒縱橫計不就慷慨志猶存　此詩凡五

魏徵從李密來京師自請安輯山東乃擢秘書丞馳驛至黎陽此詩蓋出關時作首解乃行道濟時之本志也○鹿喻帝位史記秦失其鹿天下共逐之中原地近關中遺逐鹿見有唐已受天命而羣雄本諒還目紛爭投筆縱橫計不就是其未滿唐主以前說諸豪傑不成事功蘇秦主從合六國以抗秦張儀為橫離六國之交以事秦是為縱橫事無可就故慷慨而傷懷志則猶存故乘時而奮起所以開下文之端也

解凡看詩須明解數則知其用意下筆之次序不失分寸矣

杖策謁天子驅馬出關門請纓繫南越憑軾下東藩

此即慷慨安輯之志也杖策所以扶行策所以驅馬驅馬欲其行之速也其不奉命者則繫其頸而致關下其降服者則下其城而鍋東藩

請纓用漢終軍軍奉使至南越和親恐其不服故願受長纓而致之闕下憑軾下齊七十餘城憑據也軾車前橫木也　鬱紆陟高岫出没

191.重校正唐文粹一百卷　　〔宋〕姚鉉編　　　　　　　　　　PL2501 T362 1900z

明嘉靖刻本　三十二册四函

半葉十四行二十五字, 小字雙行字同, 白口, 左右雙邊, 單黑魚尾, 半框高20釐米, 寬13.5釐米。版心中鐫 "文粹" 及卷次、葉碼。首兩册部分葉版心下鐫刻工名。

卷端題 "重校正唐文粹, 吳興姚鉉纂"。

卷首有 "唐文粹序, 吳興姚鉉述"; 次有 "重校正唐文粹目録"。

鈐 "子翔集古" 朱文方印、"子翔氏" 朱文方印、"王伯子" 白文方印、"魏塘金氏偶園珍藏" 青文方印。

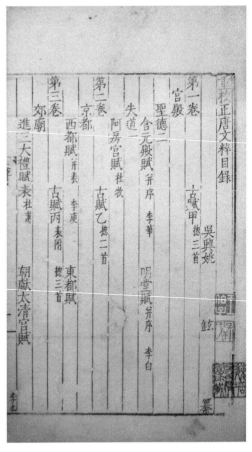

重校正唐文粹卷第一　　　　吳興姚　鉉纂

古賦甲　揔三首

聖德二

　含元殿賦　李華　明堂賦　李白

失道一

　阿房宮賦　杜收

　含元殿賦　幷序　　　　　　李華

宮殿之賦論者以靈光爲宗然諸侯之遺事蓋務恢張飛動而已
自玆巳降代有辭傑播於聲頌則無聞焉夫先王建都營室必相
地形詢卜筮考農隙工以子來虞人獻山林之榦太史占日月之
吉雖班張左思角立前代未能備也而曩之文士賦長笛洞簫懷
握之細則廣言山川之阻採伐之勤至于都邑宮室宏模廓度則
略而不云其體病矣至若陰陽慘舒之變宜於壯麗棟宇繩墨之

詩文評類

192.**聲調三譜四卷** 〔清〕王祖源輯 PL1411.S36 1882

清光緒八年（1882）福山王氏刻本　一册一函

半葉十行二十二字，小字雙行字同，黑口，四周單邊，單黑魚尾，半框高18.3釐米，寬12.6釐米。版心上鎸刻字數，中鎸分卷書名及葉碼，下鎸"天壤閣叢書"。少量朱筆批點。

內封題"聲調三譜"。

目録端題"聲調三譜"。

卷端題"然鐙記聞，漁洋夫子口授，新城何世璂述"。

卷首依次有清光緒八年王祖源序，署"光緒壬午九月九日福山王祖源記"；清乾隆三年（1738）仲是保"聲調譜序"，署"乾隆戊午七月既望海虞門人仲是保謹識"；"聲調三譜總目"。

子目：

然鐙記聞一卷　〔清〕王世禎撰　〔清〕何世璂録

律詩定體一卷　〔清〕王世禎撰

小石帆亭著録五卷　〔清〕翁方綱撰

聲調前譜一卷後譜一卷續譜一卷　〔清〕趙執信撰

談龍録一卷　〔清〕趙執信撰

所屬叢書：《天壤閣叢書》。

穀調三譜

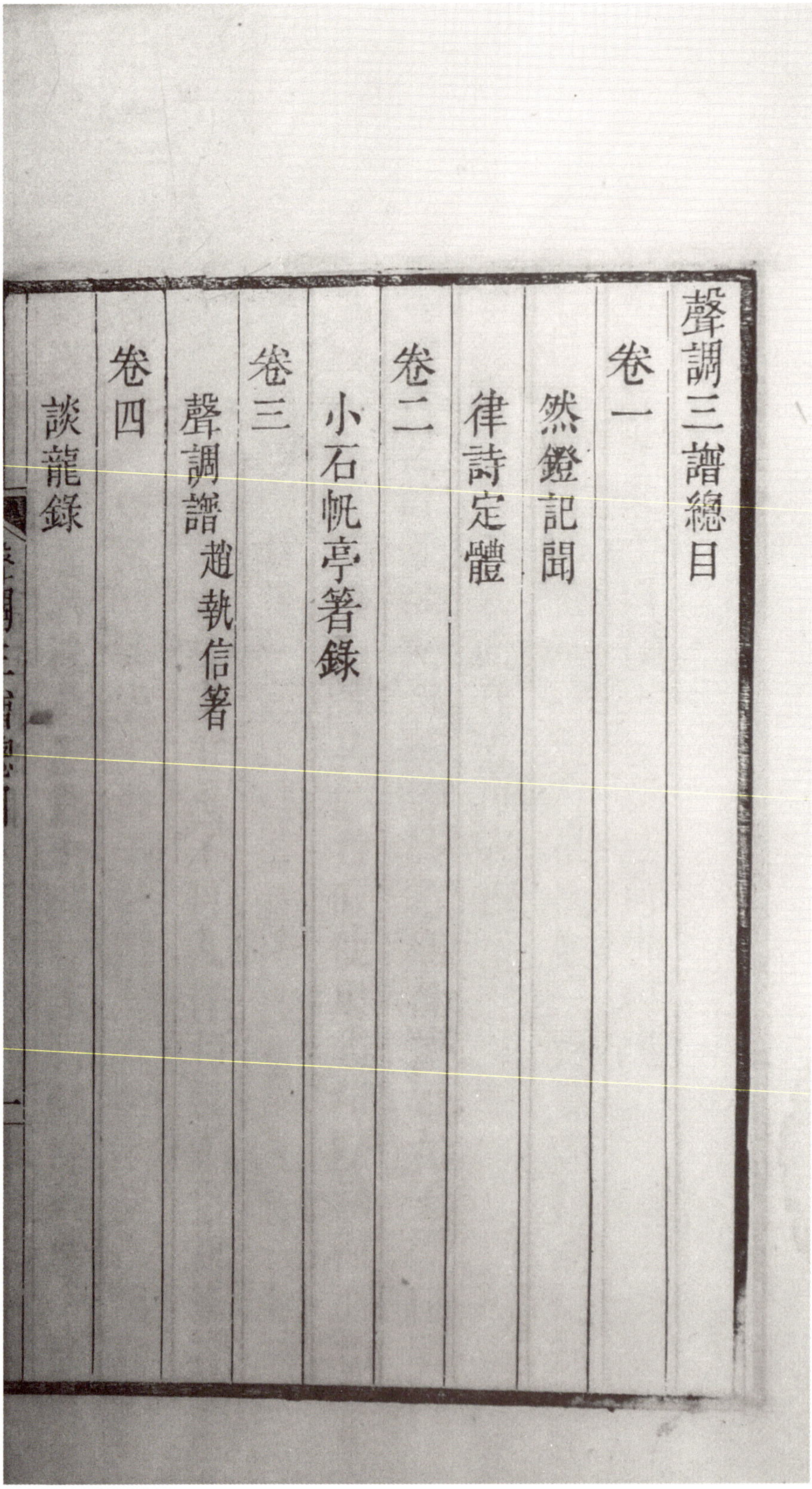

聲調三譜總目

卷一

然鐙記聞

律詩定體

卷二

小石帆亭箸錄

卷三

聲調譜趙執信箸

卷四

談龍錄

然鐙記聞

　　　　　　　　　漁洋夫子口授　　新城何世璂述

七月初四日師云學詩須有根柢如三百篇楚詞漢魏細
細熟玩脫盡時人面孔方可入古
爲詩且無計工拙先辨雅俗品之雅者譬如女子靚粧明
服固雅粗服亂頭亦雅其俗者假使用盡糚點滿面脂粉
總是俗物
古詩要辨音節音節須響亮不可入律句且不可說盡像
書札語
韻有陰陽陽起者陰接陰起者陽接不可純陰純陽令字

川川文　　　　然鐙記聞卷一　　　一　天壤閣叢書

193.文章指南五集　　　〔明〕歸有光編　　　　　　PL1271.G85 1876

清光緒二年(1876)皖江節署刻本　一冊一函

半葉九行二十五字,小字雙行字同,無行格,白口,左右雙邊,單黑魚尾,半框高19.1釐米,寬12.4釐米。版心上鎸書名,中鎸卷名及葉碼。朱筆圈點。

內封題"歸震川先生選本,文章指南,許筱蓮蒐輯"。

牌記題"光緒二年閏五月皖江節署校刊"。

卷端題"文章指南"。

卷首有明嘉靖四十四年(1565)"文章指南原序",署"時嘉靖乙丑一陽日吉賜進士知南海縣事咫亭詹仰庇書"。次有"歸震川先生總論看文法""歸震川先生論作文法""文章指南總目"。

是書共五集,本館存仁集,缺義、禮、智、信四集。

文章指南仁集 十二則 文二十首

通用義理則第一

文章以理爲主得而辭順文章自然出羣拔萃如伊川先
生周易傳序陽明先生博約說此皆義理之文卓見於聖道
之微者

程頤周易傳序

王守仁博約說

曲類

194.增像第六才子書五卷首一卷　　〔元〕王德信撰　〔清〕金人瑞評

PL2693.H75 1905

清末民初上海錦章圖書局石印本　六冊一函

半葉十八行三十八字，小字雙行字同，無行格，白口，四周雙邊，單黑魚尾，半框高17.1釐米，寬12.1釐米。版心上鐫"改良六才子西廂記"，中鐫卷次及葉碼。有圖。

函套外封題"增批詳注足本六才子西廂記上海錦章圖書局印行"。

外封題"繡像繪圖第六才子書，上海錦章圖書局印行"。

內封題"繡像全圖第六才子"。

牌記題"發行所英界棋盤街，上海錦章圖書局石印，印刷所法界白爾路"。

卷端題"增像第六才子書"。

卷首有清光緒三十一年（1905）王浩"增像第六才子書序"，署"光緒三十一年仲秋上澣鎮江王浩題"。

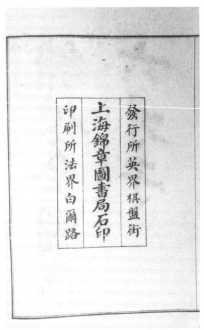

增像第六才子書卷之一

聖歎外書

西廂者何書名也書昌為平名曰西廂也書以紀事有其事故有其書也無其事必無其書也

今其書有事事在西廂故名之曰西廂也西廂者普救寺之西偏屋也普救寺則武周金輪皇

帝所造之大功德林也普救寺有西廂而是西廂之西又有別院別院不隸普救而附於普救

蓋是崔相國出其堂俸之所建也先是法本者相國之所剃度是即相國之門徒也相國因念

誠得一日避賢罷相而芒鞋竹杖舍佛安通為倉卒客不願門徒為倉卒主人而於西

是持占此一袈裟以為老人菟裘而不虞落成之日不善頌禱不聞歌乃聞哭不得以玉帶賠

鎮山門而竟以丹旂將諸黨獨此老夫人所以停喪得於寺中之故也故西廂者普救寺之西

偏屋也西廂之西又有別院則老夫之停喪而黲停而才子停妻夫才子之停

於西廂也西廂之西故也黲之停於西廂之西也喪停故也乃喪之停於西廂之西也

黲停故也此喪之停於西廂之西也則實為相國有自營菟裘故也夫相國營菟裘於西廂之

西而普救寺之西廂遂以有事乃因事有書而令萬世人傳道無窮然則出堂俸建別院

又可不慎乎哉聖歎之為是言也有二故焉其一救天下以慎諸因緣也佛言一切世間皆從

因生有因者則得生無因者終竟不生不見有因而不生無因而反忽生亦不見瓜因而豆生

豆因而反瓜生是故如來教諸健兒慎勿造因嗚呼胡可不畏哉語云其父報仇子以法縄之子

言報仇必殺人也而其子者不見負仇但見殺人則亦戲學殺人而國且以法縄之子畏

抵法也遂逃命於崔蒲中崔蒲中又無所得食也則不得已仍即以殺人為業矣若是乎仇亦

小説類

195.肉蒲團四卷二十回　　題〔明〕情隱先生編　題（日本）倚翠樓主人譯

PL2436.J6 1705

日本寶永二年（1705）青心閣刻本　四冊一函

　　半葉十行二十一字, 白口, 左右雙邊, 單黑魚尾, 半框高16.6釐米, 寬12.3釐米。版心中鎸書名、卷次及葉碼。朱筆圈點。

　　内封題"天下第一風流小説, 明情隱先生編次、日本倚翠樓主人譯, 肉蒲團, 一名覺後禪, 全四册, 寶永乙酉秋上梓, 青心閣發兌, 翻刻必究"。

　　卷端題"肉蒲團一名覺後禪"。

　　卷首有日本寶永二年"肉蒲團序", 署"寶永乙酉桂秋倚翠樓主人撰於五里霧中人家"。

　　卷末有跋, 署"柳花亭漫叟題"。

　　卷末題識云"此册子者, 水若了然師之遺物也"。

　　是書以春夏秋冬分册, 計四册。

　　鈐"共益賀本鴻文社藏書"朱文方印、"河尻"朱文圓印。

天下第一風流小說

明　情隱先生編次
日本　偉業樓主人譯

肉蒲團　一名覺後禪

祿　金四冊

宝永三丙戌秋上澣

肩心閣藏板

肉蒲團一名覺後禪卷之一

第一回

止淫風借淫事說法　談色事就色慾開端

詞曰黑髮難留朱顏易變人生不比青松。談色事就色慾開端，名消利息。

一派落花風悔殺少年不樂風流院。放逐、宴翁王孫等太

龍牀狄金綫及早慾尋樂。世間真樂地，筭來等太

還歎房中不比榮華境歡始慈終得趣朝三逸酬眼

慶怕響晨鐘捽眼看乾坤獲載一幅大春宮。

這一首詞名曰滿庭芳。單說人生在世朝三勞苦事。

愁煩沒有一連愛用慶還蹄那太古之世。閒天閒地的

類

叢

部

類書類

196.子史精華三十卷　　　〔清〕吳士玉等輯　　　　　　　　AE4.Z56 1883

清光緒九年(1883)上海點石齋石印本　二册一函

　　三節板, 半葉每節二十八行二十四字, 小字雙行字同, 白口, 四周單邊, 單黑魚尾, 半框高16.1釐米, 寬12.6釐米。版心上鐫書名, 中鐫卷次及卷次名, 下鐫葉碼。

　　内封題"光緒癸未年二月, 子史精華, 沈錦埏署"。

　　牌記題"上海點石齋照相石印, 申報館申昌書畫室發兑"。

　　卷端題"子史精華"。

　　卷首依次有"御製子史精華序", 署"雍正五年四月初九日";"雍正五年十二月初三日奉旨開列御定子史精華監修校對總裁纂修監造諸臣職名", 題"武英殿監修, 和碩莊親王臣允祿、多羅果郡王臣允禮;纂修, 經筵講官内閣學士兼禮部侍郎降二級留任加一級臣吳襄";"子史精華目錄"。

子史精華卷一

天部

天

197.文選類雋十四卷　　〔清〕何松輯　　　　　　PL1280.W36 1894

清光緒二十年（1894）上海文盛書局石印本　　一册一函

半葉十四行四十八字，小字雙行字同，無行格，白口，四周單邊，單黑魚尾，半框
高12.1釐米，寬8釐米。版心上鎸書名，中鎸卷次及葉碼。少量朱筆圈點。

内封題"文選類雋，文淵山房藏板"。

牌記題"光緒甲午暮春上海文盛書局石印"。

卷端題"文選類雋，慈谿何松嵊青甫新編"。

卷首有何松"自序"，署"慈谿何松自識"；次有"凡例""文選類雋目録"。

文選類雋卷一

慈谿何 松峽□□甫新編

天文部

天地

綱紀圖都賦蓋聞天以日月　地以四海為
綱紀矣地以四海為　地以四海為
如天地矣振整之初渾沌未似地　渾沌七竅太極之初渾沌未似地
理也衙中布也運沌分畺物分錯與道俱隆　地而如也轉續相連也　海賦若乃三光
傳與也蟬相連也融朗既清天地　地之交

宇廬　魏都賦傳學疑起震霆天　衍地
駭觸六臣本作噎地　經緯又天　地因緼又乾坤交接
剖判造化權與體兼畺　西京賦爾乃振天
理也衡中布　綱也謂其大

秦極　魏都賦夫　剖判造化權與體兼畺
夜理包清濁流而為江海結而為山嶽鳥流
　　　形氣轉續分變化而蟬
鵬鳥賦　曹植求通親視表臣間天稱其
高廣　其益不覆地稱其　者以其無無載
吕氏春秋天地朝太儀

汒汒　地上行　通下提　道
張華女史箴
造化二儀既
天迴地游
太儀太極二儀既

中宸　天
規矩　地授時順鄉
東京賦

乾運　張華勵志詩太儀
運也以生天地朝之太成形之始謂之儀

坤靈昬昊　揚雄�纖殷包陰陽之變化含元氣之
純殽包陰陽之變化含元氣之煙熅

天衢地壒　揚雄撇纖有　而　有　而
埃不清澄之貌鵰嫌也揚雄撇纖有一而

神祇靈契　月賦柔
柔祗圓靈　月賦柔

圓

上埃下顥　沈奧浮清班固典引太極之元兩儀始分
奧濁也沈而濁者謂地浮而清者為天奧濁與天地

元黃判剖　其　地其
言混沌之始天地未開萬物雕肝而不定也雕
惟切肝　音于

洪鈞大塊　張華答何劭詩　謂地謂天
地陶化萬類而聲生稟受其形也造化為工為鑪兮

栗羣生　陶萬類
　　　上下相嘔
大釣謂天
　且夫天地
常虔崇形　宗形東方朔答　雕

　　　　　　　　　　　天地　天　日月　日

198.文選類腋十六卷 〔清〕吳承烜輯 PL1280.W364 1896

清光緒二十二年（1896）上海書局石印本 三册一函

半葉十六行四十二字,小字雙行同,無行格,白口,四周單邊,單黑魚尾,半框高12.1釐米,寬8釐米。版心上鎸書名,中鎸卷次,下鎸葉碼。

叢書内封題"續文選四種,文淵山房藏版""文選類腋、文選針度、文選音義、文選題解"。

内封題"文選類腋"。

牌記題"光緒丙申仲秋上海書局石印"。

卷端題"文選類腋,古歙吳承烜子融編輯,同里程栩生彝甫、松生筠甫參閲,門人曾鼎元殿掄、程錦敫賡如校字"。

卷首依次有清光緒十九年（1893）洪文瀚"叙",署"光緒癸巳仲冬澹道人洪文瀚叙";光緒十八年（1892）程松生"叙",署"光緒壬辰冬月同學程松生叙";光緒二十年（1894）吳承烜自序,署"光緒二十年歲次甲午夏四月上澣古歙東園生自叙"。次有"例言""文選類腋目録"。

所屬叢書:《續文選四種》。

文選類腋

古歙吳承烜子融編輯
同里程栻生驥甫參閱
門人曾鼎元殿掄
程錦敔賡如校字

天地總論

粵自太極之元兩儀始分有沈而粵有浮而清沈浮交錯庶類混成典引班孟堅混混茫茫之時雖雖肝肝之會或

元而朔或黃而茅元剖判上下相嘔此則權輿乎天地者爾揚子雲美新劇由是六合之內八方之外難同司馬長卿

天閒決地垠開揚子雲天垂其象地曜其文應吉甫華天有常度地有常形答客難東方曼倩天以日月為綱地以四

海為紀左太冲蜀都賦甘泉賦所謂一陰一陽天地之方乎答賓戲天子於是戴魏魏履東東或參天貳地劇秦美新或規天

矩地賦根天維衍地絡張平子仰悟東井之精俯協河圖之靈西都賦班孟堅上暢九垓下泝八埏封禪文

其高者以無不覆地稱其廣者以無不載通視觀表天劇神符地合靈契何天衢提地釐炳炳麟麟豈不懿

者也處沃土則遽處瘠土則勞此繫乎地者也西京賦王燭陽明東廣微七詩金甌蘁固沐浴清化陳情表令伯泰仰太和

戲答賓豈徒跼高天蹐厚地而已哉東京君子仰觀俯察上因星宿辨於天文下料物土析於地理李令伯

象之秀德體河嶽之上靈昭若三辰之麗於天淘淘猶四瀆之紀於地沈休文齊安將轉天輪迴地軸木元虛海

賦幕天席地以天地為一期酒德頌齊天地於一指秋興賦左太冲蜀都賦潘安仁尚何至天宇駭地廬諶郎魏都賦

人物總論

文選頂液　卷一　　天地總論　人物總論

一

叢書類

199. 河南二程全書七種六十七卷　　〔宋〕程顥　程頤撰　〔宋〕朱熹編

清星沙小琅環山館刻本　八冊一函

半葉十二行二十二字, 小字雙行字同, 黑口, 左右雙邊, 雙黑魚尾, 半框高17.7釐米, 寬13.9釐米。版心中鐫書名及卷次, 下鐫葉碼。

內封牌記題 "二程全書" "禦兒呂氏寶誥堂刻星沙小嬭嬛山館重校刊"。

總目題 "河南二程全書"。

卷首依次有 "欽定四庫全書提要", 署 "乾隆五十二年二月恭校上, 總纂官臣紀昀、臣陸錫熊、臣孫士毅, 總校官臣陸費墀"; "河南二程全書總目"。

子目:

河南程氏遺書二十五卷附錄一卷。卷端題 "河南程氏遺書"。卷首有 "河南程氏遺書目錄", 署 "乾道四年歲在著雍困敦夏四月壬子新安朱熹謹記"。

河南程氏外書十二卷。卷端題 "河南程氏外書"。卷首有 "河南程氏外書目錄", 署 "乾道癸巳六月乙亥新安朱熹謹書"。

明道先生文集五卷。卷端題 "明道文集"。卷首有 "明道先生文集目錄"。

伊川先生文集八卷附錄二卷 (存五卷: 卷一至五)。卷端題 "伊川文集"。卷首有 "伊川先生文集目錄"。

周易傳四卷

經說八卷

二程粹言二卷

缺三種: 周易傳四卷、經說八卷、二程粹言二卷。

書名據總目題。

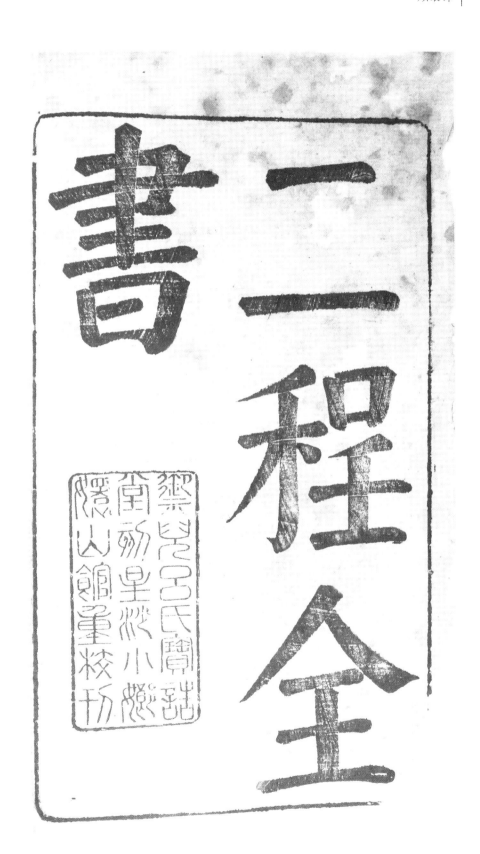

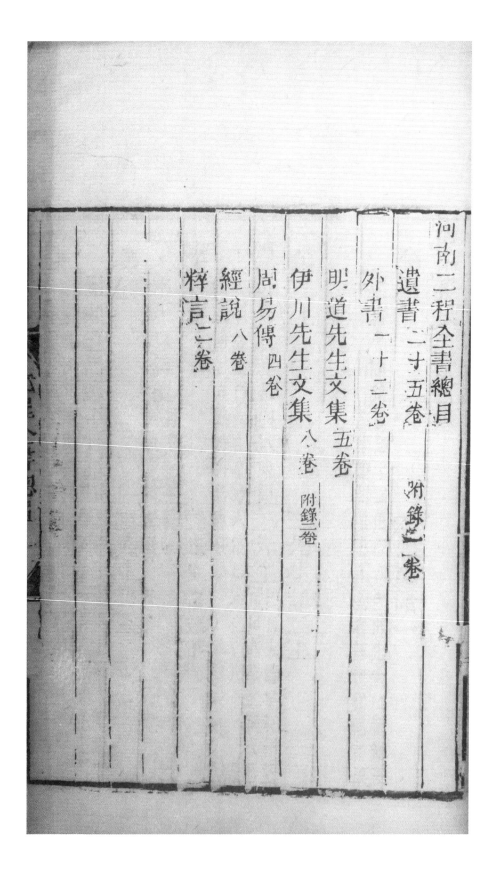

河南二程全書總目

遺書二十五卷 附錄一卷

外書十二卷

明道先生文集五卷

伊川先生文集八卷 附錄一卷

周易傳四卷

經說八卷

粹言二卷

河南程氏遺書第一　　二先生語一

端伯傳師說

伯淳先生嘗語韓持國曰如說妄說幻為不好底性則請別尋一箇好底性來換了此不好底性著道即性也若道外尋性性外尋道便不是聖賢論天德蓋謂自家元是天然完全自足之物若無所污壞即當直而行之若小有污壞即敬以治之使復如舊所以能使如舊者蓋為自家本質元是完足之物若合修治而修治之是義也若不消修治而不修治亦是義也故常簡易明白而易行禪學者總是強生事至如山河大地之說是他山河大地又干你何事至如日星之明猶患門人未能盡曉故日予欲無言如顏子則便默識其他未

200.文林綺繡五種五十九卷　　　〔明〕凌迪知輯

清光緒十九年(1893)上海鴻寶齋石印本　六冊五函

半葉十六行四十字, 小字雙行字同, 無行格白口, 四周雙邊, 單黑魚尾, 半框高 11.3釐米, 寬7.7釐米。版心上鎸子目書名, 中鎸卷次、卷名及葉碼。朱筆圈點。

内封題"文林綺繡五種"。

牌記題"光緒癸巳暮春上洋鴻寶齋印"。

子目:

兩漢雋言十六卷　宋林越輯　一冊一函　　　　　　DS748.13 L36 1893

内封題"兩漢雋言"。卷端題"兩漢雋言, 宋括蒼林越次甫輯, 明吳興凌迪知稺哲校"。卷首依次有明萬曆四年(1576)凌迪知"兩漢雋言序", 署"萬曆丙子人日河間澹逸居士凌迪知書於碧梧山房"; 清光緒六年(1880)徐友蘭序, 署"光緒六年庚辰七月八杉齋主人識"。朱筆圈點。

楚騷綺語六卷　明張之像輯　一冊一函　　　　　　PL2521.C54 Z26 1893

内封題"楚騷綺語"。卷端題"楚騷綺語, 雲間張之象玄超輯, 吳興凌迪知稺哲訂"。卷首有明萬曆四年(1576)凌迪知"楚騷綺語叙", 署"萬曆丙子秋八月穀旦前進士司空尚書郎吳興凌迪知稺哲父撰"。卷末有清光緒六年(1880)徐友蘭跋, 署"光緒六年庚辰五月八杉齋主人識"。

左國腴詞八卷　明凌迪知輯　一冊一函　　　　　　AE3.L36 1893

内封題"左國腴詞"。卷端題"左國腴詞"。卷首有清光緒八年(1882)徐友蘭"左國腴詞叙", 署"光緒八年壬午春仲八杉齋主人識"。次有"左國腴詞目錄"。

太史華句八卷　明凌迪知輯　一冊一函　　　　　　DS735.A2 S65 1893

内封題"太史華句"。卷端題"太史華句, 吳興凌迪知稺哲輯, 弟稺隆以棟校"。卷首有明萬曆五年(1577)凌迪知"太史華句序", 署"萬曆丁丑初夏之吉苕東蘭雪居士凌迪知書於雲章閣"。卷末有徐友蘭跋, 署"八杉齋主人刊竟并識"。

文選錦字二十一卷　明凌迪知輯　二冊一函　　　　PL1481.X26 L45 1893

内封題"文選錦字"。卷端題"文選錦字, 吳興凌迪知稺哲輯, 弟稺隆以棟校"。卷首有清光緒十一年(1885)陶濬宣"重刻文選錦字序", 署"光緒十一年乙酉長夏會稽陶濬宣"。

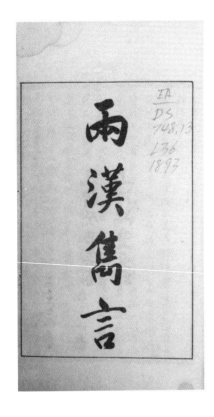

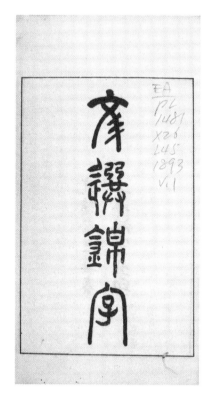

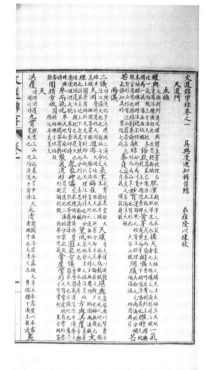

201.皇朝藩屬輿地叢書二十八種一百四十一卷　　〔清〕浦氏輯

清光緒二十九年（1903）金匱浦氏静寄東軒屬上海書局石印本　四十八册三函

半葉十行二十二字，小字雙行字同，黑口，左右雙邊，單黑魚尾，半框高11.5釐米，寬8釐米。版心上鐫子目書名，中鐫卷次名及葉碼。有圖。

内封題"皇朝藩屬輿地叢書"。

牌記題"光緒癸卯季夏金匱浦氏静寄東軒屬上海書局石印"。

目録端題"皇朝藩屬輿地叢書"。

卷首有清光緒二十九年蔣元慶"皇朝藩屬輿地叢書序"，署"光緒癸卯閏五月常熟蔣元慶序"。

子目：

西藏圖考八卷首一卷　　〔清〕黄沛翹撰

西招圖略一卷　　〔清〕松筠撰

越史略三卷　　（越南）佚名撰

吉林外記十卷　　〔清〕薩英額撰

黑龍江外記八卷　　〔清〕西清撰

塞北紀行一卷　　〔元〕張德輝撰

西北域記一卷　　〔清〕謝濟世撰

寧古塔紀略一卷　　〔清〕吴桭臣撰

西游記金山以東釋一卷　　〔清〕沈垚撰

帕米爾圖説一卷　　〔清〕許景澄撰

帕米爾輯略一卷　　〔清〕胡祥鑅撰

澳大利亞洲志譯本一卷　　沈恩孚輯

蒙古游牧記十六卷　　〔清〕張穆撰　〔清〕何秋濤補

長春真人西游記二卷　　〔元〕李志常撰

新疆要略四卷　　〔清〕祁韻士撰

漢西域圖考七卷首一卷　　〔清〕李光廷撰

西域水道記五卷　　〔清〕徐松撰

新疆賦一卷　　〔清〕徐松撰

漢書西域傳補注二卷　　〔清〕徐松撰

東北邊防輯要二卷　　〔清〕曹廷傑撰

東三省輿地圖説一卷附録一卷　　〔清〕曹廷傑撰

滇緬劃界圖説一卷　　〔清〕薛福成撰

平定羅刹方略一卷　　〔清〕佚名撰

元朝徵緬録一卷　　〔元〕佚名撰

元朝秘史十五卷　　〔元〕佚名撰　〔清〕李文田注

元史譯文證補三十卷（原缺卷七至八、卷十三、卷十六至十七，卷十九至二十一、卷二十五、卷二十八）　　〔清〕洪鈞撰

職方外紀五卷首一卷　　（意大利）艾儒略撰

元秘史山川地名考十二卷　　〔清〕施世傑撰

202.古逸叢書二十六種　　〔清〕黎庶昌輯

清光緒十年（1884）遵義黎氏日本東京使署影刻本　十一册

半葉行字不等，白口，左右雙邊，無魚尾。版心中鎸卷次、葉碼。

牌記題“遵義黎氏校刊”。

存九種，子目：

古逸叢書之十：尚書釋音二卷　　〔唐〕陸德明撰　一册　　PL2465.Z6 L8 1884

内封題“影宋大字本尚書釋音，古逸叢書之十”。上卷末題“尚書音義上”。下卷卷端題“尚書釋音下，唐國子博士兼太子中允贈齊州刺史吳縣開國男陸德明撰”。

古逸叢書之十一：玉篇四卷　　〔南朝梁〕顧野王撰　二册　　PL1469.G82 1884

内封題“影舊鈔卷子原本玉篇零卷，古逸叢書之十一”。第一册卷首有“原本玉篇見存目録”；第二册卷首有“續收原本玉篇目録”。

古逸叢書之十五：文館詞林十四卷　〔唐〕許敬宗等輯　二册一函 PL2606.W48 1900z

内封題“影舊鈔卷子本文館詞林古逸叢書之十五”。卷端題“文館詞林，中書令太子賓客監修國史弘文館學士上柱國高陽郡開國公臣許敬宗等奉敕撰”。存卷一百五十六至一百五十八、三百四十七、四百五十二至四百五十三、四百五十七、四百五十九、六百六十五至六百六十七、六百七十、六百九十一、六百九十九

古逸叢書之十七：姓解三卷　〔宋〕邵思撰　一册一函　　DS734.S253 1884

内封題“影北宋本姓解，古逸叢書之十七”。卷端題“姓解，凡三卷一百七十門二千五百六十八氏，雁門邵思纂”。

古逸叢書之二十一：漢書食貨志一卷（原缺卷下）　　〔漢〕班固撰　〔唐〕顏師古注　一册　　　　　　　　　　　　　　HC427.6P3 1880z

内封題“影唐寫本漢書食貨志古逸叢書之二十一”。卷端題“食貨志第四，漢書廿四，秘書監上護軍瑯邪縣開國子顏師古注”。

古逸叢書之二十二：急就篇一卷　〔漢〕史游撰　一册　　PL1115.S55 1883

内封題“仿唐石經體寫本急就篇，古逸叢書之二十二”。卷端題“急就篇，漢黃門令史游撰”。

古逸叢書之二十四：碣石調幽蘭一卷　〔南朝陳〕丘公明撰　一册

内封題"影舊鈔卷子本碣石調幽蘭, 古逸叢書之二十四"。卷端題"碣石調幽蘭序, 一名倚蘭, 丘公, 字明, 會稽人也"。

古逸叢書之二十五：天台山記一卷　〔唐〕徐靈府撰　一册　DS793.C31 T472 1884

内封題"影舊鈔卷子本天台山記, 古逸叢書之廿五"。卷端題"天台山記, 方瀛觀徐徵君纂"。有題識"圓融藏本"。

古逸叢書之二十六：太平寰宇記存六卷　〔宋〕樂史撰　一册　DS706.5 Y83 1883

内封題"影宋本太平寰宇記補闕, 古逸叢書之二十六"。卷端題"太平寰宇記"。

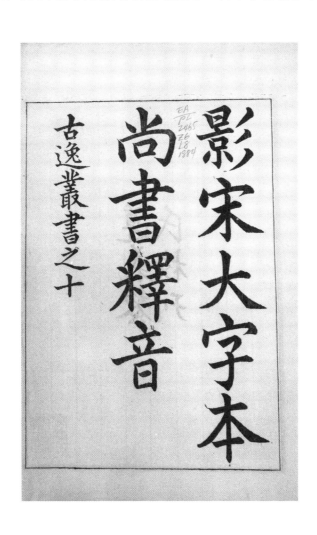

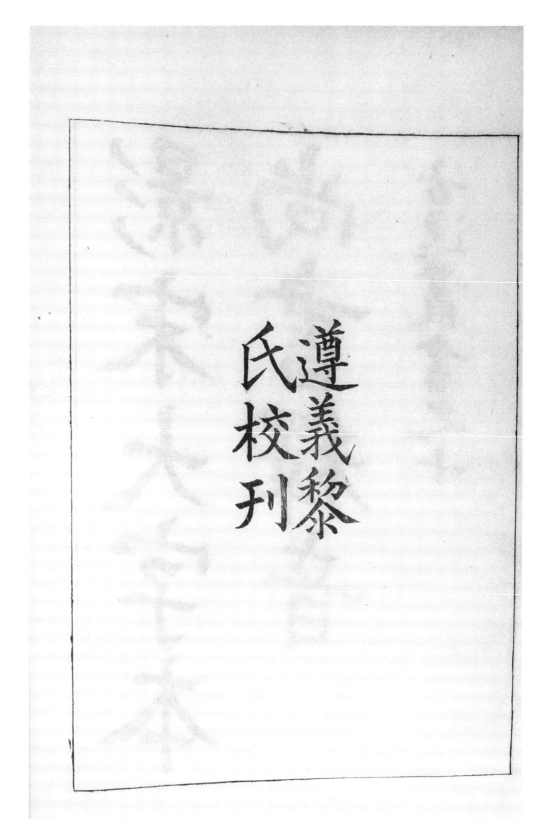

遵義黎氏校刊

尚書釋音下

唐國子博士兼太子中允贈齊州刺史吳縣開國男陸德明撰

周書　凡四十一篇九篇云

泰誓上第一

虞芮　如銳切二國名

斂　七廉切

孟津　地名也

惟十有三年春　或作十有一年後人妄看序文輒改之

亶　丁但切

洄　面善切注下同

冒　莫報切注下同

嗜　市志反切韻常利切

酷　苦毒切

榭　爾雅云有木日榭本又作謝

陂　彼皮切

障　之亮切

圜　圓切

刻

剔　他歷切

孕　以證切徐養證切

懍　七全切

粢　音咨秦稷日粢在器日盛

盛　音成在器

剟

懲　直承切

不爭　之爭爭鬭切上于闥切

爲立　僞切上于相切息亮切

否　方有切

度　徒洛切下注同

億　十萬日億

貫　工亂切

類　師祭名

冡　中勇切之覆

底　之履切

從　之容切上才切

新學類

史志

203.東洋史要二卷　　（日本）桑原騭藏撰　〔清〕樊炳清譯　　DS734.95.K98 1899

清光緒二十五年（1899）石印本　二冊一函

半葉十三行四十字，小字雙行同，無行格，黑口，四周雙邊，單黑魚尾，半框高20.2釐米，寬12.1釐米。版心上鐫書名，中鐫卷次及葉碼。

卷端題"東洋史要，日本桑原騭藏原著，山陰樊炳清譯"。

卷首有清光緒二十五年王國維"東洋史要序"，署"光緒二十五年十一月海寧王國維述"。

鈐"籀青"朱文方印、"余淑班"白文方印。

東洋史要卷上

日本 桑原隲藏 原著

山陰 樊炳清 譯

總論

第一章　論本書大恉

東洋史者，專就東方亞細亞民族之盛衰，邦國之興亡而言之。與西洋史相對待，蓋世界史中之半也。今因山川形勢，分亞細亞大陸爲五部。

第一、東方亞細亞。南以喜馬拉耶，西以葱嶺，北以阿爾泰，三大山脈圍繞，支那及朝鮮屬之。

第二、南方亞細亞。橫亘於喜馬拉與都克士兩山脈之南，前後兩印度，阿富汗斯坦，俾路芝斯坦屬之。

第三、中央亞細亞。在興都克士之北，葱嶺之西，西爾河之南，俄轄土爾其斯坦是。

第四、西方亞細亞。當阿母河之西，亘於阿拉海裏海之南，波斯，小亞細亞，阿刺比亞諸國

附録

204.易學啓蒙諺解大成四卷　　（日本）榊原玄輔撰　　　　PL2488.D68 1684

日本天和四年（1684）刻本　四册一函

半葉十行二十四字，小字雙行字同，無行格，白口，四周雙邊，單黑魚尾，半框高21釐米，寬17.6釐米。版心上鎸"啓蒙諺解"，中鎸卷次，下鎸葉碼。有圖。

卷端題"易學啓蒙諺解大成"。

卷末牌記題"天和四年甲子正月吉日刊行，文臺屋治郎兵衛藏板"。

卷末有日本天和二年（1682）榊原玄輔（篁洲）跋，署"天和壬戌季冬之日篁洲野夫榊原玄輔"。

易學啓蒙諺解大成卷之一

本圖書第一

河圖洛書ノ象數ニ本ツヒテ方位ヲ定メ陰陽ヲ分チ八
卦ノ由テ作ル所以ヲ明ス也四篇ノ第一也
河圖者ハ相生為ノ序故ニ左ニ行ル自ノ
北而ニ東而ニ南而ニ中而ニ西復始ニ于北

河圖

生數ヲ為主

火生土

東

西

北

205.周易蠡測四卷　　（日本）小筱敏撰　　（日本）小筱紀輯　　PL2488. D47 1809

日本文化六年（1809）濱田長善館刻本　四冊一函

半葉十行二十一字，小字雙行字同，白口，左右雙邊，單黑魚尾，半框高20釐米，寬15.1釐米。版心中鐫書名及卷次、葉碼，下鐫"濱田長善館藏"。少量墨筆批校。

內封題"周易蠡測，乾坤屯蒙需訟師、比與小畜履泰否"。

卷端題"周易蠡測，大日本濱田小筱敏撰，男紀輯"。

卷首依次有日本文化五年（1808）清原宣光"周易蠡測序"，署"文化戊辰秋七月下浣從二位清原宣光撰"；石川剛序，署"小□石川剛"；文化五年松本慎"周易蠡測序"，署"文化五年秋七月松本慎石齋書"；文化五年藤原憲"周易蠡測序，阿波後學藤原憲撰"，署"文化五年著雍執徐之歲七月下浣也"；享和元年（1801）小筱敏"周易蠡測緒言"，署"享和紀元辛酉三月濱田教授東海小筱敏彎龍甫識"；文化二年（1805）小筱男"附記"，言其校書事，署"乙丑孟夏義男紀重識"。

附小筱紀"續刻書目"，署"周易證象一冊、易翼詳解四冊、詩書旁注三冊、三禮旁注十冊、周禮儀禮諺解十二冊、日本紀考證十五冊、今義解私考五冊，右七部先人手澤，而不肖紀所輯錄也。續成，繕寫，將上梨棗焉。若四方君子賜采覽，幸甚。小筱紀謹白"。

卷末有日本文化五年"周易蠡測跋"，署"文化戊辰秋九月既望藝藩賀美通謹識"。

書末牌記題"文化五年辰九月御免，同六年己五月發行，發弘所，須原屋茂兵衛、加賀屋彌助、小川多左衛門、堺屋嘉七"。

鈐"小村藏書"朱文長方印、"濱松小書巢內田旭圖書"朱文長方印、"水田內氏"朱文長方印、"大熊藏書"白文方印、"乾坤斗光"朱文方印。

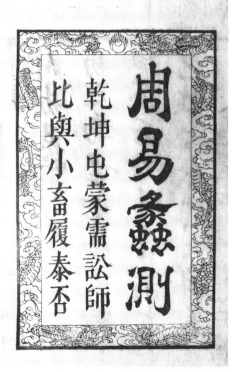

周易爻蟲測

乾坤屯蒙需訟師
比與小畜履泰否

周易爻蟲測序

易之爲書之廣大精
微無所不通無所不
包故古今作之解志

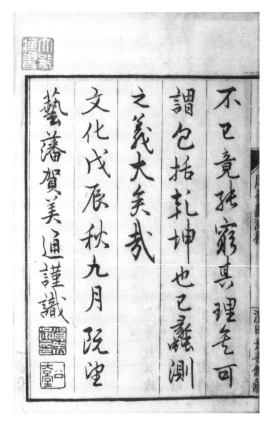

周易籤測卷一

大日本　濱田

　　上經　　　　　　　　　　男　紀　輯

　　　　　　　　　　　　　　小筱敏　撰

○周易書名也『周爲代名者非、易三代異連山歸藏周
易皆以卦序次言之『日月爲易辨具上條。

○易分上下二篇繋辭明言二篇之策及雜卦序卦分
明判焉孔子巳前如此且分上下二篇自有滾意豈爲
卷帙重大哉。

○易經傳自別漢儒分傳合經者非宋晁以道呂祖謙

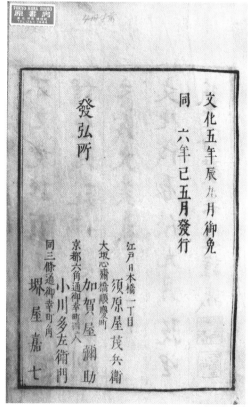

文化五年辰九月御免

同六年巳五月發行

發弘所

江戸日本橋一丁目
　　須原屋茂兵衞
大坂心齋橋順慶町
　　加賀屋輔助
京都六角通御幸町西入
　　小川多左衞門
同三條通御幸町角
　　堺屋嘉七

206. 易外象一卷　　（日本）樋口亨伯嘉撰　　　　　BF1770.C5 H55 1810

日本文化七年（1810）寫本　一册一函

半葉十行十八字，白口，左右雙邊，無魚尾，半框高19.4釐米，寬14.3釐米。朱墨筆批校。

外封題"易外象"。

卷端題"六十四卦之外象"。

卷末有題識"文化七年庚午夏五月中旬寫之，鼎齋樋口亨伯嘉謹識之"。

書名據外封題。

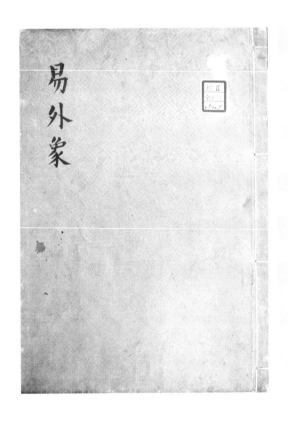
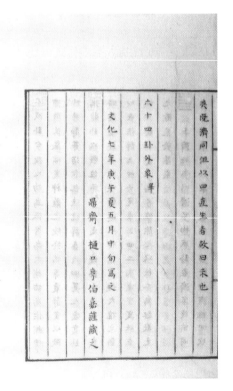

乾ノ卦ノ象ヲ成ス法ノ事

○乾卦ノ象ヲ成スノ法ヲ知ラント欲セハ先ッ乾ノ字ノ声ヲ審ニシテ其ノ声

物ヲ開キ知ルヘシ是ヲ其ノ卦ノ象ヲ成スノ本トスルカ故ナリ

乾ノ字ノ声ハ先ノ韻渦音鍔声外轉開平声第三收ノ字ナリ開

物ニ此ヲ開ノ片商ノ均物格外開神　巽化　象　尚坤　物離ノ字トナ

震化　象　艮象

ル事ハ銭ハ易学開物ニヨリテ　此開物ノ象ヲ成スハ八

明ニスヘシ今テコハニ畧ス

高

格

207.易道小成一卷　　　（日本）米玄八子重撰　　　　　　　BF1770.C5 K66 1757

日本寶曆七年（1757）刻本　一册一函

半葉八行十六字，白口，左右雙邊，無魚尾，半框高19釐米，寬12.4釐米。版心中鎸書名，下鎸葉碼。

卷端題"易道小成，日本平安米玄八子重著"。

卷首有"易道小成序"，署"寶曆七年丁丑三月平安芥煥彥章撰"。

卷末有跋，署"日本寶曆七年丁丑孟夏日，易學丹丘門人，平安百川米玄八子重謹題"。

鈐"米玄八之印"白文方印、"子重"朱文方印。

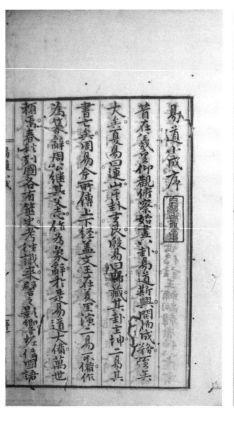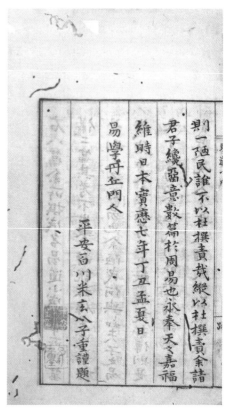

易道小成

日本　平安　采玄八子重　著

本圖書

繫辭曰河出圖洛出書聖人則之或曰易
者耦也書以不可爲易也考舊說河圖極
數十洛書極數九圖者耦也書者奇也經
曰天數五地數五謂其數十也又曰天一
地二天三地四天五地六天七地八天九

208.**易學類篇三卷**　　（日本）新井白蛾撰　　　　　PL2488.D37 1764

日本明和二年（1765）文榮堂刻本　三册一函

半葉十行二十一字，小字雙行字同，白口，左右雙邊，無魚尾，半框高21.9釐米，寬15.4釐米。版心上鐫書名，中鐫卷次，下鐫葉碼。

内封題“新井白蛾先生著，易學類篇，浪華書林，充棟館、享文堂、星文堂”。

卷端題“易學類篇，新井白蛾著”。

卷首有日本明和二年“易學類篇序”，署“明和乙酉春三月新井白蛾題”。

卷末有日本明和元年（1764）“易學類篇附言”，署“明和元年秋七月新井祐登謙吉”。

卷末鐫“文榮堂藏版，東區南久寶寺町四丁目十九番屋敷，阪府書林，前川善兵衛”。

鈐“開文堂取次”朱文長方印。

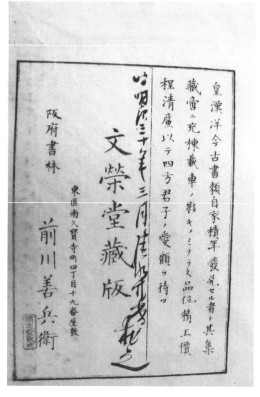

易學類篇卷上

新井白蛾 著

愚嘗註古周易經撰於易之本旨關鎖粹奥諸家定
說必當知者附於厥眷卷學者由是而學焉則必不
失乎易道之古轍矣蓋諸家全書浩瀚多少學者不
便遍讀故今取幼學方宜先觀喫緊者及諸家醇疵
可辨者而輯錄名曰易學類篇廢幾不待泛閱於數
家之書而能得其明辨異同臧否云爾。

○辨僞說一則

愚按易之起原於象數易之作本於卜筮是易之本義。

209.左國易一家言三卷　　　（日本）谷川順撰　　　　PL2488.D735 1817

日本文化十四年（1817）含章堂刻本　三冊一函

　　半葉八行二十字，小字雙行字同，白口，左右雙邊，單黑魚尾，半框高19釐米，寬14.3釐米。版心上鐫書名，中鐫卷次，下鐫"含章堂藏"。

　　卷端題"左國易一家言，播磨谷川順著"。

　　卷首有日本文化十四年谷川順"刻左國易一家言序"，署"文化丁丑春二月穀日龍山谷川順識"。

　　卷末鐫"官許文化十四丁丑歲四月，發兌文政新元戊寅歲八月，含章堂藏，書賈京都植村藤右衛門、江戶北澤伊八、大阪淺野彌兵衛"。

　　鈐"阿部藏書"朱文方印。

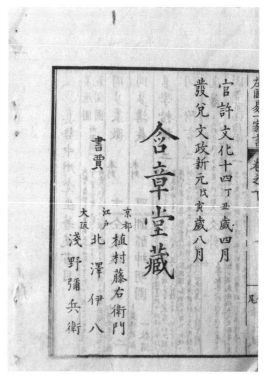

左國易一家言卷之上

播磨　谷川順章　著

大傳曰、易有聖人之道四焉、以言者尚其辭、以

動者尚其變以制器者尚其象、以卜筮者尚其

占、斷也、斷得卦之、其以言者尚其辭者謂引
吉凶也、後傚之。

象爻之辭以設敎也、猶大傳九卦及十六卦引

卦名與爻辭、以成敎者是也、其以制器者尚其

含章堂藏

210.**讀易圖例不分卷**　　（日本）伊藤長胤撰　　　　　　PL2488.D53 1852

日本嘉永五年（1852）柳沢信抄本　一册一函

半葉行字數不等, 白口, 烏絲欄, 四周單邊, 無魚尾, 半框高18釐米, 寬13.3釐米。版心下鎸葉碼。有圖表。朱筆圈點。

卷端題"讀易圖例, 京兆伊藤氏學"。

卷末署"嘉永壬子季夏六月, 寫于學經堂塾中, 柳沢信"。

鈐"伊參文庫所藏"陽文藍長方印、"信之印章"朱文方印。

按, 臺北"故宮博物院"圖書文獻處藏有一日本江户末期抄本, 文字有異。

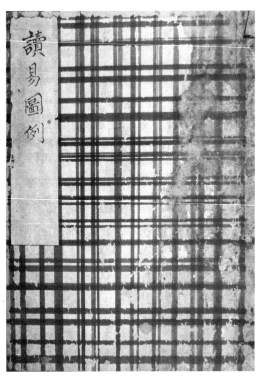
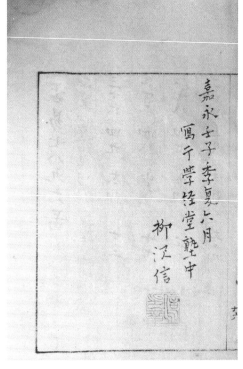

讀易圖例　京兆伊藤氏學

三易之圖

連山（夏）	歸藏（殷）	周易（周）

鄭玄曰名曰連山似山出內氣連山宓戲○正義以為連山剝具以艮為首○隨經籍志十三卷晉大唐藝文志十卷司馬膺注○薛貞注

變也杜子春曰藏於其中杜子春曰歸藏黃帝

鄭玄曰歸藏者萬物莫不歸藏於其中杜子春曰歸藏黃帝神農曰連山氏儒強介其連山歸藏是又偽作連山歸藏則非益其矣宜其不傳也代稱周取艾陽地名

鄭玄曰周易者言易道周普無所不備○正義云時有此三樣易也此三樣易也其時世所後世

案周禮大卜掌三易之法一曰連山二曰歸藏三曰周易其經卦皆八其別皆六十有四蓋周

伊陽文庫珍藏

211.周易精義解三卷　　　（日本）佐藤龍撰　　　　PL2464.Z6 S17 1854

日本嘉永七年（1854）吉田有秋刻本　二冊一函

半葉九行十八字，小字雙行二十四字，黑口，四周雙邊，無魚尾，半框高20釐米，寬14.2釐米。版心中鐫卷次及葉碼。有圖。

內封題"日本延陵佐藤先生著，周易精義繫辭窮理學全，起雲洞藏版"。

卷端題"周易精義解，日本延陵佐藤龍之進著"。

卷首有日本嘉永六年（1853）佐藤隆"繫辭窮理學題言"，署"皇和嘉永六年歲次癸丑夏五月朔延陵佐藤龍書於東山退耕庵南廂下"。

卷末有跋，言刻書事，署"皇和嘉永甲寅夏五月朔南筑吉田有秋識之於伏水京橋之僑居"。

封底題識"應德主人敬道"。

鈐"敬道"朱文方印、"廣島矢倉の下書物賣買處上河真次郎"朱文長方印。

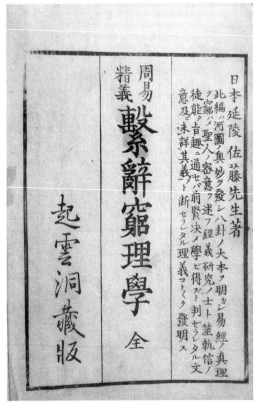
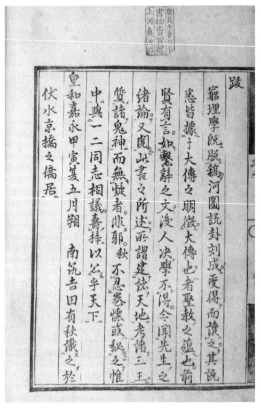

周易精義解　乾

日本　延陵　佐藤龍之進　著

繫辭上窮理學

易說ニ曰、易ハ聖教之蘊也、暴彼ノ秦人尚ヲ存ス斯ノ典ヲ、是以テ不錯亂

靡滅古之眞於斯見ル矣、苟志于學其ヲ捨テ斯而奚取又曰、易

之眞在リ大傳惜哉王弼遺大傳韓顆雖ク釋之ヲ不識其蘊吾

恐ル聖意永ク終程子後傳曰、聖人用意深處、全在繫辭詩書

乃格言又曰、如繫辭之文、後人決ス學不得、龍曰、此篇

詳說繫辭於卦爻之義以明聖教之蘊原于天矣、

天尊地卑乾坤定矣甲高以陳貴賤位矣動靜

有常剛柔斷矣。方以類聚物以羣分吉凶生矣。

在天成象在地成形變化見矣。

夫易所以設乾坤貴賤剛柔吉凶變化之

212.周易僭考不分卷　　　（日本）龜井昱撰　　　　　　　　PL2464.D55 1856

日本稿本　一册一函

　　半葉九行二十字，小字雙行字同，白口，左右雙邊，單黑魚尾，半框高20.3釐米，寬14.7釐米。朱筆批點，眉端有評。

　　卷端題"周易僭考，大未定稿"。

　　鈐"樟迺舍印"朱文方印。

　　按，龜井昱（1773—1836），字元鳳，通稱昱太郎，號昭陽，別號空石、月窟、天山遯者、幽人等，日本江戶時期著名儒者。日本九州大學圖書館附屬中央圖書館（箱崎）藏有《周易僭考》上、中兩册宗盛年抄本，著錄年代爲1900年。

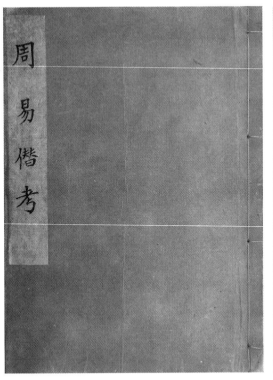
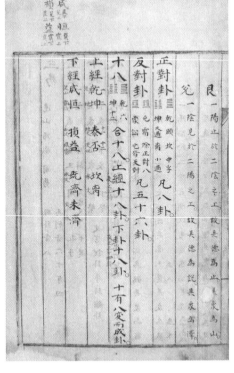

周易偺考　　大未定稿

周易者周家易也易者变易也　十經三十卦篇

分二上下二繫辭序卦可徵。新一疏。本陰一陽、二一奇二一耦、勿二烏
示二人一向背、如二剛一柔動静

吉凶消長及乾與坤對也典蒙反、无適不二兩一
分二上下一蓋亦類也。李過曰、上一篇八首二天一地之正、故

以二水一火之全終焉。下二篇八首二夫一婦之合、故以二水一火之
交一終焉。○案、六二子唯坎離反而不二變、在二天爲二日月。
經有二乾一坤者二十二卦、下二經有二震巽艮兌一者、三十

在二地一爲二水火、在二人一爲二再目。上二下經以二是一終焉。○十
卦

在二地一下

潛龍勿用。為二渭濱太公一陋巷顔淵以二一是一。○此周一公

初、潛二龍一也。以二剛進則凶、宜二潛一藏而勿二用一

乾下乾上乾元亨利貞。文一王一录辭也。斷二二下一
卦、吉凶又曰卦辭。○初九剛

213.周易卦象解二卷　　　（日本）鈴木文臺撰　　　　　　PL2464.Z7 S898 1861

日本文久元年（1861）高島良宣抄本（日文）　一册一函

半葉十二行字不等，白口，四周雙邊，單黑魚尾，半框高21.2釐米，寬15.3釐米。版心下鐫“友松館”。

上卷卷端題“周易卦象解，鈴木文臺弘述、鈴木原標記”，卷末署“安政六年己未九月十三日寫於與板旅亭，致道高島良宣伯静”。

下卷卷端題“卦象解，鈴木文臺弘述、鈴木原有本標記”，卷末署“文久元年辛酉夏六月八日午後於與板澹静堂卒業，致道高島良宣伯静”。

鈐“中央大學藏書”朱文方印、“致道”朱文方印、“致道”白文方印、“良宣”朱文方印。

按：鈴木文臺（1797—1870），江户時代後期儒學家。

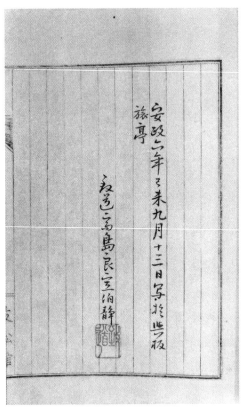
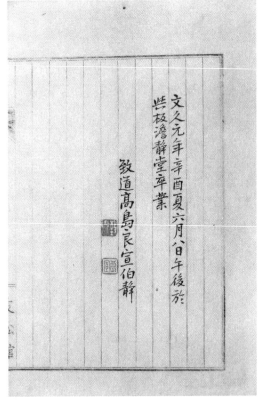

周易卦象解

鈴木文臺弘　述

鈴木原　標記

鄭玄連山歸藏周易ノ義ヲ釋シテ云フ連山ハ山ノ雲ヲ出シ連々トシテ絶ヘ

サルニ象ル歸藏ハ万物ソノ中ニ歸藏セサルコトナシ周易ハ易道周普ニシテ

備ラサル処ナレトシテ云ヘリ此ノ説非也杜子春周礼ノ注ニ云フ連山ハ伏羲

歸藏ハ黄帝トシ又鄭玄易贊及ヒ易論ニ云フ夏ニ連山トシフ殷ニ歸

藏トシ云フ周ニ周易トシ按スルニ世譜等ノ書ニ云フ神農ニ連山氏ト云

又列山氏トシ云フ黄帝ニ歸藏氏トシ云フ是連山歸藏皆代ノ名ナリ周

易ノ周モ亦代ノ名ニシテ周普ノ義ニ非ルヿ明ナリ夏神農氏ノ易ミル

故ニ易論等ニ夏ニ連山トシ云フトイヘリ殷ノ帰藏モ黄帝ノ易ヨリシ故

214.周易經象象口決不分卷　　　（日本）藤原如翠軒撰　　（日本）寂寬書

日本明治三十三年（1900）稿本（日文）　一册一函

半葉行字不等，白口，四周單邊，單白魚尾，半框高18.5釐米，寬14.3釐米。版心中題"易經象象口決"，下有葉碼。有表。朱筆批點，眉端有評。

外封題"易經象象口決全"，朱筆題識"明治三拾三年四月改，易學部第　號，國益館藏"。

卷端題"周易經象象口決，藤原如翠軒著"。

卷首摘録易本義圖説、谷嚮集文字，署"寂寬書入"。

鈐"如翠"朱文圓印。

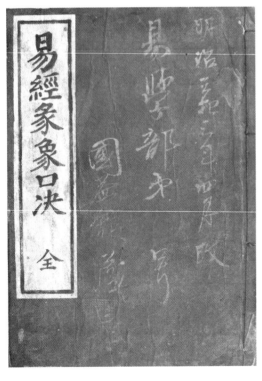
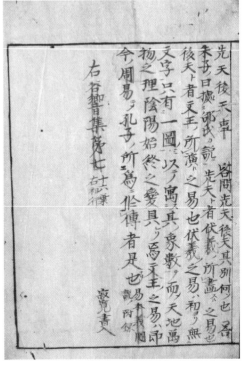

周易經彖象口決　　　　藤原如翠軒著

乾為天．

元者善之
長也亨者
喜之會也
利者義之
和也貞者
事之幹也

●乾ハ健也天ハハタラキ有テ時ヲ用ヰテ人道ヲツクシテ大也元ハ物ノ初ニシテ
四季ニ取ル元ハ春也亨ハ夏也利ハ秋也貞ハ冬也仁義禮智ニ取ル
●初九潛龍トハ谷ニ隱レ居ルハハタラキナイ龍ナリ龍ハ冬ナリ故ニ勿用未ダ世ニシラ
レヌ人ニ喩フ運スクナシ●九二見龍ハアラハレ出ル龍ナリ五田ニハ井ニンダ
德アル人ノ申舍ニ住イテ云此龍運強クシテ出世有君ニマミエ象ヲ云
ナリ故ニ大人ヲ見ニ利有也●九三五タラ君子ナス龍ハ實ノ象ヲ云
乾乾ハ精ヲ出シテ勤ル事惕若ハ氣ヅカイスル事終日善ヲ勤ヲ思
專ニスル事●九四或ハ心元ナク思事躍トハチツカレヌ事未ダ
放レヌ又ユ上ニ淵有ト云元外也ト元ハサハリノナイ○
○九五五タメ陽上ニ進デ

215.易原二卷　　（日本）皆川愿撰　　　　　PL2464.Z7 M465 1911

日本寛政五年（1793）刻本　二册一函

　　半葉十二行二十二字，小字雙行字同，無行格，白口，四周單邊，無魚尾，半框高21.5釐米，寬15.6釐米。版心上鐫書名，下鐫葉碼。有圖。朱墨筆日文批校。

　　卷端題"易原，日本平安皆川愿伯恭學著"。

　　卷首有日本天明六年（1786）"易原序"，署"天明六年丙午秋七月平安皆川愿伯恭自述"。

　　卷末有跋，言是書下卷刻書事，并曰其時"上卷已刻行世"，署"寬政五年癸丑孟春美作河良顯拜撰"。按，是書上卷爲日本天明六年刻本，下卷爲寬政五年刻本。

　　鈐"山縣藏書"朱文圓印，題識"昭和四十年六月"。

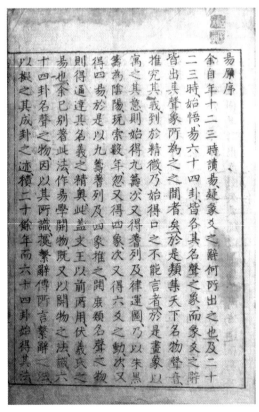

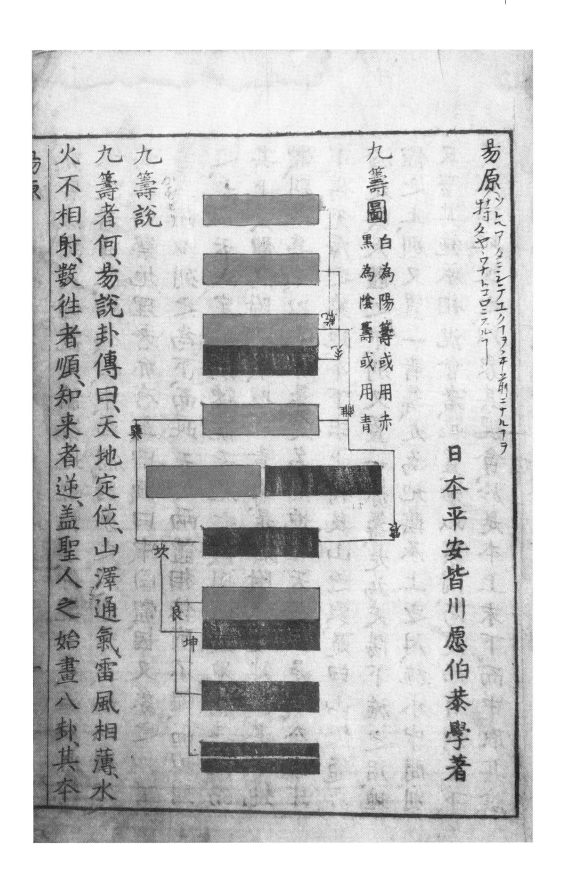

易原（ソヒ、ワタミシヒアユクイヲ、ア平、前ニニ九ヲ
持タヤ、ワナトコロニヌル）

日本平安皆川愿伯恭學著

九籌圖
白為陽、籌或用赤
黑為陰、籌或用青

乾
兌
離
震
巽
坎
艮
坤

九籌說

九籌者何、易說卦傳曰、天地定位、山澤通氣、雷風相薄、水
火不相射、數往者順、知來者逆、盖聖人之始畫八卦、其本

易原

216.晦軒集二種七卷　　（朝鮮）周世鵬撰　　（朝鮮）安

珦撰　　　　　　　　　　　B5254.A523 A64 1884

朝鮮活字印本　三冊

半葉十行二十字, 小字雙行字同, 白口, 四周雙邊, 單白魚尾, 半框高21.7釐米, 寬16.1釐米。版心中鐫書名及卷次、葉碼。

外封題"晦軒集"。

子目:

竹溪志三卷　　（朝鮮）周世鵬撰

卷端題"竹溪志"。卷首依次有序, 署"甲辰冬十月甲戌尚山周世鵬序";"白雲洞文成公廟記", 署"時嘉靖二十四年五月日八代孫大匡輔國崇禄大夫議政府右議政兼領經筵事監春秋館事弘文館大提學藝文館大提學知成均館事成世昌敬記"。卷末有"竹溪志跋", 署"歲甲申仲夏晦軒先生二十代孫昞烈謹識"。

晦軒先生實記四卷　　（朝鮮）安珦撰

卷端題"晦軒先生實記"。卷首依次有"晦軒安先生實記三刊序", 署"聖上即祚二十一年甲申孟夏後學閔泳穆謹叙";"晦軒安先生實記續刊序", 署"玄凱敦南陽復月下澣晉陽後學";"晦軒安先生實記序", 署"崇禎三甲申季秋下澣後學恩津宋明欽謹序";洪奭周序, 署"歲丙子玄月既生魄越五日後學豐山洪奭周序"。

按, 安珦（1243—1306）, 初名裕, 字士蘊, 號晦軒, 謚號文成, 出生於興州（今慶尚北道豐基）。高麗中後期儒學領袖。

書名據外封題。

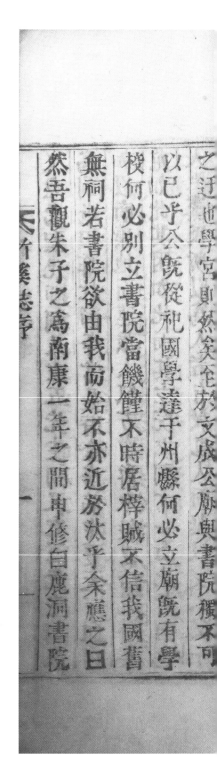

臨軒先生寶記卷之一

詩

題學宮

香燈處處皆祈佛簫管家家盍祀神獨有數間夫子
廟滿庭春草寂無人

七月自合浦赴召到京山 星州 贈太守李蠱古 滇

夏初分越海邊來吟過三庚致遠臺驛便電馳傳密

旨文圍火迫選賢才星山瀑潦乘槎渡月窗仙颰養

桂催預想奏名開慶席鳳笙檀板錦千堆

題松京甘露寺 出吳瀅東央纂要 接輿地勝覽

竹溪誌卷之一

序

嘉靖辛丑秋七月戊子余到豐城是年大旱明年壬
寅大飢其年立晦軒祠堂於白雲洞又明年癸卯移

書名筆畫索引

著者名筆畫索引